분야별 주요 인물의 친일이력서

친일파 99인 (1)

반민족문제연구소 엮음

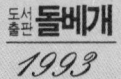
1993

친일파 99인 (1)
── 분야별 주요 인물의 친일 이력서

1993년 3월 1일 초판 1쇄 발행
2009년 3월 20일 초판 중쇄 발행

엮은이 / 반민족문제연구소
펴낸이 / 한철희

도서출판 돌베개
등록 1979년 8월 25일 제406-2003-018호
주소 413-756 경기도 파주시 교하읍 문발리 파주출판도시 532-4
전화 (031) 955-5020
팩스 (031) 955-5050
홈페이지 www.dolbegae.com
전자우편 book@dolbegae.co.kr

ⓒ 도서출판 돌베개, 1993

KDC 911
ISBN 89-7199-011-2 04910
ISBN 89-7199-014-7 (전3권)

잘못된 책은 바꾸어 드립니다.
책값은 뒤표지에 있습니다.

책을 펴내면서

　이완용의 증손자가 이완용 명의의 땅을 되찾겠다고 나섰다. 실제로 법원에서 승소하고 있고 앞으로도 승소할 것이니 최소한 수백억 원 내지 수천억 원대의 재산을 가만히 앉아서 차지하는 셈이다. 매국 역적 노릇을 한번 잘 하면 본인의 영화는 물론이고 5대, 6대 후손들도, 아니 10대 후손까지도 그 영화가 계속될 판이니, 이제 누구든지 매국역적 노릇을 한번 잘 하고 보자고 들 것이다.
　이완용은 매국역적의 대명사이며 범죄와 악한을 상징하는 일반명사이다. 그러한 이완용을 4대, 5대 후손에 이르도록 법률체계로 보호해 주고, 반면에 독립운동을 하다가 빼앗긴 재산은 지금에 이르도록 법률로써 짓눌러 버리는 것이 대한민국의 법체계이다. 하기야 법체계 자체가 바로 식민지 유산이 아니던가.
　식민지에서 해방된 나라로서 식민지 시기의 반민족적 범죄와 유산을 청소하지 않은 나라는 대한민국뿐이다. 제3세계는 물론이요, 선진국을 둘러봐도 모두가 잔인할 정도로 철저하게 식민지 시기나 점령기간을 깨끗하게 청소해 버렸다. 바로 이렇게 깨끗하게 암종을 청소해 버린 결과는 전민족 성원의 흔쾌한 단결과 국가와 민족에 대한 헌신적 봉사이다. 참된 민주발전과 경제번영의 기초가 튼튼히 다져진 셈이다.

요즘 우리 사회는 많은 문제를 안고 진통하고 있다. 경제는 위기에 빠져 있고 민주화는 아직도 그 초보적인 절차마저도 준수되지 않고 있으며 사회는 온갖 이기적 요소로 산산이 흩어져 버렸다. 범죄는 세계 최고 수준을 달리고 부정부패는 끝간 데 없이 뻗쳐 있다. 이제 누구나 문제의 심각성을 인정하지 않는 사람이 없는 형편이다.

그러면 오늘날 민주화의 발전을 저지하는 반민주세력의 민족사적 실체는 무엇인가. 그리고 분단구조를 창출하고 민족통일을 저해하는 반통일세력의 민족사적 실체는 무엇인가. 또 사회의 통일적 기반을 파괴하면서 전사회를 범죄의 온상으로 몰아가고 있는 반사회세력의 민족사적 실체는 무엇인가. 이런 개념들은 친일파로 상징되는 민족반역자 매국노와 잇닿아 있다.

한 사회가 모든 범죄와 불행의 원천을 뿌리 뽑지 않고 용인한다면 그 사회는 기준이 없어지고 범죄가 창궐하는 세상으로 바뀔 것이다. 하물며 세상을 그들에게 몽땅 내맡기는 지경에 이르러서야 사회정의나 민족정기가 어디에 발을 붙일 수 있겠는가. 결국 사회 전체가 극단적 혼란과 위기에 봉착하게 될 것임은 너무나 분명한 일이다.

민족사가 이런 모양으로 흘러왔기 때문에, 민족문제에 대한 회의는 물론이요, 민족 그 자체의 존재에 대한 회의까지도 이미 적지 않게 형성되어 있는 형편이다. 민족 자체에 대한 회의가 커지면 그 민족은 어디로 가는가. 식민지 노예로 가는 수밖에 없다. 그 때 가서야 비로소 가슴을 치며 후회하겠지만 사태는 소 잃고 외양간 고치는 격이 될 터이다.

오늘날 우리가 친일파 문제를 다시 끄집어내는 이유는 이미 병증이 깊어져 기술적 처방만으로는 고칠 수 없게 된 우리 현실을 그 출발점에서부터 다시 짚어보고 대책을 강구해 보자는 심정에서이다. 친일파 문제는 대단히 중요한 문제임에도 불구하고 친일파가 주인이 되어 설쳐온 분단구조의 엄혹성 때문에 친일파 문제에 대하여 발표는 물론 연구조차 할 수 없었다. 그러다 보니 그 역사적 의미와 연결과정이 밝혀지지 못하고 결국은 과거의 이야기로 인식되어 역사 속에 묻히고 말았다.

한 사회가 제대로 나아가자면 장려와 더불어 금기가 명백해야 한다. 독립운동사에 대한 연구와 더불어 친일파에 대한 연구는 더 철저해야 한다. 우리 역사는 금기가 장려되고 장려사항은 처단받는 극도로 뒤집힌 민족사였기 때문에 더욱 그 연구에 집중해야 하고 심판에 철저해야 한다. 하물며 그것이 과거사로 끝나지 않고 현재진행상태에 있음에야.

이 문제를 해결하자는 것이 바로 우리 반민족문제연구소가 추진하는 '친일인명사전' 편찬 사업의 기본취지이다. 친일인명사전은 이름이 사전이지 사실은 친일파 심판서이다. 친일인명사전의 편찬주체는 민족의식이 투철하고 역사에 대한 책임감이 높은 전문연구자들이라야 한다. 친일권 인사들의 영향력 아래에 있는 관변단체나 어정쩡한 곳에서 손을 대, 우리 역사를 모욕하는 일은 없어야 한다.

이 책은 우리 연구소에서 앞으로 편찬할 친일인명사전의 준비사업으로 시작하였다. 즉, 지금까지의 연구성과들을 종합하여 앞으로의 본격적 연구를 위한 토대로 삼고자 함이었다. 또한 사전편찬에 들어가면 어떤 문제가 나타날 것인지 미리 점검해 보고 그 대비책을 세우며 전문연구자들의 준비 정도를 높이려는 생각도 있었다. 당초 예상했던 일이지만 많은 문제점이 나타났다. 우선 모든 사람이 공통으로 겪었던 어려움은 자료 부족이었다. 여기 실린 인물들은 친일행적이 뚜렷하여 매국노로서 손색이 없는 자들이다. 그런데도 자료가 없어서 쓰지 못하는 사람이 상당수였으니 문제가 심각한 것이다. 그들의 범죄가 가벼운 것이 아니라 그 죄를 입증할 자료가 국내에 없는 우리 현실이 딱한 것이다. 이 자료의 제약 때문에 처음에 선정되었던 사람이 빠지고 다른 인물이 실린 경우도 없지 않았다. 다음으로 친일파와 일제침략에 대한 연구가 없다 보니 전문연구자가 대단히 부족하여 많은 어려움을 겪었다. 지금까지는 친일파에 대한 연구가 추상적인 원칙론이었거나 아니면 개개인의 개별 사실들에 대한 폭로 수준에 머물러 있었다.

우리는 이러한 숱한 어려움에도 불구하고 민족의 비극과 고난을 초래한 주요 인물들을 선정하고 그들의 반민족적 행위를 계통적으로 추적하여 개개 행위의 역사적 범죄성을 논증하고자 하였다. 그러나 시간이 너무 많이 흐르고 자료가 극도로 부족한 관계로 우리의 욕심만큼 내용이 풍부하지 못하여 몹시 안타까웠다. 특히 해방 이후의 행적을 추적하여 해방 전과 후를 연결시켜서 통일적으로 살펴야 했는데 그러지 못하여 죄송한 마음 금할 길이 없다. 지금

실린 것들도 대부분 아주 공식적이고 평범한 자료들에서 뽑은 사실들이다.

그럼에도 불구하고 이 책은 친일파에게 해산당한 반민특위 이후에 민족사를 아끼는 많은 전문연구자들에 의해서 집필된 첫 친일파 심판서라는 의미를 갖는다. 왜곡되고 뒤집힌 우리 역사를 바로잡아야 한다는 소리는 높았으나 지금까지 이에 대한 구체적이고 학문적인 답변은 별로 없었다. 이 책에는 이에 대한 분명한 답변이 담겨져 있다는 점에서도 그 출간 의의가 자못 크다. 44명이라는 많은 전문연구자들이 집필에 참여한 것은 이 작업이 앞으로 민족사를 정화하는 하나의 경향으로서 추구될 것임을 예고하는 것이다. 특히 소장 연구자들이 다수 참여한 것은 이 작업이 참여자의 범위를 넓히면서 오늘의 역사적 입장에서 냉정한 심판을 계속할 것임을 다지는 결의로 이해하여도 좋을 것이다.

세계질서의 재편기 속에서 일본의 재침략을 걱정하는 사람들이 많다. 그런 걱정이 앞설수록 우리가 살펴야 하는 것은 일본이 아니라 우리 내부에 있는 앞잡이다. 이 앞잡이가 없이는 침략이 불가능하기 때문이다. 이 책의 출간이 그런 점에서 민족의 자주화를 앞당기는 선구자의 역할을 해 주기를 기대한다. 마지막 순간까지 들어갈 사람이 바뀌는 등의 우여곡절을 겪다 보니 원고를 체계적으로 검토할 시간이 절대적으로 부족하였다. 처음 시도해 본 사업이라 많은 잘못이 있을 것이다. 앞으로 이 사업이 국민적 관심 속에서 진행되면서 숨겨진 많은 내용들이 보충되리라고 믿는다. 책을 읽으신 분들께서 많은 비판과 지적을 해 주시기 바란다.

한 가지 꼭 지적해야 할 점은 종교분야에서 특정 종교와 관련된 항목이 빠져 있다는 점이다. 이유는 그 특정 종교에 친일매국행위를 한 사람이 없어서가 아니라 그 분야의 어떤 연구소에서 자료를 꽉 움켜쥐고 내놓지 않고 있기 때문이다. 개인이건 집단이건 누구나 잘못을 저지를 수도 있다. 문제는 이후에 그 문제를 대하는 자세이다. 자기 잘못을 진심으로 뉘우치고 새로운 각오로 나설 때에 참다운 성장이 있는 법이다. 자기 과거를 감추기만 하면 된다는 생각은, 특히 종교인에게서의 그런 생각은 놀라운 발상이다. 바로 이런 발상이 범죄를 재생시키는 온상이기 때문이다.

바쁘신 시간중에도 책의 출판 시점에 맞추기 위하여 앞서서 원고를 써 주신 연구소 지도위원께 감사드리며, 자료부족의 악조건과 싸우며 집필에 참여해 주신 연구원들을 비롯하여 모든 분들께 감사의 말씀을 드린다. 특히 집필 대상자 선정에서부터 마지막의 원고 검토에 이르기까지 애써 주신 강창일, 김도형, 김경택, 윤해동 편집위원들께 감사드리는 바이다. 그리고 이 책은 돌베개 출판사의 제안으로부터 시작되어 돌베개 출판사의 수고로 마무리되었다. 돌베개 출판사의 한철희 주간, 심성보 편집장, 유정희 씨는 연구소에 상주하면서 작업을 챙기신 분들이다. 우리 연구소의 모든 작업이 항상 그러했듯이 이번 사업에도 연구원 김민철 씨를 비롯하여 남창균, 이원경, 양승미 씨의 수고가 밑받침되어 책이 나오게 되었다. 앞으로 더 좋은 사업을 추진하여 모든 분들의 기대에 보답할 각오를 다시 다진다.

1993년 2월
반민족문제연구소 소장 김봉우

일러두기

1. 『친일파 99인』(전3권)은 우리 민족 구성원 모두가 반드시 알아야 할 친일파를 각 분야별로 선정하여 그들의 반민족적 행각을 체계적으로 밝혀냄으로써 민족사의 정화라는 과제를 해결하려는 뜻에서 기획하였다.

2. 수록할 친일 인물들을 엄정하게 선정하기 위해 1876년에서 1945년까지의 시기를 대상으로 하여 일본 제국주의의 식민지 권력기관 및 친일단체 등에 소속되었던 인물을 1차 사료와 그간의 연구성과를 참조로 조사하여 약 2천여 명(중복 포함)에 이르는 명단을 일차로 정리하였다. 즉, 민비시해사건 주모자, 을사오적, 매국의 공신 등을 비롯하여, 친일단체의 간부이거나 식민지 권력기관의 고급 간부 그리고 비록 하수인에 지나지 않았더라고 악질적인 행위로 제 민족을 괴롭히고 파괴하는 데 앞장 섰던 자들을 선정하였다.

3. 위의 2천여 명의 명단에서 사회 각 분야별 중요 인물이라고 판단되는 약 200명을 다시 선정한 뒤, 다음의 조건을 고려하여 다시 100명 내외로 조절하였다. 즉, 첫째, 사회 각 분야의 대표적인 친일 인물인가 및 둘째, 현실적으로 집필이 가능한 자료가 존재하는가를 주요 기준으로 삼았다. 따라서 명백하게 친일행위를 했음에도 불구하고 자료 문제로 제외된 인물도 있었다. 이렇게 해서 총 대상인물이 99인으로 되었다. 따라서 이 책에 수록된 99인은 친일의 정도가 가장 극악했던 순서대로 99인을 뽑았다는 의미가 아님을 밝혀둔다.

4. 서술에서는 독자 누구나가 해당 인물의 친일행각을 명확하고도 쉽게 이해할 수 있도록 하기 위하여 해당 인물의 주요한 친일 행각을 중심으로 서술하였다. 따라서 이 책에 수록된 글들은 객관적 자료에 입각하되, 연대기적 서술 또는 사전식의 서술은 가능한 한 피했음을 밝혀둔다.
  5. 개별 인물별로 편집된 제한성을 다소나마 극복하고자 서장 '친일파 문제를 다시 본다'를 수록하였다.
  6. 참고문헌은 개인별 항목에서는 주로 1차 사료만을 선별하여 '주요 참고문헌'의 형식으로 수록하였고, 기타 관헌문헌 및 관련 논저를 망라하여 부록 1 '친일파 문제 관련 주요 문헌 목록'으로 정리하였다.
  7. 이 책의 대상자를 선정한 주요 근거이자 차후 친일파 연구의 주요 자료가 될 '일제하 친일단체 및 기관 소속 주요 인명록'을 부록 2로 실었다.
  8. 이 책에 수록된 99인은 다른 인물을 서술하는 글에서 거명될 경우 *표를 하여 각 인물간의 상호관계를 살펴볼 수 있도록 하였다(단, 중복되어 나올 경우는 처음에만 표시하였다).

『친일파 99인』 편집위원회

친일파 99인 (1) / 차례

☐ 책을 펴내면서 • 3
☐ 일러두기 • 8

☐ 서장 • 친일파 문제를 다시 본다 ──────── 김봉우 • 15

제1부 정치

1. 을사오적

이완용 한일'합방'의 주역이었던 매국노의 대명사 ──── 강만길 • 49
박제순 '을사조약' 체결에 도장 찍은 외교책임자 ──── 김도형 • 56
권중현 친일로 한평생 걸은 대세영합론자 ──────── 서영희 • 63
이지용 나라를 판 돈으로 도박에 미친 백작 ──────── 서영희 • 69
이근택 근황주의자에서 친일매국노로의 변신 ──────── 오연숙 • 77

2. 일진회 관련자

송병준 이완용과 쌍벽을 이룬 친일매국노 제1호 ──── 강창일 • 87
이용구 친일 망동조직 일진회의 선봉장 ──────── 조항래 • 96
윤시병 만민공동회 회장에서 일진회 회장으로 변신 ──── 김경택 • 106
윤갑병 '신일본주의'를 제창한 친일 출세주의자의 전형 ── 김경택 • 111

3. 갑신·갑오개혁 관련자

박영효 친일 거두가 된 개화파 영수 ──────── 윤해동 • 117
김윤식 죽어서도 민족운동의 분열에 '기여'한 노회한 정객 ──── 배항섭 • 127
조중응 친일의 길이라면 물불 가리지 않았던 매국노 ──── 장석흥 • 137
장석주 이토 동상 건립추진운동의 주동자 ──────── 오연숙 • 145
조희연 일본군의 조선침략에 앞장 선 군무대신 ──── 오연숙 • 151
윤치호 2대째 일본 귀족으로 입적한 '귀화한 일본인' ──── 김도훈 • 158
정란교 박영효의 심복으로 친일 쿠데타의 돌격대 ──── 김도형 • 167
신응희 3·1운동의 무력진압 건의한 황해도 지사 ──── 장세윤 • 174
이규완 참정권 주장의 '선구자' ──────────── 김도형 • 177

4. 을미사변 관련자

이주회 명성황후 시해사건 조선인 주범 ──────── 강창일 • 187
이두황 이토 히로부미의 총애 받은 친일 무관 ──── 강창일 • 191
우범선 민비시해사건의 주동자 ──────────── 김도형 • 195
이진호 일제식민통치에 앞장 선 친일관료의 전형 ──── 이명화 • 202

5. 왕실·척족

윤덕영 한일'합방'에 앞장 선 황실 외척세력의 주역 ──── 오연숙 • 211
민병석 조선인 대지주로 손꼽힌 민씨 척족의 대표 ──── 서영희 • 218
민영휘 가렴주구로 이룬 조선 최고의 재산가 ──── 서영희 • 225
김종한 고리대금업으로 치부한 매판자본의 선두주자 ──── 장석흥 • 231

6. 관료

박중양 3·1 운동 진압 직접 지휘한 대표적 친일파 ──── 김도형 • 239
유성준 유만겸 유억겸 유길준의 양면성 '극복'한 유씨 일가의 친일상 김도형 • 247
장헌식 중추원 칙임참의를 20년 간 역임한 일제의 충견 ──── 장세윤 • 257
고원훈 '일본의 수호신이 되어라'고 부르짖은 친일관료 ──── 박준성 • 261
박상준 '불가능한 독립' 대신 '행복한 식민지' 택한 확신범 ──── 김도형 • 269
석진형 총독부의 신임 두터웠던 절대 맹종파 ──── 이명화 • 275
김대우 「황국신민의 서사」 입안자 ──── 김무용 • 279

친일파 99인 (2)/수록 인물

제1부 정치

7. 직업적 친일분자 ──── 민원식 / 배정자 / 선우순 / 이각종 / 박석윤
　　　　　　　　　　　　박춘금 / 현영섭 / 이영근 / 이종형
8. 경찰·군인 ──────── 김태석 / 김덕기 / 전봉덕 / 김석원 / 정 훈

제2부 경제

경제 ──────────── 한상룡 / 장직상 / 김갑순 / 박영철 / 문명기
　　　　　　　　　　　　박흥식 / 김연수 / 박승직 / 현준호 / 문재철

제3부 사회·문화

1. 언론 ──────────── 진학문 / 장덕수 / 서 춘
2. 학술 ──────────── 정만조 / 어윤적 / 이능화 / 최남선
3. 법조 ──────────── 이승우 / 신태악
4. 여성계 ────────── 김활란 / 고황경 / 황신덕 / 박인덕

친일파 99인 (3) / 수록 인물

제3부 사회·문화

5. 문학 ——————— 이인직 / 이광수 / 김동인 / 주요한 / 김동환
　　　　　　　　　　모윤숙 / 유치진 / 최재서 / 백　철 / 김기진
　　　　　　　　　　박영희
6. 음악·미술 ————— 홍난파 / 현제명 / 김은호 / 김기창 / 심형구
　　　　　　　　　　김인승
7. 종교 ——————— 최　린 / 박희도 / 정춘수 / 정인과 / 전필순
　　　　　　　　　　김길창 / 이회광 / 이종욱 / 권상로 / 김태흡

☐ 부록 1 —— 친일파 문제 관련 주요 문헌 목록
☐ 부록 2 —— 일제하 친일단체 및 기관 소속 주요 인명록

서장·친일파 문제를 다시 본다

김봉우(반민족문제연구소 소장)

1. 민주화의 좌절과 친일파

 우리가 민주주의라는 용어를 익히기 시작한 지도 벌써 반 세기가 다 되어 간다. 그러나 우리의 민주화 노력은 지금까지 좌절당해 왔으며 언제쯤이나 그 문턱에라도 들어갈 수 있을지 아직도 전망을 세우기조차 힘들다. 우리가 좌절당해 온 민주주의란 무슨 거창한 내용이 아니고 단지 형식과 절차가 공정하게 지켜지는 그런 수준의 것이다. 아직도 이러한 형식과 절차마저 지켜지지 않는 것은 우리 사회가 공정한 법과 규칙에 의한 정치와 사회 운영이 요원한 후진적인 상태에 머물러 있다는 증거인 셈이다.
 민주화를 이루기 위해 우리 국민은 많은 피를 흘리며 독재정권과 투쟁해 왔다. 해방 직후는 말할 것도 없고 6·25 이후에도 4·19, 부마항쟁, 광주항쟁, 6월항쟁으로 우리 국민의 민주화투쟁은 면면히 이어져 왔다. 그 동안 모든 국민이 참여하는 선거만도 수십 차례나 치렀으나 그 선거는 모두가 관권에 의한 부정선거, 금권선거, 흑색선전, 폭력사태로 점철되었으며 정권은 항상 지배집단의 수중으로 떨어졌다.
 제14대 대통령 선거만 해도 역대 선거 중 가장 깨끗한 공명선거였다고 평가하지만 선거풍토는 옛날과 별로 다르지 않았다. 14대 대선 풍토를 상징적으로 보여 준 사건이 바로 '부산지역 기관장 대책회의'다. 이 모임을 주재한 김기춘 씨는 바로 현승종 내가 직전까지 법무부 장관으로 재직하던 인물이다. 재임 시절 '미스터 법질서'란 별명으로까지 불렸던 그가 "민자당 김영삼 후보의 당선을 위해 지역감정을 조장하고 언론을 매수하고 폭력사태를 꾸며내야 한다"는 등 상식 이하의 발언을 한 것은 바로 우리 사회의 정치적 수준과 더불어 법의 기능과 역할을 상징적으로 보여 준 사건이었다.

이런 일은 사실 어제 오늘의 일도 아니고 우리 민족이 해방 직후 민족국가 건설을 시작할 때부터 함께 시작된 일이다.

이처럼 모든 국민이 그토록 염원해 오던 민주화가 여전히 초보적인 수준에도 이르지 못한 것은 바로 우리 국민의 정치적 각성과 진출을 차단하려는 친일세력의 농간 때문이었다.

일제의 패망 이후 우리 민족은 통일된 민족국가를 수립하고 친일파 민족반역자를 청산하여 번영된 새나라를 건설할 희망에 부풀어 있었다. 그러나 이 소망은 38선을 분할선으로 하여 진주한 미군 때문에 이루어질 수 없었다. 미국은 38선 이남 지역을 대소 전략기지로 만들기 시작했다. 바로 이러한 미국의 전략 덕분으로, 전아시아를 파괴·살육했던 일본은 미국의 대아시아 지배의 보루로서 경제적으로 군사적으로 부흥의 길을 걷게 되었다. 대신 우리 민족의 해방과 일제의 패망을 위해 목숨을 걸고 싸웠던 애국자들은 미국 정책의 방해물로 인식되어 철저히 소탕되었다.

이러한 정세의 변화는 해방된 나라에서 처단될 운명에 처해 있던 친일파 민족반역자들을 사면하고 살려 주는 정도가 아니라 이 땅의 주인으로 등장시키는 계기가 되었다. 우리의 강토를 갈라서 미국의 전략기지로 세우고 미국의 정책을 충실히 집행할 담당자로서 친일세력 이상 가는 집단은 없었다. 친일세력은 그들의 생존의 활로일 뿐만 아니라 영원토록 영달을 보장할 단독정부를 만들어 내기 위해 체계적으로 민족세력을 거세해 나갔다.

우리 민족 사이에 인위적으로 좌우이념 대립선을 만들어 민족을 분열시키고 서로 싸우게 만들어 영구히 통치해 나가자는 것이 일제의 식민통치 전략이었다. 이것이 해방 이후 지역과 이념 대립의 복합체로 훨씬 강화되어 나타난 것이 바로 분단구조이다. 미국과 친일세력은 좌우 대립구조를 만들고자 하였으나 이 분단구조는 우리 민족을 사멸시켜 버릴 구조였기 때문에 이념의 좌우를 불문하고 모든 민족세력이 다 나서서 싸웠다. 때문에 분단구조는 좌우이념 대립선이 아니라 결국 우리 민족과 외세의 앞잡이를 가르는 경계선이 되고 말았다.

민족분단의 주역 단독정부는 민족의 통합과 자주적 발전을 위하여 출범한 것이 아니라 분단 갈등구조의 유지와 민족세력의 거세를 위하여 출범했기 때문에 이 구조의 지속이란 결국 민족세력의 파괴를 의미했으며 동시에 친일파(반민족세력)의 완전한 권력장악과 탄탄한 재생산구조의 창출을 의미하는 것이었다.

해방 이후 지금까지 우리 민족사의 최대 과제는 바로 민족현실과 배치되는 정치권력을 몰아내고 민족적 지향과 토대에 의거하는 정권을 세우는 것이다. 이러한 목표를 실현하기 위해 국민들은 모든 선거 때마다 피나는 투쟁을 벌이면서 민족현실에 더 가까운 정권을 세우고자 하였으나 엄청난 폭력과 부정선거 때문에 번번이 반민족세력의 집권을 합리화하는 들러리로 전락할 수밖에 없었다. 심지어는 통일과 민족이란 말조차 제대로 쓸 수 없는 환경 때문에 친일세력의 분화 갈등 속에서 나타난 독재와 반독재의 개념을 원용하여 민주와 반민주의 개념으로 발전시켜 온 것이다.

우리의 굴절된 현실 때문에 개념이 제대로 표현되지 않았을 따름이지 어떤 사회적·정치적 문제이건간에 거기에는 반드시 반민족세력과 민족자주세력의 대립·갈등이 본질적 요소로서 내재해 있다고 보아야 한다. 정권의 소유문제를 결정하는 선거가 항상 극단적인 부정과 폭력 속에서 치러질 수밖에 없었던 것도 민족의 소망을 반영하는 진정한 민주화가 실현되면 전민족을 억누르던 분단구조가 와해되기 때문에 어떤 수단을 동원해서건 국민의 정치적 진출을 막고 반드시 정권을 장악해야 하는 집권세력, 즉 친일세력의 존재양태로부터 비롯되는 것이다.

우리 정치가 다른 나라들처럼 대화와 타협으로 문제를 풀기 어려운 것은 이념의 차이 때문이 아니다. 이념의 차이는 다른 나라에도 모두 있는 것이다. 다른 나라에서는 대립되는 이념의 차이란 바로 국가경영과 사회발전 방식의 차이라고 인식되고 있기 때문에 대화와 타협이 가능하며 평화적인 경쟁구조가 유지될 수 있다. 이러한 경우에는 서로간의 견해가 근본적으로 다르다 하더라도 결국은 자기 국가와 민족의 번영에 관한 문제이기 때문에 그 범위를 벗어날 필요가 없다. 또한 자기 국민의 지지와 국내적 기반을 토대로 벌이는 경쟁이기 때문에 그것을 벗어날 수도 없다. 그 기반을 파괴하는 경우에는 자기존재가 버림을 받는 것은 물론이고 근거가 없어진 세력은 존재할 수도 없기 때문에 결국은 공존 속에서의 경쟁일 수밖에 없는 것이다. 진정한 이념대립은 바로 자기 민족에 의거하여 그 자체의 번영을 위하여 벌이는 것이다.

만약 우리 사회가 진정한 이념경쟁 사회라면 이미 전세계가 냉전이 소멸되고 민족국가간 경쟁체제로 전환한 지금이야말로 올림픽을 치러낸 선진국답게 국민들에게 모든 자유와 복지와 문화가 제공되어야 할 것이다. 그러나 세계에 냉전이 사라지고 이념적 적대성이 사라진 오늘날까지도 여전히 냉전의 구조와 논리는 한치도 바뀌지 않은 채 우리 민족을 짓누르고 있을 뿐 아니라 오히려 냉전이 소멸된 데에서 오는 피해까지 몽땅 덮어 씌우고 있다. 그리하여 지난날보다도 고통은 오히려 가중되고 민족의 존망을 가늠하기란 더욱 어려워지고 있다. 바로 이것이야말로 민주화의 좌절이 무슨 안보나 냉전 때문이 아니라 외세의 이익을 보장해 주는 '현지법인체' 때문에 일어나는 것임을 극명하게 보여 준다.

따라서 우리에게 있어서 체제대립·이념대결이란, 외세의 이익과 전략을 보장하기 위해 민족의 존엄과 그 존재기반을 부정해야 하는 외세의 현지법인체, 즉 반민족주의자들이 자신의 정체를 위장하기 위한 수단에 지나지 않는다.

2. 권력기관과 친일파

권력기관은 정권 유지의 핵심으로서 사회적 지향과 정책을 실질적으로 결정한다. 때문에 권력기관의 향배는 국가운영에 절대적인 영향을 미친다.

그런데 우리 사회에서는 이처럼 절대적인 힘을 가진 권력기관이 국민 대중의 정치적 각성과 진출을 차단하는 데 총력을 기울여 왔다 해도 과언이 아니다. 이것은 권력기관이 정권의 하부기관이기 때문이기도 하지만, 그보다는 권력기관 자체가 바로 친일세력의 존재기반으로서 해방 이전부터 우리 민족을 통제하고 억압하는 역할을 담당해 왔음에도 불구하고 해방 이후에도 미군정과 분단구조를 거치면서 그 역할이 변함없이 계속되고 있기 때문이라고 보아야 한다.

정치권력이 민족을 억압하고 착취하는 주요 수단인 권력기관은 그 기능에 따라 여러 가지로 나뉘어 있다.

1) 정보기관

정보기관의 역할과 구성은 지금까지 한 번도 공개된 바가 없어 그 내용을 파악하기가 어렵다. 다만 이제까지 드러난 몇 가지 상황을 통하여 추정할 수 있을 뿐이다. 그 정도의 추정을 통하여서도 정보기관이 분단구조하에서 국가운영의 가장 핵심적인 역할을 수행했다는 데는 누구나 동의할 것이다.

해방 후 초기의 정보기관은 주로 일제 식민지 경찰의 고등계 형사와 헌병 그리고 밀정 출신들로 이루어졌다. 이들은 모두가 민심의 동향을 살펴 우리 민족이 독립운동에 대한 지향을 갖지 못하도록 대책을 세우고 민족 내부에 지역적·이념적·종교적 분열을 조장하고 민족적 지향을 적극적으로 탄압하던 사람들이다. 그 외에도 독립운동 진영을 염탐하고 독립운동가를 체포, 학살, 고문하고 독립운동 조직을 파괴하는 기능을 담당하던 사람들이다. 식민지 구조에서 이들은 비록 직위는 낮았지만 가장 핵심적인 기능을 수행하였으며 따라서 우리 민족사에 끼친 해악도 가장 컸다고 할 수 있다.

해방 이후 이들이 중용된 것 자체가 분단구조와 단독정부의 성격이 무엇인지를 명백히 입증해 주는 결정적 증거이다. 자유당 시절 일본군 출신인 김창룡과 원용덕이 민족·민주세력을 탄압하면서 이승만의 총애를 다툰 것은 바로 이러한 친일 핵심세력의 정치적 역할을 말해주는 것이다.

시간이 흐를수록 직접적인 일제 치하의 경험자는 줄어들지만 상사와 부하의 관계, 경험의 전수관계, 정서의 교감, 이론적 측면의 수용, 그리고 무엇보다 그들의 업무수행을 통한 자신의 존재에 대한 규정성 때문에 친일세력 내지

〈표 1〉 　　　　　　　　미군정 경찰에서의 친일파 분포

직 위	1946년 총수(명)	식민지 경찰 출신(명)	비율(%)
치안감	1	1	100
청 장	8	5	63
국 장	10	8	80
총 경	30	25	83
경 감	139	104	75
경 위	969	806	83

반민족세력의 정서와 지향은 확고하게 재생산되어 왔다고 보인다. 1987년에 발생한 박종철 군 고문 학살사건은 그러한 지향이 얼마나 강력하게 이어지고 있는지를 알려 주는 좋은 징표이다. 그리고 안기부가 나서서 일본 야쿠자와 한국의 깡패조직을 연결시켜 결의형제를 맺게 한다든지, 일본의 우익노조와 한국노조를 연결해 주는 역할을 하고 있는 것 등은 모두 망국적 친일세력이 오늘날까지 암약하고 있다는 명백한 증거이다.

2) 경찰

경찰 내의 친일파에 대해서는 몇 가지 통계가 있어 이를 참조할 수 있다.
〈표 1〉은 1946년 통계인데, 당시 경무부 수사국장 최능진은 경찰을 일러 "북한에서 축출된 부패한 식민지 경찰관을 포함해서 일본의 훈련을 받은 경찰과 민족반역자의 피난처이다. 경무국은 부패했으며 민족의 적이다"(브루스 커밍스, 『한국전쟁의 기원』, 일월서각)라고 지적했다. 〈표 1〉의 통계는 공식적인 것을 모은 것이지만 사실을 제대로 표현하지 못하고 있다. 왜냐하면 해방이 되었기 때문에 손해를 본 사람들(이들은 당연히 친일 범죄자이다)과 총독부 각 기관의 촉탁들, 밀정들이 새로이 경찰에 들어간 것을 감안하면 친일적 성향은 경찰 성원 모두가 가지고 있었던 것으로 보아야 한다.

미국이 일제 식민지 경찰을 그대로 유지하고 오히려 강화시킨 이유는 그들이 누구보다도 민족해방운동의 주체와 핵심 흐름에 대하여 잘 알고 있고 자

기 민족을 오랫동안 탄압해 온 기술자들이며 외세에 대한 충성심과 반민족적 성향이 강하기 때문이었다. 이렇게 해서 중용된 친일 경찰은 일제 식민지 시절에 수행하던 우리 민족에 대한 탄압과 독립운동자에 대한 박해를 해방 이후에도 계속하였다. 방법도 일제시대 때와 똑같이 독립세력을 좌익으로 모략하여 탄압하는 것이었다. 친일 경찰들은 민족을 탄압한 공로로 점차 영달해간 반면 올바른 민족주의 세력은 완전히 소멸되어 갔다. 당시 사용된 '좌익'이라는 딱지는 바로 식민지 경찰이 우리 민족에게 공포감을 주고 민족운동의 전진을 막기 위해 사용한 정책적 용어였는데, '좌익'이라는 말과 함께 독립운동가를 지칭할 때 쓰던 '불순세력', '과격세력' 등의 용어가 해방 직후는 물론 지금까지도 살아 남아서 우리를 짓누르고 있다.

일제 때 독립운동가를 고문한 노덕술, 최운하 등이 반민특위에 검거되자 경찰이 반민특위를 습격·해산해 버린 사건이야말로 명색이 새나라의 경찰이 누구를 위한 것이고 무엇을 하는 집단이었는지를 웅변해주는 좋은 자료이다. 경찰은 서북청년단으로 대표되는 테러단체의 보호자로, 모든 반민족 범죄자들의 피난처로, 독재정권의 하수인으로 기능하였으며, 1960년 3·15 부정선거 때는 친일파의 대부 이승만의 당선을 위해 전면적으로 나섰다가 전국민의 항쟁으로 인하여 후퇴하지 않을 수 없었던 일도 있다.

4·19 이후 나온 경찰의 통계자료는 경찰 내의 친일파가 해방 직후와 비교하여 어떻게 그 구성에서 변화하였는지를 보여 주는 좋은 자료가 된다. 3·15 당시 치안국의 총수는 일본군 출신이었고, 2명의 경무관 중 1명은 일본군 하사관, 나머지 1명은 순사부장 출신이었으며, 그 밑에 있는 5명의 서기관 중 3명이 경부 등 일제하 경찰 출신이고, 1명은 일본군 출신이었다. 서울시와 각 도 경찰국장 11명 중 6명은 일제하 경찰 출신, 3명은 일본군 출신, 1명은 일제하 관리 출신이었다. 그리하여 해방 15년이 지난 1960년 3월의 시점에서도 총경의 70%, 경감의 40%, 경위의 15%가 일제 경찰 출신이었으며 사복경찰의 20%, 정복경찰의 10%가 일제 경찰 출신이었다.

하위직으로 갈수록 수치가 줄어드는 것은 친일 경찰에서 민족 경찰로 바뀌어서 그런 것이 아니라 식민지 경찰 출신이 자연 소멸되고 그 이후 세대가 충원되었기 때문이다. 그러나 이 통계도 또한 사실을 바르게 전하고 있다고 볼 수는 없다. 식민지 경찰의 경험이 없는 사람은 민족 경찰인가 하면 그렇지 않기 때문이다. 그것은 경찰도 역시 부하와 상사의 관계, 업무 수행상의 전통과 정서의 전수, 자기 민족에 대한 적대적인 역할 수행 과정에서 생긴 성향 등으로 해서 결국 그들의 의식도 친일적이며 반민족적일 수밖에 없다는 데 기인한다.

경찰은 식민지 시절 우리 민족을 탄압하기 위한 도구로 만들어진 이래 지금까지 그 본질적 측면이 변하지 않은 채 친일세력의 재생산 기반 위에서 이어져 내려오고 있다. 때문에 중요한 것은 일제시대 출신 경찰의 숫자나 비율보다도 그 역할과 철학이 무엇인가 하는 점이며 지금도 여전히 친일세력의 재생산이 이루어지고 있다는 것, 그것이 심각한 문제이다.

3) 군

현재 군은 역사의 발전을 저지하는 물리적인 장벽으로 인식되고 있다. 이런 인식은 창군 이후 지금까지 수행해 온 군의 역할 때문에 비롯된 것이다.

해방 이후 군 창설의 주체는 미군정이었다. 미군정은 그들의 전략 개념을 수행할 물리적 위력으로서 군을 절실히 필요로 했다. 미국의 필요에 의해 만들어진 군은 본질적으로 분단구조의 물리적 장벽으로서의 기능을 담당하게 되었다.

분단구조란 해방 이후 통일된 자주독립국가를 건설해야 할 우리 민족의 절대명제를 파괴하고 민족 내에 이념적인 대립선을 만들어 외세의 지배와 간섭을 영속화하기 위해 만들어진 구조였다. 따라서 군은 그 출발부터가 우리 민족의 자주독립 의지와는 배치되는 것이었다.

이러한 군의 성격과 지향은 그 구성 내용을 보면 더욱 명확해진다. 군대의 주요 구성 요소인 장교의 면면은 바로 일본군의 위계를 그대로 옮겨 놓은 것이었다. 간혹 장식용으로 광복군 출신이 극소수 있기는 했지만 아무런 영향도 의미도 없는 존재였으며 그들마저 오래지 않아 밀려나고 말았다. 이런 것을 보여 주는 자료가 바로 군의 직급들이다. 과거 1970년대까지의 역대 육군 참모총장 전원이 일본군 장교·하사관 또는 일제의 괴뢰 만주국 출신 군인들

〈표2〉   1956년 현재 주요 부대 지휘관과 일제하 경력

직 위	계급	이름(나이)	일제시 경력
육군총참모총장	대장	정일권(37)	만주군 장교
제1군사령관	대장	백선엽(35)	만주군 장교
1군단장	중장	최덕신(42)	중국군 장교
2군단장	중장	함병선(36)	일본군 중사
3군단장	중장	송요찬(37)	일본군 중사
5군단장	중장	최영희(34)	일본군 장교
6군단장	중장	이한림(34)	만주군 장교
제2군 사령관	중장	강문봉(34)	만주군 장교

이었다. 그리고 군의 권력기관인 헌병대와 특무대에는 일제하의 헌병이나 특무기관 출신 또는 고등경찰 출신이 주요 간부와 요원으로 집중적으로 배치되었다.

정부 수립 후 군 장성이 된 국방경비대 출신자들은 거의 미군정 때 세운 군사영어학교 졸업자들이다. 이 학교가 폐교될 때까지 장교로 임관된 자들의 일제시대 경력을 보면 장교 임관자 110명 가운데 98명이 일본군 또는 괴뢰만주군 출신이다. 5·16 군사 쿠데타로 일본의 재진출과 군사정권의 뿌리를 내린 박정희를 예로 들어보자.

그는 1942년 일제의 괴뢰 국가기관인 만주군관학교를 1등으로 졸업했는데, 졸업식장에서 "만주국의 낙토를 지키고 대동아공영권을 확립하는 성전에서 나는 사쿠라같이 훌륭하게 죽겠습니다"라고 일본 국왕에게 선서하였다. 박정희는 일본 육사에 유학하는 특전을 누렸는데, 일본 육사 57기를 3등으로 졸업하여 일본 육군 대신상을 수상하는 '영광'을 안았다. 그가 나중에 대통령이 된 후 선우휘라는 친일 어용작가와의 술자리에서 일본 국왕의 교육칙어를 서로 외우면서 감격해 하였다든지 사무라이 영화를 즐겨 감상하였으며, 일본군 군복을 입고 청와대 뜰을 거닐면서 흡족해 하였다는 증언들은 그의 정서가 어디로 향하고 있었는지를 보여 주는 사례들이다. 그는 경제개발이라는 미명하에 일본 자본을 들여올 때도 공장 하나 가져오는 것이 일본군 1개 사단이 들

어오는 것과 같다고 하면서 경제 예속화를 적극 추진하였으며 외국여행 갔다가 오는 길에는 반드시 도쿄에 들러 옛 일본 육사 동기생들을 만나 회포를 풀었다고 하니 그의 친일 매국 성향의 강렬성에 아연할 따름이다.

이렇게 군의 주요 간성으로 자리잡은 일본군 출신들이 일제 때 수행한 역할은 다름 아니라 독립군을 토벌하고 우리 민족을 학살하는 일이었다. 이러한 이력을 가지면서 외국 군대의 지휘를 받는 군대가 뒤에 분단구조의 물리적 장벽에만 머물지 않고 정치의 전면에 나서는 것은 지극히 당연한 일이다. 왜냐하면 외적에 대한 방벽으로서의 군대였다면 그 군대는 정치적 성격이 없기 때문에 쿠데타의 주역으로 등장하지는 않았을 것이다. 그러나 우리 군대는 분단구조의 지주로서 탄생하였고 분단구조란 바로 민족과 매국노를 가르는 경계선이었기 때문에 군대가 수행해야 하는 일은 대의명분과 민족성을 압살해야 하는 지극히 도치된 모략성과 정치성을 그 본령으로 하였다. 이런 성격의 군대가 친일 반민족세력의 권좌에 위기가 닥쳤을 때, 이를 지키려고 정치의 전면에 나선 것은 본령에서 벗어난 것이 결코 아니었다.

지금까지는 주로 5·16과 5·17이 획일화된 명령과 복종으로 상징되는 군사문화를 보급한 원천이라고 규정하였다. 그러나 그것은 겉모습이고 더 중요한 본질은 친일세력이 폭력으로 민족의 내용체인 국민의 정치적 진출을 차단하고 사회 전체를 다시 장악하여 민족적 소망의 실현을 저지하였다는 점이다. 친일적 군인들은 군을 배경으로 한 사회탄압에 그치지 않고 군복을 벗고 나와서도 대사로, 기업가로, 관료로, 교수로 사회의 모든 분야에 나서서 다시 사회 전체를 친일·반민족적 지향으로 물들게 했다. 1992년 연말에 나온 한국 군대와 일본 자위대의 친목도모를 위한 계획은 군 내부의 친일성향의 재생산이 어느 수준까지 와 있는지를 보여주는 징표라 하겠다.

4) 관료

지금 우리가 접하는 관료제도는 그 형식과 내용의 원형이 모두 일제 식민지 시기에 만들어진 것이다. 그 형식이 지금까지도 전해진다는 것은 말단조직인 통반조직이나 반상회 등에서부터 중앙조직에 이르기까지 약간의 변화는 있겠지만 그 뼈대는 그대로 전해 내려온다는 것이고, 내용상의 전수는 그 인맥과 운용방식 및 철학이 그대로 전해져 온다는 뜻이다.

일제는 우리 민족을 효율적으로 지배하고 재산을 강탈하기 위해 식민지 관료기구를 만들어내고 여기에 다수의 조선인을 앉혔는데 말단기구는 거의 조선 사람으로 채웠다. 그 이유는 내부사정을 잘 아는 사람이 더 효율적으로 통제하고 착취할 수 있기 때문이다. 또 직접 일선에서 조선 사람을 수탈하고 짓밟는 작업을 조선인에게 맡김으로써 민족분열을 조장하여 조선인의 단결과 성장을 막자는 목적도 있었다. 그리고 관료를 조선 사람으로 임명하고 바늘구멍 같은 진급제도를 둠으로써 독립운동에 나가기보다는 출세하는 게 유리하다는 인식을 심어 주는 효과도 있었다.

일제가 조선 민족을 효율적으로 통제하고 착취하기 위해 양성한 조선인 관료들은 그 목적에 대단히 충실하게 움직였다. 그들은 일제의 야만적 폭력을 배경으로 자기 민족의 위에 군림하면서 마음껏 짓밟고 뺏을 수 있다는 데 대해서 대단히 만족하고 그러한 권한을 준 일제에게 절대적으로 충성하였다.

이들이 한 일이란 초기에는 독립운동가의 재산을 강탈하고 나아가서는 일반 양민의 재산까지 약탈하여 자신들의 소유로 만들거나 국유화시켜 총독부의 재산으로 만들어 일본 사람들의 손에 혹은 친일 매국노의 손에 넘어가게 만드는 작업이었다. 그리고 우리 민족을 효율적으로 수탈하고 독립운동을 신속히 진압하기 위하여 만들던 철도 부설 및 도로 부역에 강제로 양민을 동원하는 일, 감시와 통제를 철저히 하기 위하여 호적과 주민등록을 만드는 일 등을 수행하였다. 그러나 시간이 흐를수록 세금을 강징하고, 일본 사람들의 이주를 위하여 우리 민족을 해외로 내쫓는 등 더욱 극악한 일에 나섰으며, 나아가서는 정신대니 징용이니 징병이니 공출이니 해서 사람과 물자에 대한 총체적 강탈행각을 감행하였다. 조선말을 못 쓰게 하고 성을 갈게 하고 일본왕의 거처를 향해서 절을 하게 하는 등 이루 열거할 수도 없는 행패들을 통해서 이들이 이루고자 한 것은, 단순한 민족의식의 말살차원을 이미 넘어서서 민족 그 자체를 말살하는 것이었다.

식민지는 법으로 다스리는 것이 아니다. 폭력으로 짓이기는 것이다. 그 때에도 행정이란 말은 있었지만 고도화된 행정기술이 필요했던 시기는 아니었다. 단지 출생 날짜와 이름을 쓸 수 있는 수준이면 족했다. 그 때의 행정이란 식민지 무력을 배경으로 협박을 하거나 아니면 실제적인 폭력이나 기만으로 얼마나 뱃심 좋게 강탈하고 짓누르냐 하는 것이었다. 따라서 일본인 상사의 명령이 일본의 본뜻으로 인식되었고 법과 규칙 같은 것은 대외용이며 장식용 정도에 지나지 않았다. 기름을 짜서 상납하고 그 자리를 유지하거나 진급하는 것은 이 때부터 시작된 관행이었다.

해방 이후 들어선 미군정은 처음에는 총독과 총독부 기구가 그대로 일제시대와 마찬가지로 조선을 통치하고 미군 당국은 군사적 무력의 보장과 기본 정책만 정하겠다는 의사를 보였다. 물론 얼마 지나지 않아서 전민족의 저항에 부딪히자 방침이 바뀌어 총독을 비롯한 일본인 관리들은 일본으로 돌아갔다. 그러나 조선인 관리들은 일본인 관리들의 자리에 진급하여 그 이전의 행태대로 이른바 행정이란 것을 계속했으며 빈 자리만 다른 사람으로 채워나갔다.

그러면 식민지 시절에 일제의 수족이 되어 우리 민족 말살정책에 나섰던 관료조직을 해방 이후에도 왜 그대로 썼는가 하는 문제가 남는다. 해방된 나라에서 우리 민족의 소망과 순리를 따랐다면 제 민족 괴롭히는 것 빼고는 아무런 기능도 가지고 있지 않았던 그들이 소용될 일은 없었다. 그러나 우리 민족의 소망을 짓눌러야만 했고, 그러기 위해서는 엄청난 무리가 필요했기 때문에 일제하에서 우리 민족에 대한 통제 기술을 익히고 정보를 가지고 있던 그들이 중용되고 주인노릇까지 하게 된 것이다. 자신의 죽음을 면하게 해 주었을 뿐만 아니라 이전에 일본 사람들이 누리던 엄청난 권한까지 자신에게 쥐어 주고 나아가 더 높은 지위로의 진급도 보장해 준 자들을 위하여 이들이 분골쇄신했을 것은 더 말할 필요가 없다.

일제시대 관료가 몇 사람이나 해방 후에 또는 단선 이후에 남아 있었느냐 하는 것은 의미가 없다. 왜냐하면 전부가 그대로 있고 부족분만 보충했기 때문이다. 그러다 보니 통반을 비롯한 행정조직부터 행정 절차와 용어 그리고 관습이 그대로 이어져 왔으며 명령하고 강제하고 지배하는 행정방식과 철학까지 그대로 이어져 온 것이다. 역대 독재정권이 지시한 악질적 명령이 마찰 없이 지시 이상의 효과를 발휘한 것은 바로 이러한 전통과 기능 덕분이다.

지금도 신문에 이른바 대권이니 통치권이니 하는 용어들이 나온다. 통치권이란 주관적 해석이야 어떻든 우리 역사 속에서의 의미는 일본왕이 조선 총독에게 부여한 권한이다. 즉, '본국의 왕'이 주는 권한이며 조선 민족을 볶아 먹건 삶아 먹건 알아서 하라는 전능의 권한이다. 민족의 원수인 조선 총독이 가졌던 식민지 통치권이 한국의 대통령에게 살아 남아 있다는 것이야말로 우리 역사의 현주소가 아닌가 싶다. 이러한 관료기구 속에서 친일파가 확대재생산되어 온 것이며 관료적 병폐니 관료주의니 하는 것이 모두 여기에서 비롯된 것이다.

이런 구조 위에서 친일적인 정책이 수립·집행되고, 과거 역사가 청산되기는커녕 오히려 확대·심화되고, 예속성이 강화된 것은 당연한 일이다. 오늘날 우리 사회에 나타나는 관료의 부패 구조와 관료주의는 형태상으로는 반민주적이지만 그 본질은 반민족적인 구조와 그 뿌리로부터 나오고 있는 것이다. 관청은 아직도 두려운 곳이며 그것이 이른바 정치 아닌 통치의 기반이 되고 있는 것이 우리 현실이다.

5) 법조

일제 식민지 시절에도 이른바 법은 있었다. 일본 '본토'의 법이 적용되는 경우도 있었지만 대부분은 총독이 발하는 명령, 즉 '제령'이 법으로서 기능하였다. 식민지 시기의 법이란 우리 민족의 정서나 도덕을 반영한 것도 아니고 사회의 규범과 원칙을 세우기 위하여 있는 것도 아니었다. 당시의 법은 철두철미 우리 민족을 탄압하고 착취하고 민족해방운동을 말살하기 위한 목적 때문에 존재했다. 따라서 일제하의 법이란 것은 우리 민족에게는 원수와 같은 것이었고 그것을 지키지 않는 것이 민족이 사는 길이었다. 더 바람직한 것은 그러한 법 체계를 파괴하는 것이었지만 독립운동에 직접 나서지 않는 한 어려운 일이었다.

식민지 시기의 법이 우리 민족을 탄압했다는 것은 그 반대편에 서 있는 일본 사람들을 위시한 식민지 당국자나 그 체제를 보호했다는 말과 같다. 따라서 총독부 당국자나 일본인들, 그리고 그들의 수족이 되어 있던 친일파들은 식민지 법 체계 위에 앉아 있던 사람들이다. 말하자면 초법적인 존재였다. 그러나 식민지 법률의 존재목적을 생각하면 별로 이상할 것이 없다. 그러므로 식민지 시기 사법적 제재의 대상은 우리 민족일 수밖에 없었다.

일제 때에 고등문관 사법과나 판사임용고시에 합격했다는 것은 출세길에 들어섰다는 의미와 같았다. 지금 말하는 출세란 친일파 민족반역자의 대열에 들어섰다는 의미이다. 왜냐하면 그들은 판사 또는 검사로서 독립운동가에게 일제 법의 이름으로 사형 또는 무기형을 선고하여 독립운동을 말살하는 일을 하거나, 일제의 직접적·구조적 탄압에 희생되거나 반항하는 우리 민족을 식민지법을 핑계로 처단하는 기능을 수행했기 때문이다.

해방 이후 다른 분야와 마찬가지로 사법분야도 일제시대의 구조와 인맥이 그냥 그대로 있으면서 간판만 바꿔 달았다. 초대 대법원장 김병로 선생을 빼면 지금까지도 친일 인맥은 계속되고 있는 셈이다.

사법부 역시 우리 민족사의 비극인 분단구조 위에 식민지 시기의 사법 인맥이 그대로 접맥됨으로써 이후 나타나는 많은 문제의 근원을 만들었다. 우선 일제 식민지 시기의 반민족적 악법이 그대로 유지·존속된 점을 들 수 있다. 게다가 법을 운용하는 방식이나 잣대까지 그대로 내려와 법이란 여전히 민족을 짓누르는 것이라는 인식이 자리잡은 것이다. 일제시대의 고등고시는 지금도 고등고시로서 출세만 하면 된다는 몰가치적 풍조의 상징으로 되었다.

지금도 법은 사회발전을 가로막는 가장 큰 장애물이라는 것이 양식 있는 사람들의 공통된 인식이다. 많은 사람들에게 대표적 악법으로 알려져 있는 '국가보안법'은 일제 때의 '치안유지법'과 '조선보안법'의 산물이고 '보안관찰령'은 일제 때의 독립운동가 감시제도인 '조선사상범보호관찰령'과 '조선사상범예방구금령'의 산물이다. 이처럼 법이 식민지 통치체계를 승계한 것을 예로 들자면 한이 없을 것이다.

이완용을 비롯한 매국노들의 재산과 지위는 지금까지 법으로 보호해 주고 있으면서 반대로 독립운동을 했기 때문에 재산을 비롯한 모든 것을 빼앗기고 탄압받은 사람들은 해방 후에도 일제 때의 재판기록을 근거로 전수하면서 다시 짓눌러 버린 것만 보더라도 해방 후 법이 무엇을 지향하고 있었는지 알 수 있을 것이다. 이처럼 법이 민족적 정서와 윤리에 극단적으로 배치되기 때문에 법은 항상 원망과 타도의 대상이 되어 왔다. 지금의 법이 식민지 시대와 달라진 게 있다면 그것은 순리적으로 달성된 것이 아니고 법을 무시하고 부숴야 살 수 있게 된 국민들의 항쟁 때문에 바뀐 것이다.

 지금 우리 사회에서 법적용의 상황을 알려 주는 속언에 '유전무죄 무전유죄'라는 말이 있다. 또 '귀에 걸면 귀걸이 코에 걸면 코걸이'라는 말도 그런 종류의 말이다. 이것은 식민지 권력의 보호하에 살던 친일파들의 인맥이 해방 이후 그대로 내려오고 법에 대한 사고방식도 그대로 내려왔기 때문에 생긴 말이다. 즉, 자기들은 항상 법 밖에 있는 사람들이고 법이란 백성들을 얽어넣는 장치라는 생각에 젖어 있기 때문에 나온 말이다. 실제로 지금 우리 사회를 움직이는 것은 법이 아니다. 그것은 다름 아닌 상사의 명령체계인데, 이 자체가 식민지 유산이다. 사법분야는 특히 전문직의 성격이 강하여 사회의 정화 대상에서 늘 제외되었고, 또 세습성이 강하여 어느 분야보다도 친일세력의 재생산기반이 강한 분야였다. 때문에 몇 사람의 이름을 거명하는 것이 중요한 것이 아니므로 생략한다.

6) 정치

 여기서 정치라고 말하는 것은 정치적 결정권을 행사하는 사회상층의 지배를 말한다. 정치분야는 정권을 둘러싼 권력기구에 의하여 밑받침되기 때문에 외부에서 정치진영으로 진입하기란 쉽지 않다. 이 정치분야가 친일세력에게 점유된 결정적 계기는 역시 단독선거였다. 민족과 국토의 분단을 가져 올 단독정부 수립에 대해서는 극우세력부터 시작하여 우익과 중도세력 그리고 좌익세력까지 나서서 결사적으로 반대했다. 그야말로 전민족이 반대한 것이다. 그럼에도 불구하고 미군정과 친일세력은 기어이 단독정부를 세우고 말았다. 전민족이 나서서 거부했기 때문에 정치판은 자연히 친일 모리배와 친일적 성향을 가진 출세주의자들의 독무대가 되고 말았다. 분단정권의 주역들은 워낙 매국노, 친일 모리배로 규탄당하던 사람들이라 급한 대로 임시정부의 법통을 차용해다가 썼다. 임정이 일제시대에 전개한 독립운동사상의 의미는 여기서 논할 문제가 아니므로 생략한다.

이승만 단독정부가 임정의 명의를 가져다가 썼지만 임정과는 아무 관계가 없을 뿐더러 김구 주석으로 상징되던 임정세력을 극단적으로 탄압하고 학살했는데 그 대표적 사례가 김구 주석 암살이다. 이렇게 정치판을 독점한 이들은 여러 가지 제한조건을 만들어서 참된 민족적 양심을 가진 사람들의 정치 진입을 금지했다. 그 이후로 정치판은 제도적으로 친일모리배와 출세주의자 그리고 그들의 수족이 되기로 서약한 허약한 변절자들의 아성이 되고 말았다. 이러한 정치판의 속성 때문에 정치에 진입한다는 것 자체가 타락하고 더러워지는 일로 규정하는 사회적 인식이 생겨난 것이다.

정치가 극단적인 폭압통치로 지금까지 일관해 온 이유는 민족사를 극단적으로 거스르며 살 수밖에 없는 정치권력의 불가피성에서 연유하는 것이다. 일제 때 앞장 서서 독립운동 세력을 불순세력, 과격분자라고 욕하던 친일 모리배들이 그 이후에도 똑같은 용어를 사용해서 바로 그 사람들을 다시 욕하면서 자기들이 민족주의자라고 자칭하는 희극이 지금까지도 계속되고 있다.

이런 구조 위에서 뽑힌 역대의 대통령은, 친일세력의 대부 이승만을 위시하여 장면 총리, 박정희, 최규하까지는 식민지 시절에 직접 일제에 봉사하던 사람들이고, 그 이후는 재생산구조 위에서 성장한 사람들이다. 이승만 정권하에서의 총리와 각료는 거물급 친일파의 비율이 34%를 넘어서고 있다. 그 간접영향권까지 고려한다면 완전히 친일세력 일색이라고 말할 수 있을 것이다. 이러한 경향은 그 후에도 내용상으로는 그대로 관철되고 있다고 보인다. 정부의 역대 각료 중 분명한 반일 인사나 명백한 민족주체성을 간직한 사람이 단 한 명이라도 있었는가를 보면 분명해진다.

3. 사회발전의 좌절과 친일파

친일세력은 정치권력 기구에만 있는 것이 아니다. 우리 사회의 모든 분야에 그물망처럼 앉아서 전사회를 식민지화의 방향으로 몰아가고 있다.

1) **교육**

 일제 시기에 세워진 교육기관은 조선인 학생들의 덕성과 재능을 키우기 위해서 만들어진 것이 아니다.
 그 교육 내용은 우리의 민족의식을 말살하고 일본 문화와 일본 민족의 우수성을 주입하는 것이었다. 이제 막 의식의 싹이 돋는 어린이들, 장차 우리 민족해방운동의 주역이 되고 새나라의 기둥이 될 어린이들에게 일본 노예 의식을 주입하고 침략전쟁의 소모품이 되도록 강요한 교육 분야의 종사자들은 일제 식민지 기관의 어느 분야보다도 나쁜 해악을 우리 역사에 끼쳤다.
 이들이 해방 이후 그대로 고스란히 이른바 새나라의 교육 주체로 변신한 것은 다른 분야와 같다. 해방 이후 교육계가 제도적으로나 인적으로나 예전의 틀을 그대로 답습하게 된 것은 다른 대체세력이 없어서라기보다도 당시의 친일 교육구조가 체제 유지에 효율적이라고 보았기 때문이다. 이후로 교육은 인간화교육, 민족교육으로 발전하지 못하고 분단정권의 하수인으로, 그리고 군사독재정권 유지의 수단으로 전락하고 말았다. 즉, 체제의 선전 도구로 전락하고 만 것이다.
 일제 식민지시기부터 있던 학교는 말할 것도 없고, 해방 이후에도 수많은 사학이 들어섰는데 서울만 따져보아도 성신여대를 설립한 이숙종, 중앙대학 설립자 임영신, 덕성여대를 설립한 송금선, 상명여대를 설립한 배상명, 서울여대를 설립한 고황경 등 당시 고등교육기관의 설립을 주도한 대표적인 여성들은 거의 친일에 광분하던 사람들이었다. 이들은 해방 이후 장사꾼과 친일 모리배로서의 이미지를 감추고 자기의 사회적 영향력을 키우고 재산을 보존·확장하기 위한 수단으로 교육기관을 설립한 것이다. 어제까지 식민지 노예의식을 주입하고 전쟁 소모품으로 제자들을 내몰던 사람들이 오늘 갑자기 민족의식을 가지고 인간화 교육을 시행하는 주체로 바뀔 수는 없다.
 해방 이후 지금까지 나타난 교육상의 많은 문제점을 일일이 다 지적하기는 어렵다. 그러나 그 중 큰 문제점 몇 가지만 짚어 보면, 민족분열의식의 체계적 배양에 앞장 선 점을 가장 먼저 지적해야 할 것이다. 일제 때의 허구적 이데올로기 조장 방식이 그대로 넘어온 것이다. 민족통합과 통일의 전망을 세우는 데 있어 이러한 민족분열의식은 가장 나쁜 영향을 끼치고 있다. 개인출세주의, 이기주의의 조장도 마찬가지다. 자기 민족을 짓밟고 그것을 밑천으로 출세하도록 가르치던 식민지 교육내용이 그대로 옮겨온 것이다. 그리고 아주 어릴 때부터 일류 이류 삼류로 층을 나누어 사고하는 버릇을 들임으로써 사회 전체에 이런 풍조를 만연하게 만들어 민족의 통합을 저해하고, 일류가 이류를, 이류가 삼류를 지배하는 중층적·분열적 지배 체계를 만들어냈다.

다음으로 지적할 것은 허위의식의 강요이다. 식민지 시기에 사실과 다른 것을 사실이라고 가르치고 강요하는 과정에서 폭력과 기합은 필수적인 것이었다. 선생이 아니라 깡패인 셈이다. 여기에서 나온 방식이 단순 주입식 교육이다. 일방적인 주입교육을 통하여 낡은 체제의 관점을 유지하고 창의력과 비판정신을 말살하자는 것이다. 이런 교육을 받은 사람들이 새시대를 창의적으로 만들어내기는 어렵다.

이렇게 되니 교육은 자연히 민족허무주의, 사대주의, 출세주의를 심어주고 강요하는 몰가치적·반인간적 교육기지로 전락하지 않을 수 없었으며 지금까지도 지탄받는 비리의 온상이 되고 말았다.

2) 언론

식민지 시기의 제도언론이란 정도차이는 있지만 결국 식민정책의 구도와 그 허용범위 내에서 체제에 순응하여 살면서 그 체제의 선전자, 옹호자 기능을 수행하게 된다. 이들이 선전의 힘을 이용하여 제도 언론이 마치 민족적이고 민중적인 듯이 위장을 하지만 그런다고 본질이 달라지지는 않는다.

식민지 시기에 출발한 동아일조, 조선일보, 시대일보 등의 신문이 탄생된 역사적 배경은 3·1 운동 이후 전국에 끓어 넘치던 지하의 항일 언론을 없애고 우리 민족의 독립의지를 식민지 체제내의 개량으로 순화시켜 내기 위한 목적에서 허가된 것이었다. 지금 자칭 민족지라고 주장하는 신문들은 발간 이후 총독부의 허가의도에 어울리게 처신하였다. 지사적 기개를 가진 일선기자들이 민족해방의 논조를 취하고 나오면 가차없이 축출하여 버렸다. 일제의 식민통치가 가혹해질 수록 언론도 그에 발맞추어 식민지 통치 선전대로서 목청을 높여 민족의식을 말살하고 일제의 노예와 전쟁소모품으로 우리 민족을 동원하는데 광분하였다.

그들은 총력을 다하여 식민지 통치에 충성하였지만 결국은 조선어 폐지와 물자결핍에 걸려서 폐간으로 보답을 받았다.

해방 이후 많은 언론기관이 나타났지만 민족적 지향이 강한 언론은 미군정과 이승만정권하에서 모두 폐간당해 버리고 일제 때부터 뿌리를 가지는 반민족적 언론기관들만 보존·육성되었다. 해방 후에도 이들의 행태는 식민지 시기와 조금도 달라지지 않아 분단구조의 창출을 위해 날뛰었으며 체제 이데올로기의 선전대 역할에 충실하였다. 뿐만 아니라 그들이 마치 역사의 주역이며 친일 매국노가 애국자인 듯이 그리고 진정한 애국자는 매국노로 매도하는 역사왜곡을 일삼았다. 간혹 더 나은 언론을 만들자는 기자들의 투쟁이 일어나면 식민지 시대와 마찬가지로 가혹하게 축출하여 버렸다. 지금의 세대들은 바로 이런 언론의 농간에 휘말리며 성장한 사람들이다.

지금은 매체의 종류도 복잡하여지고 규모도 비할 바없이 커졌으나 친일 반민족 언론에서 뿌리가 났다는 점과 어떤 매체이건 간에 반민족적 정권의 옹호 보위자라는 점에서는 같은 길을 가고 있으며, 제국주의 패륜문화의 전달·이식과 민족의식의 파괴를 임무로 삼고 있는 점에서는 식민지 시기보다 더 고약해졌다고 생각된다.

3) 학술·문화

오늘 우리 사회에서 식민지적 현상이 계속되는 데는 학술이론과 문화의 영향도 크다고 보아야 한다. 일제 침략기와 식민지 시기에 형성된 침략 논리를 식민지의 특권을 향수하는 사람들이 그대로 수입하여 만고의 진리인 양 전파하면서 우리의 토양에서 자율적으로 자라날 수 있는 학문적 분위기를 없애버린 것이다. 이러한 학술이론은 민족자주와 해방의 논리에서 만들어진 것이 아니고 자기들의 침략 의도를 감추고 식민지 지배가 당연한 것이며 민족의식은 낡고 잘못된 것이라는 점을 인식시키기 위해서 만들어진 것들이다.

우선 식민지 시기 학문 연구의 주체는 모두 친일파 특권층이었다. 왜냐하면 당시에 엄청난 비용이 드는 고급 교육을 받고, 식민지배 기관의 연구기관에 들어가기 위해서는 확실한 신분상의 보장이 있어야 했기 때문이었다. 이들은 친일파의 가족으로서의 특권 덕분에 공부를 하고 제국주의 침략이론으로 무장을 하고 다시 그것을 재생산하는 직업에 종사한 것이다. 이런 학문이 극도로 기능주의적이며 반민족적이고 반인간적인 경향을 띨 것이라는 점은 너무나 분명한 사실이다. 그래도 일제 때 어려운 환경 속에서 민족해방의 진로를 찾으려는 노력이 더러 있었는데 해방공간에서 이들이 미군정과 이승만 정권에 의해 완전히 축출됨으로써 학문 세계는 명실공히 친일파 일색으로 통일된 셈이다.

일본 유학이 주류를 이루던 해방 이전의 분위기에서, 미군정과 이승만 정권 이후에는 미국 일색으로 유학선이 바뀌었다가 요즘은 다시 일본 유학이 살아나는 경향을 보이고 있다. 외국에서 하는 공부가 우리에게 도움을 주기는 어렵다. 더구나 그 자체의 이론에 매몰될 때 자기 민족에 대한 비하와 상대편에 대한 우월감은 자연히 조성되는 것이다. 특히 학문이란 이론적 뼈대이기 때문에 한번 예속되면 벗어나기가 쉽지 않은 분야이다.

학문체계와 더불어 문화는 한 민족의 가치관 형성에 지대한 영향을 미친다. 일제 때 민족의 절멸을 위해 광분하던 사람들이 민족의 기본을 형성하는 교과서에 아직도 버젓이 실려 있고 사회적으로 더 추앙을 받는다는 것은 민족의 장래가 몹시 어둡다는 것을 나타내는 징표이다. 연전에 '뉴 키즈 온 더 블럭'이라는 보컬팀이 와서 공연을 했는데 학생이 깔려 죽는 소동이 났다. 사회가 법석을 떨었지만 어떤 평가도 대책도 마련하지 못했다. 너무나 심하게 대립되는 다양한 견해차 때문에 원인도 대책도 세우지 못하고 말았다.

왜 그런 알 수 없는 일이 일어났는가. 원인은 분명하다. 근 반세기에 가깝도록 온갖 전파매체, 활자매체, 교육을 총동원해서 학생들이 그런 방향으로 쏠리도록 만들었기 때문에 거기에 미치게 된 것이다. 거기에 대한 대책이 통일되지 않는 것은 이미 우리 사회를 재는 공통의 잣대를 상실했다는 것을 의미한다. 그런 점에서 본다면 우리는 극히 위험한 상태에 와 있다고 보아야 한다. 한마디로 가치관이 극도의 혼란상태에 있으며 분열적인 수준에까지 이르게 되었다는 말이다. 이런 사회가 제 갈길을 찾아가기는 어렵다. 왜 이렇게 되었는가. 역시 우리는 식민지배와 그 청산으로 되돌아 가지 않을 수 없다.
　해방이 되면 심판을 통해 사회가 청소되고 기강이 바로서리라고 기대하던 우리 민족에게는 일제의 식민지가 된 것보다 더 심각한 좌절감과 허무주의가 조장되었다. 명색이 새세상이 왔다는데 예전의 파렴치한들이 제재를 받기는 커녕 떵떵거리며 위세를 떨치는 세상, 나라의 해방을 위해 온갖 고초를 마다 않던 사람들은 본인과 가족은 물론 사돈의 팔촌 심지어는 친구나 동료들까지 몽땅 연좌해서 멸족시켜 버리는 무시무시한 세상이 되었다. 우리 사회의 윤리체계를 파괴하는 데 이보다 더 효과적인 교육은 있을 수가 없다. 이것은 무슨 학설이나 이론을 통한 교육이 아니라 너무나 분명한 산 모범이기 때문이다. 사람들은 이제 대의 명분을 백안시할 뿐만 아니라 이를 짓밟는 데 적극적으로 나서게 되었다. 세상이 다 아는 매국노가 애국자로 행세하고 진정한 애국자는 그 앞에서 비참하게 파괴되는 세상에서는 추악한 것이 고상한 것으로 되고 위대한 것이 천박하게 취급되는 윤리체계가 수립될 수밖에 없는 법이다. 이것이 바로 오늘 우리 사회의 혼란의 가장 큰 원인이다. 이렇게 분열된 우리 사회는 앞으로 모두에게 재앙으로 작용할 것이다.

4) 경제

　일제시기의 경제는 식민지 경제로서, 그 때 설립된 기업체들은 경제법칙에 의해서 만들어진 것이 아니고 식민지적 특혜에 의해서 만들어진 것이다. 즉, 조선인 기업가를 양성하여 식민통치의 조력자를 만들고 민족분열을 가속화시키기 위한 하나의 방책이었다. 이 때 기업을 하던 사람들은 일제 관리에게 아부 잘 하고 뇌물을 잘 싸다 주면 기업을 경영할 수 있었다. 총독부의 허가와 협조만 있으면 이윤은 보장되는 것이므로 소비자의 기회니 기술개발이니 경영혁신이니 하는 개념이 필요 없었다. 총독부에서 고려한 기준은 철저한 친일성, 즉 반민족성이었다. 이렇게 설립된 기업은 물론 식민지 무력을 배경으로 우리 민족을 착취해서 일제의 번영을 위하여 그리고 식민지 관료의 호주머니를 채우기 위하여 상납하는 역할을 했다.
　기업 역시 해방 이후에 그 주체와 철학이 그대로 재생되었다. 해방 이후 기업은 일본 군수 물자에 수십 배, 수백 배 이익을 붙여서 파는 모리배 활동, 밀수, 그리고 정부의 원조물자 배정에 기생하여 축재를 해 갔다. 식민지 시기와 조금도 다름없는 방식이었다.

우리 기업은 아직도 기술개발과 경영혁신을 통해서 발전하기보다는 노임이나 따먹고 관청의 특혜에나 기대는 방식으로 경영을 하려고 드는데, 이것은 아직도 경제환경이 본질적으로는 식민지 시대와 이어지고 있다는 증거이다. 또 정부는 아직도 기업체의 임금 수준 결정에 관여하고 개별 기업체의 내부문제에 경찰력을 동원하여 짓밟는 행동을 한다. 기업가는 돈을 벌어서 상납하여 더 큰 특혜를 찾으려 들고 정권은 불의한 방식으로 운영하려니 많은 돈이 들기 때문에 뇌물을 요청하는 데서 서로의 이익이 일치하기 때문에 일어나는 현상이다. 일제시대 때보다도 더 후퇴한 형국이다. 식민지 시절의 유제가 가져다 준 경제적 측면의 병폐 중의 다른 하나는 기업의 매판적 종속성이다. 우리 경제는 한일협정 이후부터 대일관계의 종속화가 진행되어 지금은 완전히 일본의 하청공장으로 전락하고 말았다. 혹자는 일본과 결합해야 산다고 떠들지만 그렇다면 우리가 왜 식민지배를 견디지 못하였으며 그것이 우리에게 무엇이었는지를 심각하게 반성해 보아야 한다.

이러한 경제정책의 수립은 친일정권과 일제 기관에 근무하며 성장한 경제관료 때문이다. 오늘날 우리 경제의 대외적자는 일본 때문에 생기는 것이다. 다른 곳에서 번 돈을 모두 일본에 털어넣어도 모자라서 국내 생산분까지 채워주어야 되는 형편이다. 구조변경은 거의 불가능한 수준으로까지 와 있으니 딱한 일이다.

우리는 친일파의 존재기반과 그 영향에 대해서 살펴보았다. 친일파는 극소수로 몇 명이 물 위의 기름처럼 떠 있는 것이 아니다. 우리 사회 전부분을 장악하고서 자기의 논리와 인맥을 확대재생산해 왔으며, 이제 그 영향력과 해독이 민족국가의 존립을 위협하는 수준까지 이르렀다. 따라서 친일파 문제란 단순히 거물급 친일파 몇 명의 문제가 아니라 전민족 성원의 생활과 정서 속에까지 침투해 있는 구조적 문제로서 인식되어야 한다.

4. 친일파의 정의

그러면 해방 이후 우리 정치사에서 끊임없이 운위되어 온 친일파란 도대체 어떤 사람을 가리키는가. 이에 대해 과학적인 규정을 내리려면 더 많은 연구와 토론이 필요하다. 앞서도 언급했듯이 친일파에 대한 청산이 실패했기 때문에 학문적 규정 또한 내릴 수 없는 형편이었다. 따라서 여기에 대해서는 8·15 이후 가장 책임 있고 권위 있는 단체들의 견해를 인용하는 것도 좋으리라 생각된다. 당시 남한에서 가장 권위있는 정치단체였던 민주주의민족전선에서 내놓은 친일파에 대한 규정부터 보자.

이 단체는 친일파에 대해 "일본제국주의에 의식적으로 협력한 자의 총칭이다. 민족반역자는 이 친일파 중에서도 극악한 부분을 지칭하는 것"이라는 정의를 내리고 다음과 같이 세부적으로 이를 규정했다.

- 조선을 일본제국주의에 매도한 매국노 및 그 관계자
- 유작자, 중추원 고문, 참의, 관선 도(道)·부(府) 평의원
- 일본제국주의 통치 시대의 고관(총독부 국장, 지사 등)
- 경찰·헌병의 고급관리(경시, 사관급)
- 군사·고등정치경찰의 악질분자(경시·사관급 이하라도 인민의 원한의 표적이 된 자)
- 군사·고등경찰의 비밀탐정의 책임자
- 행정·사법경찰을 통하여 극히 악질분자로서 인민의 원한의 표적이 된 자
- 황민화운동, 내선융화운동, 지원병, 학병, 징용, 창씨 등의 문제에 있어서의 이론적·정치적 지도자
- 군수산업의 책임경영자(관리공장, 지정공장도 포함)
- 전쟁 협조를 목적으로 하는, 또는 파쇼적 성질을 가진 단체(대의당, 일심회, 녹기연맹, 일진회, 국민협회, 총력연맹, 대화동맹 등)의 주요 책임간부

한편 북쪽은 미소공위에 대한 답신안에서 자신들의 견해를 다음과 같이 밝힌 바 있다.

민족의 발전과 조국의 독립을 위해 싸우는 조선인민은 매국매족의 친일파들에 대하여 한없는 증오를 느낀다. 일제 침략을 봉조하여 조선을 병합케 한 것도 저들이며 일제와 결탁하여 조선인민을 야만적으로 착취하고 민족해방운동을 파괴한 것도 저들이다. 저들은 자기의 향락과 이욕을 위하여 조선민족의 이익을 희생하는 데 아무런 가책도 느끼지 않았던 것이다. 일제 침략 전쟁에서 일제를 위하여 조선인민의 자녀들을 육탄으로 제공하기에 광분하던 저들의 죄악은 아직도 인민들의 기억에 새로운 것이다. 친일파들은 해방된 이 날에 있어 또다시 조국의 독립과 민족의 발전을 저해하기에 최후의 발악을 하고 있는 것이니 저들은 다만 조선민족의 죄인일 뿐만 아니라 세계 인류의 공적인 것이다.

저들을 철저하게 박멸하지 않고서는 민주주의 조선의 발전은 불가능하다. 따라서 저들에 대한 엄격한 처단은 조선민족의 억제할 수 없는 요구이며 공분(公憤)인 것이다.

그러므로 민주주의 임시정부는 친일파의 거두와 악질적 범죄자에 대하여 엄격한 규정과 가차없는 숙청 대책을 단행하여야 할 것이다.

다시 세부항목에 들어가 친일파의 범위를 다음과 같이 규정했다.

- 한일합병에 있어 일제를 위하여 공로를 가진 자들
- 일본 귀족원 및 중의원에 선발된 자 및 조선귀족령에 의하여 작위를 얻은 자들
- 조선총독부 중추원 참의, 고문을 역임한 자 및 관선에 의하여 도회 의원, 부회 의원에 임명된 자들
- 조선총독부 및 도·부·군의 책임적 지위에 복역하던 자들
- 일제의 경찰서, 헌병대, 검사국 재판소에서 책임적 지위에 복무하던 자들과 형사, 밀정, 정찰 등 특무에 종사하여 조선 인민의 애국자, 혁명운동자들을 박해하던 자들
- 민주주의 영미 연합군을 반대하여 일본 통치와 일제의 침략 전쟁을 찬미하

고 선전하던 친일파 단체(대의당, 일심회, 녹기연맹, 일진회, 대화동맹, 청담회 등 기타) 및 '황민화운동'의 지도자들
  • 자기의 이익을 위하여 조선인민을 희생하면서 열성적으로 일본제국주의의 침략 전쟁을 돕는 군수품을 생산하고 자원을 제공한 기업주 및 거두의 금품과 비행기 등을 열성적으로 헌납한 자들
  • 일본제국주의 군대에 참가하여 일본제국주의 침략 전쟁을 봉조하여 오던 조선인 일본군 장교들
  • 조선민족해방투쟁에 참가하였다가 변절하여 반일애국투사를 모해한 자들

이 두 단체는 당시 남북의 가장 책임 있는 조직체들로서, 반드시 청소해야 할 대상을 극히 줄여서 규정한 것이다. 따라서 명분보다도 현실 속에서의 실현가능성을 더 중요시한 실용적인 규정이라고 말할 수 있는데, 이 정의는 아직도 유효하다 할 수 있다.

또한 개인성향에서 친일파를 규정한다면, 당시 반민특위 제1조사부장 이병홍은 "해방 3년이 지난 시점에까지 친일파의 집에서는 일본왕의 사진이 벽상에 조심스럽게 걸려 있었고, 어떤 자는 태연하게 이완용의 민족애를 강조하고 불원간 일본이 이 땅에 재군림한다는 것을 확신하고 있는" 상태이며 특히 친일경찰에 대해서는 "일제의 조선지배의 충견이었던 만큼 일본이 우리 민족을 완전히 저들의 노예로서 혹사하던 인간성 이하의 모든 사악한 습성과 기술을 구유하고 동포를 초개와 같이 생각하고 인간을 금수와 동양으로 아는 사상과 허언, 아첨, 수뢰, 고문, 폭행, 테러 등 모든 악덕과 기술을 구유하고 있는 인간성이 마비된 존재"라고 언급하였다.

이처럼 개인적 측면에서나 민족적 측면 모두에서 볼 때 친일파는 우리의 신체를 좀먹고 결국에는 죽음으로 몰고가는 암적 존재와 같은 것이다. 따라서 암을 제거해야 사람이 살 수 있듯이 우리 민족이 살아남기 위해서라도 친일파는 제거되어야 할 그런 존재인 것이다.

5. 친일파의 형성과정과 역할

1876년 개항 이후에는 우리나라를 일제의 식민지로 만들기 위해 광분하였고, 식민지가 된 이후에는 일제식민지 지배구조의 일부로서 민족해방을 방해하고 민족을 파괴 압살하기 위해 날뛰다가, 해방 이후에는 분단구조를 만들어 민족상잔을 초래하고 민주주의를 압살해 온 친일파의 형성과정과 그 행태를 간략히 살펴보자.

친일파를 탄생시킨 계기는 무엇보다도 1876년에 강제로 체결된 강화도수호조약이었다. 이 조약 이후 일제의 침략이 시작되었으며 우리는 식민지가 되었기 때문이다.

초기에는 일제의 침략으로 생긴 개항장을 중심으로 친일세력이 형성되었다. 이들은 일본인들의 경제적 약탈과 침략의 앞잡이 노릇을 하였다. 그 외에도 불교 등을 통하여 개별적인 친일세력들이 형성되는 정도였다. 그러는 과정에 개화에 주목하는 세력이 늘기 시작하였고 큰 세력으로 성장해 갔는데, 이들은 초기에는 부국강병의 한 방법으로 제국주의의 도움, 특히 미국이나 일본의 도움에 의한 개화를 주장하였으나 끝내는 친일매국세력으로 귀착되고 말았다. 다음으로 중요한 덩어리를 이루는 것은 일본에 유학한 유학생들과 사관생도들이다. 조선 정부는 없는 돈으로 이들을 유학 보내 장차 국가를 부흥시키는 인재로 키우려고 했는데 오히려 매국의 첨병이 되고 만 셈이다. 그리고 일제의 침략이 본격화되면서 고급관료와 왕족들까지 친일세력 속에 편입되었다.

조선이 일제 식민지로 전락되는 데는 몇 단계의 사건이 작용하는데, 첫번째 일어난 가장 큰 실책이 이른바 갑신정변이다. 다음으로 중요한 사건은 청일전쟁이었는데, 이후로 친일파는 대규모화하였고 체계화되기 시작하였다. 이른바 '을사보호조약'이 발표된 이후로는 완전히 친일파의 활동무대로 변하여 공식적인 '합병'의 절차만 남게 되었다. 구한말에는 일진회를 비롯한 많은 자강운동 계몽단체들이 있었는데, 이들은 그 주장이 어떻든 결국은 일진회와 마찬가지로 식민지가 되는 데 협조해 준 꼴이 되고 말았다.

조선을 '병합'한 일제는 왕족과 친일 고관에게 작위를 주고 중추원 참의로 임명하였다. 그리고 실제로 통치 일선에 서야 할 하급 관료기구와 경찰·헌병 보조요원은 전부 조선인으로 채웠다. 이것은 친일세력이 제도적으로 양산되는 계기를 만들었다.

조선을 무단으로 통치하여 조선 사람의 원한을 사던 일제는 3·1 운동이 일어나자 통치방침을 근본적으로 바꾸어서 이른바 문화통치로 들어갔다. 문화통치란 총칼로 억누르는 방식으로는 조선인의 민족의식과 일제에 대한 저항을 없앨 수가 없기 때문에 문화적·정서적 측면으로 접근해서 조선인의 민족의식을 근본적으로 뿌리뽑자는 의도에서 나온 고도의 통치술책이었다. 이를 위해 일제는 민족분열정책을 구사하였는데, 적극적인 투쟁세력과 소극적인 투쟁세력 사이를 이간질하여 적극적 투쟁세력은 탄압하고 소극적 투쟁세력은 회유·포섭하였으며, 민족 상층부와 하층을 분열시켜 그 상층부를 회유·포섭하였다.

당시 사이토 총독은 친일파를 육성하기 위해, 첫째 친일분자를 귀족, 양반, 유생, 부호, 실업가, 교육가, 종교가 등에 침투시켜 계급과 사정에 따라 각종 친일단체를 조직케 하고, 둘째 종교적 세력을 이용하기 위해 사찰령을 개정하여 불교 각 종파의 총본산을 경성에 두고 이의 관장 및 원로기관의 회장에 친일분자를 앉히고 기독교에 대해서는 상당한 편의와 원조를 제공하고, 셋째 친일적인 민간 유지자에게 편의와 원조를 제공하고 수재교육의 이름 아래 조선 청년들을 친일인자로 양성할 것을 구상하였다.

일제의 민족분열정책과 회유·포섭에 의해서 민족의식이 허약한 자산계급과 지식인, 종교계 등을 중심으로 친일세력이 확장된 것이었다. 그러나 이 때에는 아직 친일세력의 본질과 그 해악이 완전히 드러나지 않은 채 말로는 민족발전 세력으로 자기를 위장하고 있는 경우가 많았다.

일제의 만주침략이 시작되고 중일전쟁을 거쳐서 태평양전쟁이 시작된 이후로 일제는 조선을 완전히 말살해 버리자는 본심을 공공연하게 드러냈는데 지금까지 민족운동세력인 양, 아니면 조선인의 독립을 추구하는 양 위장하고 있던 세력들도 그 정체가 완전히 드러나지 않을 수 없었다. 이들은 조선인을 일본 노예로 만드는 데 앞장 서고 민족을 말살하는 일을 민족을 위한다고 강변하면서 자진하여 독립군을 토벌하는 일본 군대에 들어가거나 제 동족을 일제 침략전쟁의 희생물인 정신대, 징병, 징용에 끌어내는 일에 나섰다. 또한 민족의 생존을 박탈하는 공출과 강제이주에 광분하고 역사를 왜곡하고 진실을 가려 민족의식을 말살하려고 날뛰었다. 아침 저녁으로 우리를 괴롭힌 가미다나니 황국신민의 서사가 모두 조선인의 창안품이었다. 이 밖에도 무수한 민족말살책이 조선인에 의해 창안되고 시행되었다. 이 때의 친일파의 심정을 들어보자.

조선어를 존속하도록 허용하는 한, 조선인적 사상경향도 존속한다. 우선 조선어를 폐지하도록 모든 노력을 기울이지 않으면 안 된다.······조선인은 조선어를 망각해야만 한다. 조선인이 일본어로 사물을 생각할 때야말로 조선인이 가장 행복해졌을 때이다.······조선 민족의 독립을 몽상하는 돈키호테 같은 족속들에게는 조선어가 필요할 것이다. 하지만 세계를 전체로서 볼 때 한낱 조선어의 문제가 대체 무엇인가.······조선인이 정말 일본인이 되려 한다면 우선 조선어부터 망각해 버려야만 하는 것이다.······학교에서 조선어를 가르칠 필요는 추호도 없다. 조선인을 불행하게 하려면 조선어를 오래 존속시켜서 조선적인 저급한 문화를 주고 이 이상의 발달을 저지하는 것이다.(현영섭,「조선의 새로운 출발」)

경성제대 출신인 현영섭은 황도주의 사상단체인 녹기연맹 이사와 녹기일본문화연구소에 있으면서 철저하고 전투적인 이론으로 내선일체와 황민화를 주창했다. 총독 미나미를 만나서 조선어 사용 전폐를 건의한 현영섭은 조선적인 것에 애착을 갖는 민족주의자들에게 '자살을 해 주었으면 좋겠다'는 폭언을 퍼부으면서 말했다.

요는 소승적 조선적인 것의 지양과 청산이다. 조선어와 조선옷, 조선집, 형식적인 조상숭배, 조선 역사 같은 것을 완전히 지양해 버리고 다시금 정신적으로 일본인적 감정에 침잠해 버려야 하는 것이다.(현영섭,「조선인 청년의 임무」)

6. 해방 후 친일파의 척결 문제

 우리 민족의 근대사에서 고난과 불행은 말로 다 할 수 없는 것이다. 이 모든 것은 외세의 침략을 막지 못하고 일제의 식민지로 굴러 떨어진 때로부터 시작된 것이다. 일제의 식민지로 전락하여 민족이 멸망한 지경에 도달한 것은 친일매국노의 망동 때문이었다. 그리고 거기로부터 모든 병든 사상과 세력이 생겨난 것이다. 따라서 해방 이후 우리 민족이 가장 먼저 신속히 착수해야 할 일은 친일파 민족반역자들의 철저한 청산이었다. 그것은 과거사의 정화 때문이기도 했지만 더 본질적인 이유는 조국과 민족의 미래를 올바르게 개척하기 위해서였다. 즉, 친일파는 식민지 시기 총독부의 수족으로 기능했기 때문에 돈과 경험이 체계적으로 축적된 강대한 정치세력이었다. 이것을 방치할 경우 심대한 타격이 올 수 있는 문제였다.
 그러나 해방 직후 등장한 건국준비위원회는 자기 한계 때문에 친일파 숙청에 대단히 소극적이었다. 친일파의 척결은 올바른 문제의식과 의지와 힘을 가진 민족해방운동세력이 체계적으로 추진해야 성공할 수 있는 사안이었다. 그러나 건준은 투쟁을 통해서 체계가 잡힌 단체가 아니었고 또 당시의 여러 세력이 연합적으로 포괄된 측면도 있어서 친일파를 청산하기는 대단히 어려웠다. 그 밖에도 당시의 인식의 제한성도 많이 작용하였다. 해방 직후 민중들은 원한의 표적인 일제 통치기관과 그 종사원들을 처단하였다. 해방 직후 1주일 사이에 전국 도처에서 일제 침략기관들이 습격을 당했다. 건준은 이러한 친일파 처단을 저지하였다. 그 이유는 아직 일제의 군사력과 통치체계가 버티고 있었기 때문이다.
 그러나 지나고 보면 그래도 친일파 처단의 가장 큰 기회는 해방 직후라고 보여지며 또 그 때 반드시 했어야만 했다. 그것은 반민족세력의 토대와 경제적 기반, 그 이념과 구조를 신속히 파괴하지 않으면 도리어 그들이 나서서 민족사를 장악할 것이기 때문이다. 법이니 절차니 방법이니 수준이니 하여 무한의 논쟁 속에 이 문제를 내맡기는 것은 결국 친일파의 부활을 방치하는 것과 같다. 시간은 돈 있고 힘있는 자의 편이기 때문이다.

그런데 해방 직후에는 지도자들이 대부분 친일파를 일제만 물러나면 저절로 몰락할 끈 떨어진 뒤웅박쯤으로 이해하였다. 게다가 일제의 말기에는 사회구조 전체가 친일화되었기 때문에 해방 이후 친일파를 선별하는 문제도 쉽지는 않았다. 또한 해방이 투쟁을 통해서 준비되어 온 것이 아니라 일본의 항복으로 돌연히 찾아 왔기 때문에 거기에 대한 아무런 준비도 없었다. 또 당시 남한 내의 해방운동 주도세력이란 잘 해야 골방에서 모의하는 수준 아니면 소극적 은둔자들이었기 때문에 일제에 대한 증오심도 미약했다. 그들은 식민통치 폐해에 대한 이해가 대단히 미약한 상태였으며 새 국가 건설이란 식량대책이나 수립하고 행정기구나 조직하면 되는 정도로, 즉 국가의 기능적이고 형식적인 조치를 취하면 가능하다고 생각하는 수준이었다. 제2차 세계대전의 성격과 미국에 대한 이해도 대단히 부족하여 파쇼진영 대 민주진영의 싸움으로만 이해하여 일본과 싸운 미국은 반드시 선진적인 민주국가를 세워 줄 것이라고 기대하였다. 그래서 해방을 맞아서 무엇을 해야 할지를 모른 채 연합군의 진주를 기다린 것이다.

8·15 직후, 즉 대단히 짧은 기간이었고 많은 제한성과 문제에 봉착해 있었지만 그래도 그 중 가장 큰 가능성이 있었던 8·15 직후의 기간이 지나고, 미군이 점령군으로 진주하여 무한대의 권력을 행사하고 민족역량을 파괴하기 시작한 시점부터는 미국의 대한정책 때문에 친일파 청산은 물 건너간 문제가 될 수밖에 없었다.

결국 미국의 포고령 한 장에 민중들의 보복이 두려워 뿔뿔이 흩어졌던 친일경찰과 관료들이 다시 모여들어 미국의 군사력과 정책을 방벽으로 하여 주인으로 들어앉게 된 것이다. 해방 직후 친일세력을 가볍게 보고 헤게모니 쟁탈에만 열중했던 해방운동세력은 얼마 지나지 않아 모두가 친일파에게 일제시기 이상으로 잔인하게 처단당했다. 친일파들은 해방 이후 민족해방운동을 가볍게 대했다가는 자기들이 소멸된다는 것을 알고 잔인할 정도로 파괴해 버린 것이다. 그들의 적을 완전히 소멸해 버려야 자신들의 지위가 오래갈 것이기 때문이었다.

그 뒤 친일파 청산은 입법의회에서 논란이 있었으나 미군정의 방침상 허가

될 수 없는 것이었고 결국 단독선거로 만들어진 국회에서 반민특위를 만들어 체면치레 수준으로 친일파 처리를 해 보려고 시도했으나 그것마저 해산당하고 말았다.

이로써 친일파 처리는 우리 역사에서 미결 상태로 남게 된다.

지금 우리 민족은 대단히 힘겨운 새로운 환경의 도전에 직면해 있다. 이제 세계는 냉전구조가 가는 대신 민족국가 단위로 자기 생존과 복지를 해결해야 하는 시기를 맞이하였다. 또한 국제적 역학관계의 변화 시기를 틈타 일본은 다시 아시아를 정치적·경제적·군사적으로 석권하려 들고 있다. 우리 민족에게는 참으로 어려운 시련이 닥친 셈이다. 이 시련을 잘 극복하면 우리는 다음 세기에는 누구에게도 굴하지 않고 세계사에 기여할 수 있는 당당한 주역이 될 수도 있다. 그러나 지금의 시련을 극복하지 못하면 지금보다 훨씬 고약한, 심지어는 또 다시 남의 식민지가 되어야 하는 고난의 길을 걸어야 할지도 모른다. 그러면 우리는 무엇으로 지금의 어려움을 극복할 것인가.

무엇보다 먼저 정권 장악을 위한 들러리 절차로서의 민주주의가 아닌 참된 민주주의를 실현하여 전민족의 흔쾌한 동의를 이끌어내야 할 것이다. 다음으로 우리는 지배가 아닌 참된 화합을 위한 민족통일을 이룩하여 전민족을 한 덩어리로 만들어야 한다. 대외적으로는 남을 위해 제 민족을 짓밟는 정책을 버리고 자기 위주의 외교를 해나가야 한다. 이것은 친일세력의 존재기반과 정책을 근본적으로 부정하는 것이다. 이렇게 해야만 우리는 살아나갈 수 있을 것이다.

지금 우리 사회는 썩지 않은 곳이 없으며 이기적이지 않은 분야가 없다. 모두가 갈갈이 찢겨져서 만인이 만인에 대해 싸우는 모래알 같은 사회가 되었다. 누구도 민족과 사회를 위해 봉사하려고 하지 않는다. 왜 그러한가. 모두가 우리 민족사를 파괴하려고 든 친일파 때문이다.

입으로만 단결을 외치고 헌신을 요구해 보았자 아무도 나서지 않을 것이다. 죽 쒀서 개 줄 수는 없기 때문이다. 지금까지 그래왔지만 사기꾼에게 속아서 오히려 그들만 도와준 꼴이 되었기 때문이다. 전민족이 단결하자면 실제로 못된 짓을 해 온 자들을 뽑아내서 처벌하는 것으로부터 시작해야 한다. 원인을 제거하지 않고 좋은 결과를 기다린다는 것은 뿌리지 않고 거두려 드는 것과 같다. 무엇부터 어디서부터 시작해야 하는가. 친일파 청산 문제부터 시작해야 한다.

요즘 모든 여론매체들은 세계의 석학이니 한국의 석학이니 해서 비싼 원고료를 지불해 가면서 몇 장의 글줄을 받아오기에 정신이 없다. 그러나 우리 역사의 뿌리와 그 과정에 대한 고뇌없이 해결책이 나오리라고 보는 것은 무지와 사대주의가 혼합된 결과에 지나지 않는다. 문제에 대한 해결책이 항상 그 자체에 있듯이, 우리 사회에 대한 문제의 해결책도 모두 우리 역사 속에 있는 것이다. 그런데 별 관계도 없는 외국의 사례를 들고 와서 대체시키려드니 말이 되겠는가. 그런 글들이란 문제를 점점 더 모호하게 만들 뿐이다. 그런 것이 해결책의 모색이라고 생각하는 그 사고방식부터 엄중하게 비판받아야 하는 것이다.

이제 우리는 무엇을 할 것인가를 분명히 해야 할 때가 오지 않았는가.

정치 – 을사오적

이완용
박제순
권중현
이지용
이근택

이완용
한일'합방'의 주역이었던 매국노의 대명사

- 李完用, 창씨명 李家完用, 1858~1926
- 1905년 '을사보호조약' 체결 공로로 내각 총리대신
  1910년 한일'합방' 공로로 백작. 1921년 후작. 중추원 고문·부의장

미국통에서 친러파·친일파로

한일'합방'조약 체결 당시의 내각 총리대신으로, 매국의 원흉으로 지목되는 이완용의 생애는, 관계(官界)로 나아갔다가 육영공원(育英公院)에서 영어를 배운 후 미국통의 외교관리가 되었다가 아관파천, 러일전쟁 등을 계기로 친러시아파·친일파로 변신해 가는 과정과 친일파로 변신한 후 내각 총리대신이 되어 매국의 원흉이 되는 과정 그리고 그 대가로 일본 제국주의의 귀족이 되어 반민족행위를 계속하면서 잔명(殘命)을 보존하던 시기로 크게 나눌 수 있다.

자를 경덕(敬德), 호를 일당(一堂)이라 한 이완용은 경기도 광주군 낙생면 백현리에서 우봉(牛峰) 이씨 호석(鎬奭)과 신씨(辛氏) 사이에서 태어나서 열 살 때부터 판중추부사 호준(鎬俊)의 양자가 되었고, 1870년에 양주 조씨 병익(秉翼)의 딸과 결혼했으며, 1882년에 증광문과(增廣文科)에 병과로 급제했다.

이 후 규장각 대교 검교, 홍문관 수찬, 동학교수, 우영군사마, 해방영군사마(海防營軍司馬) 등을 거쳐 육영공원에 입학하여 영어를 배웠고, 사헌부 장령, 홍문관 응교 등을 거쳐 1887년에 주차미국참찬관(駐箚美國參贊官)이 되어 미국

한일'합방' 당시의 이완용

에 갔다가 이듬해 5월에 귀국하여 이조참의를 지냈다. 이 해 12월에 다시 참찬관으로 미국에 갔다가 1890년 10월에 귀국하여 우부승지, 내무참의, 성균관대사성, 공조참판, 육영공원 관리, 외무협판 등을 거쳐 1895년 5월에 학부대신이 되었다.

이 해 8월 을미사변이 일어나자 바로 미국 공사관으로 피신했는데, 미국으로 가려다가 당분간 정세를 관망하는 사이에 아관파천(1896. 2)이 있었다. 러시아 공사관으로 불려간 그는 친러파로 변신하여 외부대신 및 농상공부대신 서리가 되었고, 탁지부대신 서리, 학부대신 서리 등을 겸하는 한편 독립협회 창설에 참여하고, 학부대신, 평안남도 관찰사, 중추원 의관, 비서원경, 전라북도 관찰사, 궁내부 특진관 등의 관직을 거쳤다.

이 후 영국과 미국의 도움을 받으면서 러일전쟁을 도발한(1904) 일본은 한일의정서 체결을 강요하여 조선을 전쟁터로 만드는 한편, 초전에서의 유리한 국면을 배경으로 '화폐정리사업' 등을 감행하면서 조선을 식민지로 만들기 위한 기초를 닦아 갔으며, 이토 히로부미(伊藤博文)를 보내 한국의 외교권을 빼앗고 통감 통치를 실현하기 위한 '을사보호조약'의 체결을 강요했다. 양아버지(養父)의 초상을 치르고 이 해 9월에 학부대신이 된 이완용은 이 과정을 통해 다시 친일파로 변신해 갔다.

'을사보호조약' 체결 문제를 두고 열린 어전회의에서 참정대신 한규설(韓圭

尚)과 탁지부대신 민영기(閔泳綺)는 반대했으나, 이미 일본 쪽에 의해 매수되었던 학부대신 이완용, 내부대신 이지용*, 군부대신 이근택*, 법부대신 이하영(李夏榮), 농상공부대신 권중현* 등은 일본 쪽이 제시한 조약안 외에 "일본국 정부는 한국 황실의 안녕과 존엄을 유지하기를 보증함"이라는 조문 하나를 더 첨가한다는 조건으로 찬성했고, 이에 따라 외부대신 박제순*이 조약을 체결했다(1905. 11. 17). 이완용은 조약 체결과정에서 주동적인 역할을 다함으로써 '을사오적'의 수괴가 되었다.

한일'합방'조약 체결의 주역

러일전쟁이 일본 쪽에 유리하게 되자 친러파에서 친일파로 변신하여 '을사보호조약' 체결을 주동한 이완용은 그 공으로 의정대신 서리 및 외부대신 서리가 되었다가(1905. 12. 8), '을사보호조약'의 결과 조선의 통감이 된 이토의 추천으로 의정부 참정대신이 되었다(1907. 5. 22). 또 이토의 요청에 의해 통감부 농사과 촉탁 조중응*을 법부대신으로, 일진회 고문 송병준*을 농상공부대신으로 하고, 임선준(任善準)을 내부대신, 이병무(李秉武)를 군부대신, 이재곤(李載崑)을 학부대신, 고영희(高永喜)를 탁지부대신으로 하는 내각을 조직했다. 그리고 곧이어 의정부를 내각으로 바꾸게 되자 이완용은 내각 총리대신이 되었다.

'을사보호조약'에 반대하는 운동이 전국적으로 확대되는 한편 이 조약이 강제로 체결되었음을 국제사회에 알리기 위한 헤이그 밀사사건이 터지게 되자 일본은 이토로 하여금 고종의 양위를 요구했다. 이완용은 이에 동조하여 양위를 건의했다가 두 번씩이나 거절당했으나 계속 강압하여 결국 황태자에게 양위하게 했다. 이 소식이 전해지자 격렬한 반대운동이 일어나는 한편 분노한 군중들이 남대문 밖 약현(藥峴)에 있던 이완용의 집에 불을 질렀다(1907. 7. 20). 가재와 함께 집이 전소하여 이완용의 가족들은 이토의 보호로 몇 달 동안 왜성구락부에 들어가 있다가 저동의 전남영위궁(前南寧尉宮)으로 옮겨 살았다. 이 때 불탄 그의 재산은 약 10만 원 정도였다 한다.

고종을 양위시킨 이토는, 통감이 한국 정부의 시정(施政)을 '지도'하는 권리를 가지며, 법령을 제정하고 중요한 행정상의 처분을 할 수 있으며, 고급 관리의 임명, 외국인의 고빙(雇聘) 등을 할 수 있게 하는 '정미 7조약' 체결을 요구했고, 이완용은 이에 응하여 조약을 체결했다(1907. 7. 24). 이 조약의 부수문서에 따라 한국의 사법권과 경찰권이 일본에게 넘어갔으며 또한 한국 군대가 해산되었는데, 많은 해산 군인들이 의병전쟁에 가담했다.

이완용은 1909년에 들어서면서 이토의 요구에 따라 새 황제 순종으로 하여금 민정시찰 명목으로 전국을 순회하게 하면서 이에 동행했다. 이 해 10월 안중근의 의거로 이토가 살해되자(10. 26) 내각령으로 3일간 춤과 노래를 금지시켰고, 한국 정부 대표로 다롄(大連)까지 가서 조문한 후 장춘단에서 추도회를 열었으며, 일본에서의 장례에 정부 대표로 농상공부대신 조중응을 파견하면서 은사금 명목으로 10만 원을 보냈다.

주저함이 없는 친일행위로 국민적 지탄을 받던 이완용은 내각 총리대신 자격으로 서울 종현(鐘峴) 가톨릭 성당에서 거행된 벨기에 황제 추도식에 참가했다가 이재명(李在明)의 의거로 어깨, 허리, 복부 등 세 곳을 칼로 찔렸으나(1909. 12. 22), 약 2개월 간의 입원 치료 끝에 회복되었다(이재명은 교수형에 처해지고 연루자 11명에게는 최고 15년, 최하 5년의 형이 선고되었다). 이 일이 있고 난 후부터 이완용은 한일'합방'을 본격적으로 추진했다.

일본어를 할 줄 몰랐던 이완용은 일본에 유학했던 이인직*을 심복 비서로 삼아 통감부 외사국장 고마쓰(小松綠)와 '합방'문제를 교섭하게 했다. 이 무렵 통감부에서는 '합방'을 앞당기기 위해, 이완용 내각을 와해시키고 그와 대립관계에 있던 송병준으로 하여금 내각을 구성하게 할 것이라는 소문을 퍼뜨리고 있었다. 송병준 내각이 성립된다면 보복당할 우려가 있을 뿐만 아니라 '합방'의 '공'과 그로부터 따르게 되는 영화를 빼앗길 것을 두려워한 이완용이 이인직을 고마쓰에게 보내 "현내각이 와해돼도 그보다 더 친일적인 내각이 나올 수 없다"라 하고 자기 휘하의 내각이 직접 '합방'조약을 맺을 수 있음을 자진해서 알렸다.

이에 따라 이인직과 고마쓰 사이에 "합방 후에도 한국의 황실에 대해 종전과 같은 세비를 지급하고 일본 황족의 예우를 내리며, 한국 황제의 지위를 일본 황태자의 아래에, 친왕(親王)의 위에 둔다", "내각대신은 물론 다른 원로 고관에게도 평생을 안락하게 보낼 수 있는 충분한 공채(公債)를 주고, 합방에 힘쓴 자 및 옛 대관 원로에게는 은금(恩金)에 영작(榮爵)을 더하고, 그 유력자는 중추원 고문에 임명하여 총독부의 정무에 참여하게 한다"는 내용의 '합방' 기초조건이 합의되었다.

이 모의에 따라 이완용과 농상공부대신 조중응이 마침 동경에서 일어난 수재(水災)를 위문한다는 평계로 서울 남산에 있는 통감관저를 방문하여(1910. 8. 16) '합방'조약의 내용을 마무리 지었고, 같은 날 오후 내각회의를 열어 그것을 통과시킨 후 다시 어전회의 절차를 거쳐서(8. 22) 그날로 "한국 황제는 한국 전부에 관한 일체의 통치권을 완전히 또 영구히 일본국 황제에 양여한다"는 '합방'조약을 내각 총리대신 이완용과 통감 데라우치(寺內正毅)의 이름으로 조인함으로써 그는 영원히 지워질 수 없는 매국의 원흉이 되었다.

3·1 운동이 일어나자 세 차례의 「경고문」 발표

이보다 앞서 일본은 1910년 6월 하순경에 '일한병합준비위원회'를 구성하여 한국 황실에 대한 대우, 한국 원로대신에 대한 조처, 한국 인민에 대한 통치방법, '병합'의 실행에 필요한 경비문제 등을 의논했고, 그 결과 한국 황제 일가의 1년 세비를 150만 원 지급할 것, '합방' 공신에게는 응분의 작위를 주고 세습재산으로서 공채를 하사할 것, '합방' 공신에 대한 수당으로서 현수상에게는 백작 작위와 15만 원, 일반 대신에게는 자작 작위와 10만 원, 기타는 남작 작위와 5만 원을 줄 것, '합방'의 소요경비로서는 공채 3000만 원을 발행할 것 등이 결정되었다.

이에 따라 이완용은 '합방'과 함께 일본 정부로부터 특별 은사금, 총리 퇴관금 등과 함께 일본 귀족으로서 백작 작위와 그것에 따르는 응분의 대우를 받고 조선총독부 중추원 고문이 되었다가 다시 그 부의장이 되었다. 이후 '내선인친목회'를 발기하고 '조선귀족회' 부회장이 되어 일본을 드나들면서 일본 국왕을 만나는 등 친일행위를 계속하였는데, 고종이 죽고 그 장례를 이용하여 3·1 운동이 일어나자 세 차례에 걸쳐 조선 민족에 대한 이른바 「경고문」을 발표했다.

첫번째 「경고문」에서 이완용은 "조선독립 선동은 허설(虛說)이요 망동"이라면서, 일제 당국이 이 운동을 '무지몰각한 망동'으로 보고 관대하게 회유하지만, 그래도 자각하지 못하면 필경 강압책을 쓸 수밖에 없다고 했다. 이 같은 「경고문」이 발표되자 매국노 이완용을 규탄하는 소리가 다시 높아졌고 이에 대해 그는 "천만인 중에 한 사람이라도 나의 말에 일리가 있다고 생각하는 사람이 있다면 이는 경고의 효과가 적지 않은 것"이라 강변했다. 조선총독부가 각 지방에 게시한 「경고문」을 민중들이 모두 찢어 버렸지만, 그는 이에 굴하지 않고 세번째 「경고문」을 발표했다.

세번째 「경고문」에서 그는 이렇게 강변했다. "3·1 운동이 제1차 세계대전의 여파로서의 민족자결주의로부터 영향을 받은 것이지만, 조선과 일본은 고대 이래로 동종동족(同宗同族), 동종동근(同種同根)이어서 민족자결주의는 조선에 부적당한 것이다, 또한 한일'합방'은 당시의 국내사정이나 국제관계로 보아 역사적 자연의 운명과 세계 대세에 순응하여 동양의 평화를 확보하기 위하여 조선 민족이 택할 수 있는 유일한 활로였다, 그리고 3·1 운동에 참가하여 '경거망동'하는 사람은 조선 민족을 멸망시키고 동양의 평화를 파괴하는 우리의 적이다." 민족반역자로서의 극명한 논리라 하겠다.

이 후 이완용은 후작으로 승작했고(1921), 아들 항구(恒九)도 남작을 받았으며 손자 병길(丙吉), 병희(丙喜) 등도 모두 귀족으로서 일본에 유학하는 등 친일파 수괴로서의 갖은 '영화'를 누리는 한편, 매국의 대가로 막대한 재산을 소유하게 된다. 일찍이 이재명의 의거에서 목숨을 건진 그는, 만년에 그 집에 함께 기거하던 일족 이영구(李榮九)에 의하여 암살되려다가 미수에 그쳤다는 소문이 있은 지 약 2개월 후 서울 옥인동 자택에서 결국 와석종신(臥席終身)할 수 있었다. 그러나 8·15 후 그 후손의 손에 의해 무덤이 파헤쳐져 없어지고 말았다.

일제시대의 민족해방운동전선은 좌우익을 막론하고 해방 후의 민족국가 건설과정에서 매국적(賣國賊)의 전체 재산을 몰수하여 국유화한다는 정책을 세웠으나 이승만 정권이 실시한 농지개혁과정에서 그것이 실시되지 않음으로써 그 재산은 그대로 후손들에게 물려졌다.

■ 강만길(고려대 교수·한국사)

주요 참고문헌

이완용, 「경고문」, 『매일신보』, 1919. 4. 8, 5. 30.
大垣丈夫 編, 『朝鮮紳士大同譜』, 1913.
小松綠, 『朝鮮倂合之裏面』, 中外新論社, 1920.
金明秀 編, 『一堂紀事』, 一堂紀事出版社, 1927.

박제순
'을사조약' 체결에 도장 찍은 외교책임자

- 朴齊純, 1858~1916
- 1894년 갑오농민전쟁 당시 충청감사로 농민군 진압. 1905년 외부대신으로 '을사조약' 체결. 1910년 한일'합방' 후 자작, 중추원 고문, 경학원 대제학

외교통의 관료로 성장

정4위 종1품 훈1등 자작, 조선총독부 고문, 경학원 대제학.

박제순이 사망했을 당시 공식적으로 지칭되던 직함이었다. 그가 이러한 대우를 받을 수 있었던 것은 바로 1905년 이른바 '보호조약'을 체결했던 당사자로서 '을사오적'이었던 덕분이었다.

박제순은 경기도 용인 상도촌 출생으로, 기호지방 관료층들의 학문적 배경이 되었던 유신환(兪莘煥)의 문하에서 공부하였다. 특히 그의 아버지가 유신환의 문하에서 공부하였던 관계로, 같은 동문이었던 김윤식*과 세숙세질(世叔世姪)의 특별한 관계를 유지하였다.

그는 젊은 시절부터 김윤식과 관계를 맺고 그의 지도하에 청나라와의 외교상의 업무를 주로 담당하였는데, 김윤식이 주도하던 통리아문 주사로 시작하여(1883), 주차천진종사관, 청국전권대신(1899), 외부대신(1898, 1901)이 되었다. 그 사이 호조, 예조, 이조, 형조의 참판과 전라도, 충청도의 감사를 지내기도 하였다. 이는 당시 중요한 관직을 두루 역임하였던 그의 화려한 경력을 그대로 보여 주는 것이다.

특히 그는 농민전쟁 당시에는 충청감사를 지냈는데, 농민군을 진압하는 '공'을 세우기도 하였다. "새야 새야 전주 고부 녹두새야, 박으로 너를 치자"라는 동요가 있었는데, 이 박이 박제순으로, 박제순이 아니었다면 지배층이 화란을 면하기 어려웠을 것이라는 이야기이다. 그만큼 농민군 탄압에 박제순의 역할이 컸다는 것을 역설적으로 말해 주고 있다.

'을사조약' 체결에 도장을 찍다

박제순의 대표적인 친일행위로는 무엇보다도 '을사조약' 당시 외부대신으로서 조약을 체결했던 당사자라는 점을 꼽을 수 있다. 잘 알려진 대로 그는 당시 이 문제에 적극적으로 대처하지 않음으로써 이른바 '을사오적'이 되었다.

1905년 10월 일본 정부에서는 한국에 대한 외교권 확립을 결정하고 이를 실행하기 위하여 이토 히로부미(伊藤博文)를 서울로 파견하였다. 이토는 일본 '천황'의 친서를 보이면서 고종을 위협하였다. 동양의 평화와 한국의 안전을 위하여 한일 두 나라는 친선과 협조를 강화해야 하며, 그러기 위해서는 한국이 일본의 보호를 받아야 한다는 것이었다. 이것이 또한 한국 왕실의 안녕과 존엄을 유지하는 길이라고 하였다. 일본이 침략을 단행하면서 언제나 내걸었던 동양의 평화 유지, 왕실의 존엄 보존이라는 미사여구가 여기서도 등장한 것이었다.

박제순은 처음 고종과 각료들이 회담할 때에는 참정대신 한규설(韓圭卨)과 마찬가지로 조약의 체결에 반대하였다. 한규설의 전기 『참정대신 강석 한규설 선생 소전』에 그간의 사정이 상세하게 전해지고 있다. 박제순은 이렇게 말했다고 한다.

대감, 사무는 위기에 절박했으므로 우리들의 생사가 판가름 나는 중요한 때가 왔습니다. 우리가 물러서는 것은 단지 죽음을 각오하는 것일 뿐입니다. 의정부의 여러 대신들의 의지와 기개를 살펴보고 지난 일들을 미루어 보아 확신할 수 없는 일이 한두 가지가 아닙니다. 대감과 외부대신인 이 사람, 둘이서라도 고집해서 물러서지 않는다면 이토가 제 아무리 버틴 들, 효과가 없으면 자연히 되돌아

쫓겨나갈 것이 아닙니까. 다만 걱정스러운 것은 외론(外論)이 어떠할지 모를 일입니다. ……

이미 이 사람의 뜻은 정해져 있습니다. 힘이 미치지 못하면 죽을 따름이지요. 가사에 대해서는 이미 유서를 족질에게 부탁했으므로 다른 걱정은 없습니다.

조약의 체결에 반대하는 굳은 의지의 표현이었다. 그러자 한규설은 "다른 대신들이 설혹 다른 의견을 제출한다 해도 주무 대신이 끝까지 버티고 부결하면 무슨 조약이더라도 성립이 될 수 없으니 두 어깨가 무겁겠오"라고 격려하였다.

그러나 박제순의 이 비장한 맹세는 지켜지지 않는다. 이들의 결의는 어전회의에서도 확인되었지만, 이토는 이 어전회의 결과를 번복시키기 위하여 일본군을 동원하여 각료들을 감금하고 억압적인 분위기를 조성한 채, 한 사람씩의 의견을 물었다.

주무 대신이었던 이유로 남보다 먼저 지명된 박제순은 "어제 하야시(林權助) 공사와 회견할 때에 대략 의견을 말한 바와 같이 본 협약안에 대해 단연코 거부하기로 한 것인데, 이를 외교 담판으로 본인에게 타협하라고 하는 것은 감히 할 수 없다. 그러나 만약 명령이 있다면 어쩔 수 없지 않는가"라고 소극적으로 답하였다. 그러자 이토는 이를 놓치지 않고 "명령이란 무슨 뜻인가. 폐하의 명령이라면 조인하겠다는 뜻으로 해석해도 좋은가"라고 다그쳤다. 박제순이 명령 운운하다가 그만 말꼬리를 잡히고 만 것이다. 그는 한두 마디 변명을 늘어 놓다가는 자신의 말을 취소할 수 없는 지경에 이르자 그만 침묵하고 말았다.

이토는 "당신은 절대적으로 이 협약안에 반대한다고는 볼 수 없다. 폐하의 명령만 내린다면 조인할 것으로 본다고 믿는다"고 못을 박았다. 박제순은 더 이상 말을 못하고 말았다(한규설의 전기에 의하면 박제순은 "4개조안을 수락할 수 있는 조건이 성립되지 않았으므로 찬성할 수 없다"고 하였으나, 이토가 위협하자 "조약 체결에 대해서는 나는 모르겠오, 마음대로 하시오"라고 하였고, 이에 이토는 "외부대신이 마음대로 하라고 했으니 찬성하는 것으로 간주하겠오"라고 하였다).

이 이후의 회의에서는 이완용*과 이하영(李夏榮)이 대세를 장악하였다. 이완용은 이 때 친일파의 핵심으로 부각되었다. 그들의 논조는, 조약의 체결을 거부하면 일본이 무력으로 한국을 침략할 것이므로 차라리 체면을 살리면서 이를 들어 주자는 것이었다. 그리고 그들은 이른바 '외교'문제에만 한정한다는 문장 수정과, 왕실의 안녕과 그 존엄을 유지한다는 문장 첨가만을 요구하였다. 나라를 망하게 하면서도 그들은 왕실 타령만 하고 있었던 것이다.
　'을사조약'은 1905년 11월 17일에 박제순과 일본 특명전권공사 하야시 사이에서 체결되었는데, 이 조약의 체결을 주도하였던 이완용, 이근택*, 이지용*, 권중현*과 더불어 박제순은 '을사오적'이 되었다. 그러나 실제는 법부대신 이하영이 맹활약을 하였다. '을사오적'에 박제순 대신에 이하영을 포함시키는 경우도 있으나, 이들 모두를 포괄하여 '을사 6적'이라고 해야 마땅할 것이다.
　이 조약을 체결한 공로로 박제순은 참정대신이 되었다. 1907년 초에 '을사조약'이 고종의 인허를 받지 않았다는 대한매일신보의 보도가 있자, 이 문제를 둘러싸고 친일적인 각료와 '친일'을 경쟁하고 있던 일진회에서 내각사퇴를 촉구한 일이 있었다. 박제순 내각에서 이를 사전에 막지 못했을 뿐만 아니라, 전국적으로 의병이 치열하게 일어나고 있는 것도 모두 내각에서 내정개혁을 단행하지 않았기 때문이라는 이유를 들고 나온 것이었다. 게다가 나인영, 오기호 등에 의해 '을사오적'에 대한 암살기도가 있었다. 박제순은 '생명의 위협'을 느끼고 참정직을 사직하였다. 이에 이토는 박제순을 격려하면서 유임을 권고하였으나 이와 같은 어려운 시국을 감당할 만한 용기가 그에게는 없었던 것이다.
　그러자 이토는 이완용 내각을 조직하였고, 박제순은 중추원 고문이 되었다. 이토는 박제순 이외에 '을사조약'에 협조하였던 이근택, 권중현, 이하영 등을 모두 중추원 고문으로 임명하여 이들을 위로하였다. 그리고 그 후 박제순은 일진회 출신의 송병준*이 실각하자 그 자리를 이어받아 다시 내부대신이 되었다. 박제순은 또한 통감의 신임이 두터웠던 관계로 이완용이 이재명(李在明)에게 부상을 당하여 치료를 받는 동안에는 내각총리의 임시서리로도 활약하였다.

조선총독부 중추원 고문, 경학원 대제학으로 이어진 친일 가도

한말의 화려한 친일 경력을 밑바탕으로 박제순은 '합방' 후 '조선귀족령'에 의해 자작 칭호를 받은 데 이어 조선총독부 중추원 고문, 경학원 대제학이 되었다. 나라를 팔아먹은 대가로 친일파들이 요구하여 얻어 낸 자리에 스스로 들어앉은 것이었다. 그들은 왕실에 대한 예우와 한말 고급관료를 지냈던 사람들에 대한 응분의 대우를 요구함으로써 개인의 영달을 유지하였다.

박제순은 1910년 11월에 조선 귀족들의 일본 시찰에 참여하였다. 이 때 이와 같은 여러 종류의 시찰들이 실시된 것은 물론 일제 당국자들이 일본 문명의 우수성을 과시하고, 식민지배의 당위성을 강조하기 위한 것이었다. 이 때 박제순은 일본 '천황의 은덕에 감읍'하는 자신의 심경을 이렇게 밝힌 바 있다.

> 내가 가장 감격한 바는 일본 내지(內地) 도처의 풍광이 아름다운 것이나 문물 제도의 찬란함은 고사하고, 위로는 천황폐하로부터 일반 문무백관, 아래로는 서민 제군이 모두 충심으로 신부(新附)한 우리들을 대함에 극히 간독(懇篤)함이라. 이러한 이상에는 금후 일선(日鮮) 양민간의 친화는 오래 되지 않아서 이룰 것이오 수년을 지나지 않아 일선이 일단이 될 것은 우리들이 확신하는 바로다. 더하여 성상폐하의 신들에 대한 특별 성의를 말한다면, 돌아오는 길에 우리들이 탄 열차가 오카야마(岡山) 역을 지날 때에 대연습중에 있는 대본영(大本營)에서 특히 무관을 파송하여 특별히 두터운 칙령을 내리시와 '지금은 동군 퇴각중의 역습전인즉, 일행은 그 뜻으로 차 안에서 관전하라' 하옵심에 감읍하였노라. 다만 우리들은 도착한 후 이 같은 예성문무(叡聖文武)하옵신 천황폐하로부터 박애인자한 내지 동포의 지도에 의하여 장족의 발전을 계(啓)하여 성상의 홍덕(洪德)에 목욕하기를 절망할 뿐…….(『매일신보』 1910. 11. 8)

또한 박제순은 경학원의 대제학으로 있으면서는 총독정치를 선전하는 역할을 하였다. 경학원은 외형상 '유림과 석학을 존중하여 미풍을 장려하고, 폐풍을 교정하고 양속을 조장하여 일반 교화에 도움을 주기 위한 것'이었다. 그

박제순

러나 그 본래의 목적은 유교의 인의충효사상을 강조하여 식민통치에 순응하고, 특히 '천황'에 순종하는 충량한 신민(臣民)을 만들기 위한 것이었다. 경학원에서는 여러 강사들의 강연회를 통하여 유교의 경전은 물론, 민풍 개량, 근검저축의 장려 등을 강조하여 결국 총독부의 새로운 정치를 선전하는 일을 행하였던 것이다. 그러나 그들은 이를 '문명으로 이끄는 선(善)'이라 선전하였다.

일제는 경학원을 설치·운영하면서 박제순을 그 책임자로 삼았다. 당시 유림들로부터 명망을 인정받고 있었으며 한말에도 친일적인 공자교회의 회장이었던 자작 이용직(李容稙)을 제치고 '성질이 온건'한 박제순을 택했던 것이다. 이용직은 '합방' 당시 학부대신으로 조약안이 각의에 상정되었을 때, "이같은 망국안에는 목이 달아나도 찬성할 수 없다"고 하면서 강하게 반대하였다. 그리고 22일의 마지막 어전회의에도 불참하였다. 따라서 이런 이용직이 혹여 유생층을 격려하여 소요를 일으킬 줄도 모른다고 판단한 일제로서는 그를 경학원의 대표로 임명할 수는 없었던 것이다(일제 당국자는 조약 체결 직후 이용직을 만나 "귀하는 학자이므로 마땅히 대제학이 되어야 하지만, 지금은 경학원의 조직을 확장시켜야 할 뿐만 아니라 제사 이외에도 전국의 교화를 도모해야 하므로 행정 사무가 많다"면서, 박제순을 대제학으로 앉히고 이용직에게는 강학(講學)을 전담하는 부제학을 권하였다. 이용직은 이를 "지위의 상하를 떠나 미력이나마 기꺼이 행하겠다"면서 수락하였다. 이런 사정에 대하여 일제는 이용직이 처음 이완용의 병합 협의 때에 반대하였던 것은 일시의 계략이거나 말주변에 지나지 않는다고 평가하였다.(小松綠, 『朝鮮倂合之裏面』, 203~205면).

경학원 대제학이 되었던 박제순은 유교 진흥을 주장하였다. 그는 공자교라는 것은 '임금은 임금의 직을 행하고, 신하는 신하의 직을 행하고, 아비는 아비의 직을 행하고, 아이는 아이의 직을 행하여 만반의 일에 각자 자신의 직을 다하라는 것'이라면서, 본래 유교에서 강조하던 실(實)을 행하지 않고 허식만을 존중하는 말류의 폐단이 나타난 것이 조선의 가장 큰 문제라고 하였다. 그는 특히 신학문이 전래된 이후 일반청년들이 급속히 노장(老長)을 배척하고 능멸하는 현상이 심각한 문제라고 지적하면서, 유교를 진흥하고 자신의 직에 만족하고 안분하는 인간, 나이 든 사람을 공경하는 인간 등을 중요시하였다. 유교의 본질이라고 할 수 있는 충효를 강조하여 식민지배체제의 유지에 일정하게 기여하였던 것이다.

■ **김도형**(계명대 교수・한국사)

주요 참고문헌

黃玹根, 『參政大臣 江石 韓圭卨 先生 小傳』, 한국자료문화연구소, 1971.
小松綠, 『朝鮮倂合之裏面』, 中外新論社, 1920.

권중헌
친일로 한평생 걸은 대세영합론자

- 權重顯, 1854~1934
- 1904년 육군부장으로 러일전쟁중인 일본군 위문 공로로 일본의 훈1등 팔괘장 수여 받음. 1905년 농상공부대신. 1910년 자작, 중추원 고문

개화파 중에서도 일본통

권중현의 초명은 재형(在衡)이다. 본관은 안동이며 충북 영동 출신인데 서자라고 알려져 있다. 일찍부터 일본어를 습득하여 일본 정계의 사정에 정통하였고 이러한 능력이 인정되어 개화파 중에서도 일본통으로서 매우 주목을 받았다. 1883년 부산감리서 서기관에 임명된 것을 시작으로, 1888년에는 조정의 명을 받고 일본을 직접 견학, 각종 문물을 시찰하고 귀국하였으며, 이 때부터 일본의 문물제도에 크게 계발된 바 있어 점차로 일본 취미에 '감화'되기 시작하였다.

1891년 인천항 방판통상사무를 지냈고 주일공사로 동경에 재임중 1892년 6월에는 오스트리아와 수호통상·항해 등에 관한 조약을 체결하기도 하였다. 1894년 갑오개혁기에는 내무참의 겸 군국기무처 회의원에 임명되었으나 곧 군부협판으로 승진하였다. 당시 개화파 정권에 참여한 인물 중에서도 특히 일본 공사관의 신임이 두터운 이른바 왜당(倭黨)으로 알려져 있었다.

1895년 이후에도 육군참장, 법부협판, 고등재판소 판사 등을 역임하였다. 1897년 농상공부 협판을 하다가 칙명으로 다시 일본으로 건너가서 육군대연

권중현

습을 참관하였으며, 돌아와서는 고종의 황제 즉위를 건의하는 상소를 올린 공로로 정2품에 올랐다. 대한제국기에도 1898년 의정부 참찬, 찬정을 거쳐 농상공부대신으로 승진되었고, 1899년에는 법부·농상공부대신을 겸임하였으며 표훈원이 창설되자 부총재의 직에 임명되었다.

그리고 1904년에는 육군부장으로서 당시 러일전쟁중인 일본군의 위문사가 되어 랴오양(遼陽), 뤼순(旅順)을 순방하였다. 그 공로로 일본으로부터 훈1등서보장(勳一等瑞寶章)을 받고 다시 훈1등팔괘장(勳一等八卦章)을 받았다. 1905년 8월에 군부대신, 이어 9월에 농상공부대신, 1906년 다시 군부대신을 역임하고 1907년 5월 박제순* 친일내각의 총사퇴와 함께 그도 물러났다.

이처럼 그는 개화파로 입신한 이래 한순간도 벼슬길을 떠나지 않았고, 뿐만 아니라 대신의 지위에 있으면서도 단 한 번도 유배에 처하거나 망명의 위기에 처한 적이 없는 극히 평탄한 생애를 살았다. 성격이 원만하고 모가 나지 않아 적을 만드는 일이 없어서라고 말할 사람도 있겠지만, 사실은 이러한 일직선상의 안전운행은 시종일관 일본과 연결되어 지낸 덕이라고 말하는 것이 보다 옳은 판단일 것이다.

마침내 오적의 '반열'에 오르다

1905년 11월 을사조약 체결 당시 권중현은 농상공부대신으로 있었다. 11월 17일 이른 아침 5강(한강, 동작진, 마포, 서강, 양화진) 각처에 주둔해 있던 일본병은 모두 경성에 입성했다. 기병 780명, 포병 4, 5천 명, 보병 2, 3만 명이 사처를 종횡하니 우리나라 인민들은 촌보의 자유도 없었다. 그들은 궁성내외를 겹겹이 둘러싸서 관리들도 출입하는 데 전율을 느낄 정도였다.

하오 2시 일본 공사 하야시 곤스케(林權助)는 의정부대신 한규설(韓圭卨), 외부대신 박제순, 내부대신 이지용*, 학부대신 이완용*, 군부대신 이근택*, 법부대신 이하영(李夏榮), 탁지부대신 민영기(閔泳綺) 등을 공사관으로 불러 자신들이 제기한 5개 조에 조인할 것을 요청하였다. 한규설 등은 모두 불가하다 하고 하야시는 한편으로는 설득하고 한편으로는 협박하느라 오랜 시간이 걸렸다. 결국 모두 입궐하여 어전회의를 열었으나 역시 결론은 같았다. 이에 하야시는 조약이 체결되기 전에는 결코 퇴궐하지 않겠다고 으름장을 놓고 일본에서 특파된 이토 히로부미(伊藤博文) 및 그 수행원 하세가와 요시미치(長谷川好道)와 그 부하 무관들, 다수의 보병, 기병, 헌병, 순사, 고문관, 보좌원 등이 연달아 질풍같이 입궐하여 조약체결을 강요하면서 대신들이 궁궐을 나가지 못하도록 각 문을 파수하였다. 수옥헌(漱玉軒)의 고종도 지척에서 겹겹이 포위되었고 총칼로 철통같이 경계하면서 정부와 궁중을 협박함이 이루 말로 형언할 수 없었다.

이토는 다시 회의를 열 것을 강요하였다. 대신들이 불가하다고 하자 궁내부 대신 이재극(李載克)을 불러 황제 알현을 요청하였다. 황제는 이 때 인후염을 앓고 있다고 하면서 만나기를 거절하였다. 그러나 이토는 황제가 이미 협의하라는 명을 내렸다고 하면서 대신들에게 회의를 재소집할 것을 요구하였다. 끝내 회의 속개를 거부하는 참정대신 한규설은 골방에 가둬 놓고 나머지 대신들로만 회의를 소집하였다. 이 때 이하영, 민영기는 여전히 '부'(否)를 쓰고 이완용은 "조약의 문구를 약간 고친다면 인준하겠다"고 하였다. 이토가 결연히 붓을 잡고 "그렇다면 마땅히 고쳐야지" 하고는 내키는 대로 두세 곳을 고쳐 다시 가부를 물었다.

이에 이완용, 박제순, 이지용, 이근택, 권중현 등 5인은 일제히 '가'(可)자를 썼다. 마침내 을사오적이 탄생하는 순간이었다. 이 때가 18일 상오 1시경. 조약이 날인된 후 일본병은 철수하고 이토, 하야시, 하세가와 등도 돌아갔다. 새벽 2시경 한규설은 풀려났고 조금 있다가 각부 대신들도 모두 모여 한바탕 방성통곡을 하였다. 외부대신 박제순도 또한 통곡을 하였다. 조약서에 날인하라고 도장을 내줄 때는 언제고 사후에 대성통곡함은 또 왜인가. 당일 도성 내외의 인민들은 조약이 조인되었다는 소식을 듣고 거개가 분개하여 소의문 밖 이완용의 집을 불태웠고 각부 관리들도 눈물로 탄식하였으며 각 학교 학도들도 모두 등교 거부로 항의를 표했다.

잘 알려진 바이지만 이 조약의 내용은 제1조 '한일 양국은 동아의 대세를 공고히 하기 위하여 맹약하고 이전보다 더욱 친밀할 것', 제2조 '한국의 외교사무를 확장하기 위해 외교부를 동경에 설치하여 외교사항에 관한 것은 일체 여기서 관할할 것', 제3조 '한국 경성에 통감부를 설치하여 외교사무를 감독할 것' 등이었다. 당시 고종과 황실측근들이 끊임없이 국제여론에 호소하면서 외교적인 방법으로 독립을 유지하려 한 여러 시도들이 있었으므로, 일본으로서는 일단 한국을 '병합'하기 위해서는 외교권을 박탈하는 것이 최우선 과제라고 생각하였고, 이에 외교권 박탈과 통감부 설치를 못박은 조약을 강요하였던 것이다.

권중현은 조선 말기에는 국가개혁을 위해 모인 개화파라고 자부하였고, 대한제국기에는 부강한 나라를 건설하기 위해 고종이 황제의 지위에 올라야 한다고 상소한 주창자이면서 이번에는 또 '을사보호조약'에 도장을 찍었다. '보호조약'이 대한제국의 영화를 가져올 것이라 믿었다고 강변한다면 어쩔 수 없지만, 그의 평생은 처음부터 끝까지 대세에 영합하고 특히나 일본을 따른 일생이었으며, 일평생 출세가도를 달릴 수 있었던 것도 바로 이런 연유에서였다. 사람들은 누구나 그가 '을사조약'에 '가'(可)를 한 것은 오히려 당연하다고 생각하였다. 그러나 오적의 '반열'에 오른 이후 그의 앞날이 결코 평탄할 수만은 없었다.

'을사오적' 암살 미수사건

1907년 3월 5일 나인영(羅寅永), 오기호(吳基鎬) 등 을사오적 암살단은 권중현의 집이 있는 사동(寺洞) 입구에서 그가 문을 나서기를 기다렸다. 이 때 전직 총순 이홍래가 앞장을 섰다. 양복을 차려 입은 권중현이 인력거를 타고 일본 병정 및 순사 6~7명은 총칼을 들고 그를 둘러싼 채 지나가고 있었다. 이홍래가 용기 있게 앞을 가로막고 권중현의 어깨를 잡고서 "역적은 네 죄를 알렸다"라고 꾸짖으며 협대(夾袋)에 간직한 육혈포를 찾았다. 그러나 불행히도 육혈포가 제때에 나오지 않았다. 권중현의 하인들이 일제히 이홍래를 붙잡았다. 그러자 동지 강원상(康元相)이 육혈포를 꺼내 권중현을 향해 쏘았으나 권중현은 급히 피하여 길가의 민가로 들어가 문을 닫고 몸을 숨겼다. 강원상이 또 한 발을 쏘았으나 문이 닫혀 있어 맞지 않았다. 이에 병사와 순검들이 호각을 불어 사동 부근을 파수하던 순검들이 모두 모여 들었다. 강원상은 몸을 날려 교동 민영휘*의 집 뒷간에 숨었으나 그 집 노복들이 알려 주어 순검의 추적에 잡히고 말았다.

겨우 목숨을 건진 권중현은 5월 박제순 내각의 총사퇴와 함께 관직을 물러나, 모든 가족을 이끌고 표연히 추풍령 아래 산간 마을 영동으로 퇴거하였다. 사람들은 그가 이제 일체 정계에 욕심이 없는가 보다라고 생각하였으나 곧이어 6월 중추원 고문에 다시 임명되었고 칙명으로 일본박람회 시찰을 떠나게 되었다.

6월 19일 민영기, 이지용 등과 함께 일본 도쿄로 가기 위해 부산진에 이르렀을 때 부산 진민(鎭民) 남녀 수백 명이 길을 막고 통곡하였다. "대감들은 전국의 금고권(金庫權)을 일본인에게 양여하고도 부족하여 또 다시 일본인에게 본진(本鎭)의 기지를 팔아먹으니, 이 땅의 사람은 장차 어디로 가란 말입니까. 하늘로 올라갑니까, 땅으로 들어갑니까. 대감들이 이미 이 땅에 도착했으니 이 무죄한 백성들은 모두 갱살(坑殺)당하거나 아니면 구제되어 살려지거나 양단 중에 결말이 내려진 후에야 대감들은 살아 돌아갈 수 있을 것입니다"라고 윽박지르며 여러 사람의 분노가 조수와 같이 밀어닥쳐 사태는 자못 위급하였다. 마침 일본 순사와 조선 순검들이 이들을 급히 보호하여 위험에서 면하였다 한다. 이런 위험 속에 일본에 건너간 권중현은 그 해 12월에 훈1등태극장(勳一等太極章)을 받았고, 1908년에는 다시 훈1등욱일대수장(勳一等旭日大綬章)을 받았다.

1910년 '병합' 때는 58세의 나이로 자작을 수여받고 중추원 고문이 되었으며, 일제시대에는 조선사편수회의 고문을 지내는 등 유유자적한 말년을 보냈다.

■ 서영희(서울대 강사・한국사)

주요 참고문헌

鄭 喬, 『大韓季年史』
大村友之丞, 『朝鮮貴族列傳』, 1910.
細井肇, 『現代漢城の風雲と名士』, 1910.

이지용
나라를 판 돈으로 도박에 미친 백작

- 李址鎔, 1870~1928
- 1904년 외부대신 서리로 '한일의정서' 협정·조인
  1905년 내부대신으로 '을사조약' 체결. 1907년 중추원 고문. 1910년 백작

고종의 종친으로 입신

　을사오적 가운데 한 사람이요 일제의 훈장을 3개나 받았으며 '합병'시 백작을 수여받은 이지용. 그는 한일'합병' 이후에는 날마다 도박으로 소일하며 밤을 지샜다. 고종의 종질이기도 한 이지용이 소유하고 있던 한강변 언덕 위의 우람하게 솟은 양옥집은 도박으로 날려 이미 남의 손에 넘어갔고, 중부 사동(寺洞)의 자택은 완전히 도박장이 되었다. 굳게 닫힌 문 안에는 소위 귀현신사(貴顯紳士) 한무리가 항상 모여서 무뢰한들처럼 도박에 혈안이 되어 있곤 했다. 도박장에 던져지는 돈은 매일 5, 6만 원 이하로 내려가지 않았는데, 이지용은 11만 원을 한꺼번에 던지기도 하였다. 당시 쌀 한 가마니 값이 10여 원 하였으니 요즈음 돈으로 환산한다면 억대 도박판이 매일 벌어진 셈이다. 나라가 망하여 백성은 굶주리는데 그는 도박귀족으로서 도박판에 엎어져 있었다. 그에게는 이미 귀공자의 청아한 풍모는 물론 위용도 찾아볼 수 없었으며 품격도 없었다. 다만 도박배들과 무리지어 무뢰한의 대열에 끼어가고 있는 노름꾼일 따름이었다. 그가 조선 왕실의 종친으로 태어났다는 사실을 도박장에서는 믿기 어려웠다.

이지용

　이지용의 본관은 전주이며 전북 완산에서 태어났다. 초명은 은용(垠鎔)이며 장조의황제(莊祖懿皇帝), 즉 사도세자의 5대손이다. 흥선대원군 이하응의 형인 흥인군 이최응(李最應)의 손자이며 이희하(李熙夏)의 아들인데, 완영군 이재긍(李載兢)에게 입양되었으니 고종의 종질이 된다.
　1887년 정시(庭試) 문과에 병과로 급제한 뒤 여러 청환직(淸宦職)을 거쳤다. 1895년에는 칙명으로 신사 수십 명과 함께 일본을 유람, 문물제도를 시찰하고 돌아왔으며, 1898년 황해도 관찰사가 되고 이듬해 경상도 관찰사를 역임하였다. 1900년 궁내부 협판이 되고 다시 이듬해 주일전권공사를 거쳐 의정부 찬정에 올랐으며, 1903년에 다시 주일전권공사로 부임하였다.
　벼슬살이를 하는 동안 그는 뇌물을 받고 군수직 15개를 팔아 탄핵을 받는 등 결코 깨끗치 못한 인물로 통했다. 그의 할아버지 이최응은 매관매직으로 재물을 모아 9개나 되는 곳간에 온갖 보화를 가득 쌓아 두는 것으로 장안에 유명했는데, 이지용도 그런 집안의 전통을 따른 것이라 볼 수도 있겠다. 한편 주일공사를 여러 차례 지낸 덕에 주한일본공사관과 밀통하였고 결국 1만 엔의 로비 자금에 넘어가서 한일의정서 체결에 도장을 찍고 만다.

'한일의정서' 체결로 일본 침략에 문을 열어주다

이지용은 1904년 2월 23일 외부대신 서리로서 주한 일본공사 하야시 곤스케(林權助)와 한일의정서를 협정·조인하였다. 한일의정서는 일본에게 군사용 부지를 허용하고 일본군 사령부의 서울 주둔을 허락함으로써 조선을 일본의 대륙침략을 위한 군사기지로 내준 조약으로서, 일본에게는 5월의 '대한시설강령', 8월의 '제1차 한일협약'과 함께 1905년 11월의 '을사보호조약'으로 가는 교두보로서의 의미를 지녔다.

그간 한반도를 둘러싸고 러시아와 일본이 일진일퇴를 거듭하다가 일본이 러시아의 만주 철병을 요구하며 전쟁을 도발하고 예상외로 뤼순(旅順)·인천 해전에서 크게 이기기 시작하자 조선 정계는 동요하기 시작했다. 내각은 일본에 대하여 호의를 표명해 오던 박제순*, 윤웅렬(尹雄烈), 이도재(李道宰), 권재형(權在衡) 등으로 바뀌었다. 이 때 이지용도 외부대신 서리라는 중책에 앉게 되었다. 그리고 주한일본공사관은 그간 막대한 자금으로 매수해 놓은 이지용이 외부대신이 되자 아주 손쉽게 한일의정서를 체결할 수 있었던 것이다.

이른바 '한일공수동맹'이라 불리는 한일의정서 제4조의 내용을 보자. "대일본제국 정부는 제3국의 침해나 내란으로 대한제국 황실의 안녕과 영토 보전에 위험이 있을 경우 속히 필요한 조치를 행함이 가하다. 대한제국 정부는 대일본제국의 행동을 용이하게 하기 위해 충분한 편의를 제공해야 한다. 대일본제국은 전항의 목적을 성취하기 위해 군략상 필요한 지점을 임의로 수용할 수 있다." 또 제5조에서는 "대한제국 정부와 대일본제국 정부는 상호간에 승인 없이 차후 본 협정의 취지를 위반하는 협약을 제3국과 맺지 못한다"라고 못박고 있다. 이 조약에 의해 조선은 꼼짝없이 일본의 군사기지로 전락해 버린 것이었다.

이후 2월 25일경부터 일본 군마와 병사들은 경성에 진주하기 시작했다. 인천에서 입경한 군대가 줄잡아 5만여 명, 군마가 1만여 필이었는데, 대궐 주변과 각 성문, 창덕궁, 문희묘, 원구단, 저경궁, 광제원, 관리서 등 모두 18개처를 군영으로 삼고, 서문 밖 민가 수백 채를 헐어서 마굿간을 만들었다. 또 5강(한강, 동작진, 마포, 서강, 양화진) 연안에 천막을 쳐 야영지로 만들었으니 밥

짓는 연기가 수백 리까지 퍼졌다.

또 3남 각 지방에도 일본군이 속속 도착하여 각처에 전선을 가설하고 병참을 설치했다. 남로(南路)는 동래에서 대구로, 남해에서 남원으로, 군산에서 전주로 향하여 세 방향으로 진군하였다. 또한 서로(西路)는 평양·삼화, 북로(北路)는 원산·성진에서 상호간의 거리를 110리로 하여 점차 랴오둥(遼東)을 향해 나아갔다. 가는 곳마다 민가에 주둔하거나 지방관에게 군수품을 청하니 민심이 소란했다. 백성들은 피난하여 성이 텅텅 비고 군수는 관직을 버리고 상경하였다.

4월에 주차군사령부를 설치하고 8월에는 2개 사단 가량 되는 조선주차군을 확대·재편함으로써 조선 방위를 담당한다 하였고, 9월에 육군 중장 하세가와 요시미지(長谷川好道)가 '천황' 직속의 사령관에 임명되어 경성에 부임하였다. 또한 7월에는 군용 전선 및 철도 보호라는 명목으로 치안유지를 주차군이 담당한다고 조선 정부에 통고하더니, 1905년 1월에는 경성과 그 주변의 치안경찰권을 조선 경찰 대신 일본군이 장악한다는 군령을 발포하였다. 군사방위권, 치안권이 모두 일본 군대의 수중으로 넘어가는 순간들이었다.

일본 공사는 일찍이 이용익(李容翊)이 주도하여 건설하려 했던 경의철도 부설권을 일본 회사에게 양여하도록 조선 조정에 강요하였으니, 이는 하루빨리 경의철도를 완성하여 군수 운반을 민활히 하기 위한 것이었다. 또한 숭례문에서 한강에 이르는 곳에 멋대로 구역을 점령하고서는 '군용지'라 이름 붙이고 푯말을 세웠으며 우리나라 사람들의 출입을 금하였다. 조선땅 어디든지 빼앗고자 하는 땅이 있으면 군용지라는 명목으로 강탈해 간 것이었다.

이에 온 국민의 비난은 당연히 의정서 체결의 당사자인 이지용과 그의 참서관 구완희(具完喜)에게 쏟아졌다. 그들을 매국노로 규탄하고 그들의 집에 폭탄을 던지기까지 하였다. 이에 당황한 일본은 일본 순사 10여 명을 항상 이지용에게 붙여서 그의 신변을 보호하기 시작했다. 그리고 당시 추밀원 의장이던 이토 히로부미(伊藤博文)를 특파대사로 우리 나라에 보내 이른바 친선을 강조하면서 무력으로 시위를 진압하였다.

이토를 보낸 데 대한 답사로 우리 나라에서도 3월 26일 이지용을 일본국 보빙대사(報聘大使)로 특파하였다. 이지용은 이때 일본에 가서 훈1등욱일대수장(勳一等旭日大綬章)을 수여받는데, 이는 의정서 체결의 공로로 인한 것이었다. 귀국한 뒤에도 그는 법부대신, 규장각 학사, 판돈녕 부사, 교육부 총감 등을 거쳐 1905년 농상공부대신, 내부대신 등 요직을 역임하고 1905년 11월에는 특명대사로 다시 일본에 가서 욱일동화대수장(旭日桐花大綬章)을 수여받으니, 이 두번째 훈장은 바로 '을사보호조약'에 도장 찍은 공로에 대한 보상이었다.

을사조약 체결, "내가 아니면 누가 하랴"

의정서 체결에 이어 1905년 11월 17일 이지용이 당시 내부대신으로서 '을사조약'에도 '가'(可)를 하고서 돌아와 하는 말이 가관이었다. "나는 오늘 병자호란시의 지천(遲川) 최명길(崔鳴吉)이 되고자 한다. 국가의 일을 우리가 아니면 누가 하겠는가"(『大韓季年史』171면). 최명길은 병자호란시 주화론자로서 종사를 지키고자 했지만 이지용이 '을사조약'에 서명하여 지키고자 한 것은 일신의 영달과 재물이 아니었을까. 그 얘기를 듣는 사람마다 침 뱉고 욕하면서 가소롭다 하였음은 물론이고 격앙된 군중은 그의 집에 방화하였다.

그런데도 이지용은 11월 29일 이토의 귀국에 맞추어 열렸던 송별연에 각부 대신과 함께 참석하고 돌아와서는 고종황제에게 말하기를, "이토의 말이 통감이 오는 것은 단지 외교를 감독할 뿐이며 기타 정무는 절대로 간섭하지 않겠다 하고, 만약 여러 사람이 한마음으로 정무를 잘 처리하면 1년이 되지 않아 당연히 국권을 돌려 줄 것이라고 합니다" 하면서 거짓으로 고종을 안심시켰다. 그런 그가 1906년 10월 특파대사가 되어 일본에 간 것은 이토가 한국에 더 오래 머물러 줄 것을 청원하기 위해서였다.

'을사조약' 당시 내부 참서관으로 있던 조남익이라는 사람은 이지용과 도저히 같은 부서에서 일할 수 없다고 하면서 출근하지 않았고 또 교체를 원하면서도 이지용에게 청원하는 것이 수치스러워 자신의 집에 조용히 누워 있었다 한다.

일본인들과 놀아난 부인 이옥경의 친일 행각

이지용에게는 뛰어난 미모의 아내 이옥경(李玉卿 : 원성은 홍씨)이 있었다. 그녀는 1906년 한일부인회를 조직하였는데, 이는 일본 공사관원 하기와라 슈이치(萩原守一) 및 구니와케 쇼타로(國分象太郞)의 처와 궁내대신 민영철(閔泳喆), 외부대신 이하영(李夏榮), 학부대신 이재극(李載克), 한성판윤 박의병(朴義秉) 등 상류층 고관들의 부인 다수가 참여한 친일 부인단체로서 이옥경이 부회장을 맡았다. 이옥경은 특히 영리하고 예뻐서 일본인들에게 인기가 있었는데 처음에는 하기와라와 정을 통했다가 또 구니와케와 통하고 뒤에는 하세가와와 정을 통하니 하기와라는 이를 분하게 여겼다. 그는 자신이 일본으로 귀국할 때 이옥경이 전송을 나와 입을 맞추자 그녀의 혀끝을 깨물어 상처를 입혔다. 이옥경은 아픈 것을 참고 돌아왔으나 장안 사람들은 작설가(嚼舌歌)를 지어 그녀를 조소했다. 또한 그녀가 여러 일본인을 바꿔가며 서로 좋아하고 일본인 또한 그것을 질투하는 등의 모습을 그린 그림이 장안에 널리 퍼지기도 하였다.(황현, 『매천야록』)

그녀는 또 일본어와 영어를 할 줄 알았으며 양장을 하고 이지용과 함께 팔짱을 끼고 돌아다녔다. 또한 인력거를 타면 얼굴을 내놓고 궐련을 피우며 양양하게 돌아다녀서 행인들이 차마 눈을 뜨고 볼 수 없을 정도였다.

처음에는 이지용이 허랑방탕하다고 누차 고종의 견책을 받았으나, 그녀가 고종의 계비인 엄비(嚴妃)의 처소를 드나들면서 고종의 뜻을 회복시켜 이지용이 드디어 요직에 등용되었으니, 그녀의 방자한 행동을 이지용은 막을 수 없었다. 당시 세상 사람들은 "종척대가가 의(儀)를 좀먹어 먼저 망하니 외국인에 대하여 우리를 예의지국이라 칭하면 부끄럽지 않겠는가" 하고 탄식하였다 한다.

한편 미모와 기개가 모두 뛰어나기로 소문난 산홍이라는 진주 기생이 있었는데, 이지용이 천금을 가지고 그녀를 찾아가서는 첩이 되어줄 것을 요청하였다. 산홍은 사양하여 말하기를 "세상 사람들이 대감을 '오적'의 우두머리라 하는데, 첩은 비록 천한 기생이라고는 하나 스스로 사람 구실을 하고 있는데 무슨 까닭으로 역적의 첩이 되겠는가"라고 하였다. 그의 권력과 재물로도 한

미인의 기개를 사기는 어려웠던 것이다.
 또 이지용의 아들 이해충(李海忠)이 일본에 가서 학교에 입학하려 하였더니 유학생들이 "우리들이 비록 타국에 있지만 역적의 아들과 함께 배울 수는 없다" 하고 내쫓아 입학을 할 수 없었다. 이지용이 직접 일본에 건너가서 수백 원을 기부하며, 유학생들의 여비를 보조하려 하였지만 유학생들은 "우리들은 비록 역적의 재물을 쓰지 않아도 이제까지 죽지 않았다"라고 준엄히 거부하였다.
 1907년 3월 오기호(吳基鎬), 나인영(羅寅永) 등 을사오적 암살단이 이지용을 죽이러 갔을 때 이지용은 용산 강정에 있었다. 이지용 암살을 맡은 사람이 가서 엿보니 사동(寺洞)에서의 권중현* 암살 미수사건이 이미 전화로 보고되어서 병정 60여 명이 급히 달려와 호위하고 있었으므로 역시 죽이지 못하였다. 사람들은 모두들 안타까운 탄식을 토했다.

도박에 탕진한 백작 수당 3000원

 1907년 봄 대구의 서상돈(徐相敦), 김광제(金光濟) 등이 단연회(斷煙會)를 설치하고 국채보상기금을 모금하기 시작하였다. 당시의 국채 총액 1300만 원을 갚기 위해 인구 2000만이 모두 담배를 끊으면 1인당 1개월에 담배값으로 새 화폐 20전씩을 거둘 수 있고 그렇게만 하면 석 달 안에 국채 원금을 다 갚을 수 있다는 취지였고 전국적으로 큰 호응이 있었다. 고종과 황태자도 이에 호응하여 권련을 멀리하자 각급 학교 생도들과 군인들도 모두 이구동성으로 "우리 주상께서 그렇게 하시는데 하물며 우리들이랴" 하고 담배를 끊었다.
 이에 일본인들이 이지용을 협박하여 이를 금지시키게 하려 하였으나 이지용은 "우리 국민들이 나를 오적의 괴수로 지목하고 있어 몸둘 곳이 없소. 다른 일은 금할 수 있으나 오직 이것만은 가히 금할 수 없소"라고 하였다.
 정미조약에 내각 총리대신 이완용*과 통감 이토가 조인할 때도 이지용은 나서기를 사양하며 "우리는 을사조약을 맺은 이래 위로는 황제를 우러러 뵈올 수 없고 아래로는 백성을 대할 수 없어 제대로 허리를 펴서 얼굴을 쳐들 수도 없는 형편인데 오늘에 이르러 또 이 안을 담당하는 것은 어렵지 않느냐"하고서 조인에서 빠졌다. 한일의정서 체결, '을사조약' 서명 등으로 인하여 역적 괴수로 지목된 후 방화, 암살 위협, 갖은 모욕 등에 겁을 먹어서인지, 아니면 더 이상 친일의 오명을 뒤집어쓰지 않아도 일본의 인정을 받을 수 있다고 판단해서였는지는 정확히 알 수 없다.

1907년 5월 중추원 고문에 임명되었고 박람회 시찰을 위해 도일하여, 다음해 2월에 그의 일생에 세번째 훈장인 대훈이화대수장(大勳李花大綬章)을 수여받았다. 1910년 한일'합방' 때는 일본 정부로부터 백작의 작위를 받고 매년 수당 3000원씩을 받아 도박에 탕진하다가 1928년 사망했다.

■ **서영희**(서울대 강사·한국사)

주요 참고문헌
黃 玹, 『梅泉野錄』.
尹孝定, 『風雲韓末秘史』.
鄭 喬, 『大韓季年史』.
大村友之丞, 『朝鮮貴族列傳』, 1910.
細井肇, 『現代漢城の風雲と名士』, 1910.

이근택
근황주의자에서 친일매국노로의 변신

- 李根澤, 1865~1919
- 1905년 군부대신으로 '을사조약' 조인. 1910년 한일'합방' 공로로 훈1등 자작
  1910년 조선총독부 중추원 고문

민비의 환심을 사 출세길로

이근택은 1905년 '을사보호조약'의 조인에 찬성한 을사오적 중의 한 명으로, 친일매국노로 국민의 지탄을 받아 왔다. 그러나 이근택이 처음부터 친일적인 행동을 한 것은 아니었다. 그는 고종의 측근으로서 근황주의자이며 친러시아적인 인물로 간주되었다.

그런 그가 왜 친일을 할 수밖에 없었고, 왜 을사오적의 한 사람이 될 수밖에 없었는가는 그의 정치적 노정을 통해 어느 정도 파악할 수 있을 것이다.

이근택은 문벌 있는 가문의 출신이 아니다. 그는 1865년 충청북도 충주의 한 무인 집안에서 태어났다. 이후 그가 향리에 있을 때인 1882년 임오군란이 발생하였는데, 이 때 민비가 충주로 피난 오자, 그는 매일 신선한 생선을 민비에게 바쳤다. 이 공으로 민비가 환궁한 뒤 1883년에 남행선전관으로 임명되었다. 왕실과의 직접적인 인연으로 출세의 길이 열린 것이다. 그는 1884년 무과에 합격한 뒤 1894년까지는 지방관 등을 거치면서 중앙에 진출할 기회를 모색하였다.

1896년 2월 고종이 그의 거처를 러시아 공사관으로 옮기는 아관파천이 일

이근택

어나자 조선은 본격적으로 러시아와 일본의 각축장이 되었다. 이런 상황에서 환궁을 요구하는 여론이 거세지고, 뿐만 아니라 환궁을 모의하는 등의 여러 가지 사건이 발생하는 등 친러파와 친일파의 미묘한 정쟁이 일어나게 되었다.

당시 이근택은 친위대 제3대대장으로 있었다. 이근택은 이창렬(李彰烈) 등과 함께 국왕의 환궁을 도모하였다. 이들은 민비의 1주기를 기하여 고종이 명례궁에 나와서 친히 제사를 지내는 기회를 이용하여 왕의 환궁을 이루려고 하였다. 그러나 이 모의는 이용태(李容泰)의 고발로 실패하였고 이근택은 제주도로 유배되었다. 제주도에 유배된 이근택은 대한제국이 수립되던 1897년에 민영기(閔泳綺)에 의해 석방되어 한성판윤, 경무사를 역임하였다.

이후 대한제국 시기에 이근택이 요직을 역임할 수 있었던 것은 아주 우연한 계기를 통해서였다. 이근택이 일본상점에 들렀다가 우연히 수대(繡帶 : 허리띠)가 있는 것을 보고, 민비의 것이라 판단하여 일본인에게서 6만 냥을 주고 사서 고종에게 헌상하였다.

이로 말미암아 고종의 총애를 얻게 된 이근택은 대한제국 시기 주요 요직을 거치면서 영향력을 행사하였다. 그는 주로 경무사, 경위원 총관, 헌병사령관, 원수부 검사국장 등 경찰·군사부문에서 활약하였다. 대한제국 시기에는 황실 중심의 근대화정책이 수행되었는데, 군사·경찰부문에서는 이근택이 책임을 지고, 재정·외교부문에서는 이용익(李容翊)이 영향력을 행사하였다. 이근택은 이용익 등과 함께 고종의 측근으로서 근황주의적인 인물이었고 대한제국시기 정권의 핵심을 이루고 있었던 것이다.

친러파 전력을 씻기 위해 더욱 열성적으로 친일

당시 국내외적인 상황은 조선을 사이에 두고 러시아와 일본 사이에 우위권 쟁탈전이 계속되는 형국이었는데, 이근택, 이용익 등을 주축으로 한 대한제국 정부는 대외관계에서 친러·반일적인 입장을 취하고 있었다. 고종과 당시의 정부대신들은 1895년 민비시해사건 이후 배일 감정을 지니고 있었을 뿐만 아니라, 일본은 러시아의 적이 될 수 없다는 생각이 지배적이서 친러시아적인 경향이 강하였다.

이근택과 같이 일본의 침략정책에 반대하는 입장에 서 있던 사람은 이용익이었다. 비록 두 사람은 정쟁 관계에 있었지만, 러일 양국 사이에서 한국의 독립을 유지하기 위해서는 중립적인 정책을 취해야 하며, 러시아나 미국 등 열국의 보호하에서의 한국의 독립을 지향하고자 하였다. 그렇기 때문에 당연히 일본에 대해서는 반대하는 입장이었다.

친러적인 입장이었던 이근택은 고종에게 일본은 러시아와 개전할 처지도 못되고 설령 전쟁이 일어나더라도 러시아의 승리는 필연적이라고 설명하였다. 그리고 시국이 급박할 경우에는 러시아공사관으로 피신할 것을 청하는 등(外務省 編 『日本外交文書』 37권 1책) 일본보다는 러시아세력에 의지하려고 하였다. 그리하여 이근택은 김인수(金仁洙)를 러시아에 파견하여 조선에서 일본의 패퇴는 일전(一戰)에 의해서 결정되어야 한다는 뜻을 전하는가 하면, 차병(借兵)을 요청하는 서한을 러시아 총독 알렉셰이프 대장에게 비밀리에 보내기까지 하였다.

한편 이근택을 비롯한 대한제국 정부의 대신들이 친러적 경향을 띠면서 일본의 침략정책에 반대하는 것은 일본측으로서는 눈엣가시일 수밖에 없었다. 따라서 일본이 곧 있게 될 러시아와의 전쟁을 유리한 국면으로 이끌고 조선을 보호국으로 만들기 위해서는 무엇보다도 이들 친러·반일적인 정부대신들을 자기편으로 끌어들이지 않으면 안 되었다. 그래서 일본은 요주의 인물인 이들의 행동을 탐지하는 등 이들을 매수하려고 하였다. 나아가 일본은 고종의 측근인 이근택, 이용익 등을 매수하여 자국에 협력하게 하려 들었다.

일본은 그 동안 매수·회유해 온 이지용*을 더욱 독려하는 한편, 강력하게 배일적인 입장을 취해 오던 이용익을 일본으로 납치하였다. 그리고 다소 친일적인 성향을 지니고 있던 이근택을 여러 차례 협박하여 일본에 반대하지 못하게 한 뒤, 군사적인 위협을 가하면서 1904년 2월 23일 '한일의정서'에 조인할 것을 강요했다. 이 의정서는 명목상 한국의 독립을 위한 것이라고 하나 실제로는 한국의 주권을 완전히 빼앗아 식민지화의 초석을 다지기 위한 것이었다.

러일전쟁의 발발과 일본에 의한 '한일의정서'의 체결로 한국민의 배일감정은 더욱 심화되었고, 이 같은 정부대신에 대한 회유·납치는 대신들을 친일적인 경향으로 돌아서게 만들었다. 더구나 이근택을 비롯한 이들 정부대신들은 러일전쟁에서 일본의 승리가 우세해지면서 일본의 침략정책에 협조하는 세력들로 변해 갔다.

이미 1903년 9월부터 일본공사 하야시 곤스케(林權助)는 을미사변 때의 망명자에 대한 처분건 등을 내세워 정부대신 이지용, 민영철(閔泳喆), 이근택 등을 매수하는 데 본격적으로 착수하였다. 이지용은 1만 원에 매수되어 궁중의 비밀을 낱낱이 일본공사에게 보고하면서 조약 체결에 열심히 협력하였고, 당시까지 배일적이던 이근택은 일본의 위협을 받게 됨에 따라 생각을 바꾸어 서서히 친일적인 경향으로 돌아서기 시작하였다. 비록 이근택이 친러적인 입장을 견지하였다 해도 그로서는 완전히 일본과의 관계를 도외시할 수는 없었을 것이다. 러시아에 보호를 요청하면서도 일본측으로부터 또한 신용을 잃지 않으려 하였던 측면이 있었던 것이다.

그러나 과연 그가 단지 협박·매수 때문에 일본의 침략정책에 협조하기 시작했을까.

그것은 권모술수에 능하고 정치적 수완이 탁월하였던 이근택이 조선에 대한 일본의 영향력을 감지하였기 때문이 아닐까. 즉, 이근택이 비록 친러적인 입장을 표방하고 있었을지라도 조선에 대한 일본의 지배력이 점점 강화됨에 따라, 이근택 자신의 출세에 일본세력을 이용하고자 했을 것이다. 그래서 이근택은 이미 일본에 매수되어 친일적인 행동을 서슴지 않던 이지용이나 민영철 등과 관계를 긴밀히 유지하기 시작하였고 이것이 전환점이 되어 이근택은 일본에 적극적으로 협조하기 시작하였다.

러일전쟁이 일본에게 유리하게 전개되자 일본은 '한일의정서'를 더욱 강화하기 위해서, 1904년 8월 22일에 '외국인 고빙(雇聘)조약'을 강요·체결하여 고문정치를 단행하였다. 마침내 일본은 1905년 11월 대신들을 매수하거나 위협을 통해 비밀리에 '을사조약'을 강요함으로써 한국의 외교권마저 박탈하니 조선의 식민지화는 더욱 가속화되었다.

이근택도 일본측에 매수되어 적극적으로 조약 체결에 협조하였는데, 친러적인 혐의로 일본공사의 눈 밖에 나 있던 터라 오히려 열성적이었다. 그의 이러한 노력은 이지용으로 하여금 일본공사관과 계속 연결을 유지하게 한다든가, 자신의 동생 이근상(李根湘)으로 하여금 일본공사관 사람들과 자주 접촉을 하게 하는 등, 친러적인 요소가 남아 있다는 혐의를 받지 않으려고 노력하였다.

드디어 친러파라는 혐의를 풀고 '을사조약' 조인 이전인 9월 군부대신직에 오르게 되면서, 이근택의 친일행위는 전성기를 구가하였다. 즉, 그는 30만 원이라는 기밀비를 일제로부터 받고 궁중과 부중의 모든 기밀사항을 정탐하여 일본에 제보하는 등의 일도 서슴지 않게 되었다.

이근택은 '을사조약'의 조인에 협조한 공으로 조약이 체결된 그 다음해 일본 정부로부터 훈1등(勳一等)을 얻고 태극장(太極章)을 받았다.

을사오적 중에서도 가장 교활하고 악독하기로 소문 나

이근택의 친일성향에 대해 황현은 이를 다음과 같이 매우 사실적으로 묘사하고 있다.

이근택은 일본군 사령관 하세가와 요시미지(長谷川好道)와는 형제의를 맺었고, 이토 히로부미(伊藤博文)에게 의탁하여 의자(義子)가 되었다. 머리를 깎고 양복을 입었으며 일본 신발까지 신고 일본 수레에 앉아 항상 일본군의 호위를 받으며 출입하였다.

한 야인의 눈에 비친 이근택의 모습이다. 이렇게 일본이라는 보호막을 두르고 일본에 부화뇌동하였으니, '을사조약'이 체결된 직후 그는 자객의 습격을 받아 중상을 입기도 한 것이다.

'을사보호조약'의 체결을 알게 된 국민들은 일본의 침략성을 규탄하고 조약 체결에 찬성한 대신들을 공박하는 등 그 분노가 극에 달했다. 일제히 궐기하여 조약의 무효를 부르짖고 오적을 규탄하는 유생, 관료들의 상소투쟁이 연이어 일어났다. 또한 오적에 대한 암살기도가 계속 모의되는 등 민중의 적극적인 저항도 일어났다. 이근택은 오적 중에서도 가장 교활하고 악독하기로 소문이 나 있었기에 기산도(奇山度) 같은 애국의사들로부터 습격을 받았다. 기산도는 이근택의 집을 출입하던 사관학도였는데, 이근택이 '을사조약'의 조인에 찬동한 소행에 분노하여 전(前) 경무사 구완희(具完喜), 전 경무관 이세진(李世鎭) 등 수십 명의 자객을 모집하여 이근택을 암살하려 하였다. 그들은 칼을 품고 가서 이근택을 죽이려 했으나 실패하고 말았다. 그 후 을사오적에 대한 암살기도가 나인영(羅寅永), 오기호(吳基鎬) 등에 의해 계획되기도 하였다. 이는 일본의 침략에 대한 국민들의 규탄과 울분이 조약을 체결한 매국노를 피습하거나 암살하려는 일로 표출되었던 것이다.

심지어 이근택의 노비도 상전의 친일행위에 분노할 정도였다. 조약이 체결되던 날, 퇴궐한 이근택은 가족을 불러 놓고 궁중에서 신조약을 조인하던 광경을 설명하였다. 이근택은 자신이 백성을 위하여 조약서에 가(可)함이라고 썼고, 일본의 신임을 얻어 훈공을 얻게 되었으니, 이로부터 권세를 더욱 더 누릴 수 있게 되었다고 득의만만하였다. 그러면서도 이근택은 "내 다행히 죽음을 면했다"라고 하였다.

이 때 마침 비녀(婢女) 한 명이 부엌에 있다가 그 소리를 듣고 부엌칼을 집어들고 뛰어나왔다. 이근택이 한규설(韓奎卨)의 딸을 며느리를 삼았을 때, 그 며느리가 데리고 온 속칭 교전비(轎前婢)였던 그녀는 "이근택아! 네놈이 대신이 되어 나라가 위태한데도 죽지 아니하고 다행히 목숨을 건졌다 하느냐! 너는 참으로 개 돼지만도 못하구나. 내 비록 천인이라 하더라도 어찌 개 돼지의 종이 되겠는가. 내 힘이 약해서 능히 너를 만토막으로 참하지 못하는 것이 한스러울 뿐이다. 차라리 옛 주인에게 돌아가겠다"고 소리치고 한규설의 집으로 돌아갔다고 한다.(황현, 『매천야록』)

또한 한 취객이 그의 수레를 당기며 흘겨보고 말하기를 "네가 왜놈이라 하는 이근택인가. 오적의 괴수로 그 영화와 부귀가 이에서 그치는가" 하니 이근택이 크게 노해서는 그를 결박지어서 경찰서로 보냈다. 그 취객은 모진 고문으로 기절하였다가 밤이 깊어 깨어나서 말하기를 "네놈은 반드시 나를 죽일 것이다. 나 또한 명백히 욕질을 하였으니 죽어도 통쾌하다. 저들의 손에 죽느니 스스로 죽자" 하고 드디어 의복을 찢어 목을 매어 자결했다고 한다.(황현, 『매천야록』)

이와 같이 이근택은 민중의 분노와 지탄을 받으면서 일본세력을 배경으로 하여, 내각에서는 한 대신에 불과하면서도 궁중에서는 수상 이상의 권력을 행사하였다. 그의 오만불손함은 통감의 진의라 하면서 자신을 신임하던 고종을 기만하는 데까지 이르렀다. 안하무인격인 이근택의 이러한 태도와 아울러 을사오적에 대한 민중의 분노와 지탄이 더욱 더 거세지자, 이근택은 한때 파면되어 관직을 잃기도 했다.

이에 이근택은 이토, 하세가와, 아카시(明石塚) 등을 만나 잃어 버린 군부대신직을 되찾고자 운동을 하고 다녔다. 이 당시의 신문에는 이근택의 엽관행각들이 다음과 같이 묘사되어 있다.

> 전(前) 군부대신 이근택이 이미 체직된 직위를 얻고자 운동한다는데, 송병준에게 소개하여 일본인 하세가와 대장에게 청하려 하였지만 첫번째는 송병준이 접견하고 두번째는 거절하여 만나지도 못하였고……..(『황성신문』 1906. 12. 3)
> 전 군부대신 이근택이 통감관저에 갔다가 접견도 못하였고 하세가와 대장을 방문하였는데 역시 접견 못하였고……..(『대한매일신보』 1907. 10. 8)
> 중추원 고문 이근택이 통감부 아카시 장관에게 비밀교섭하여 대신직을 얻기 위해 운동중이고……..(『대한매일신보』 1909. 6. 21)
> 중추원 고문 이근택이 이토 추밀원장이 도한(渡韓)한 후 대신 한자리라도 얻으

려고…….(『황성신문』, 1909. 7. 6)

　이근택, 이근상은 대신자리라도 얻으려고 한다.(『경향신문』, 1910. 3. 25)

　이 기사들은 한 출세지향적인 인간이 권력의 자리에서 쫓겨났을 때, 다시 그 자리에 오르고자 몸부림치는 비열한 모습을 적절히 보여주는 대목들이다.

　이러한 그의 친일 행위는 1910년 8월 한일'합방'까지 이어져, 일본에 적극적으로 협조한 대가로 일본으로부터 훈1등 자작과 미국 공채 5만 원을 받았으며, '병합' 후에는 그 해 10월 조선총독부 중추원 고문이 되었다가, 종4위 훈1등으로 1919년 12월 17일 사망하였다.

　이근택의 작위는 아들 이창훈(李昌薰)이 습작함으로써 대를 이어 일본의 '충량한 신민'이 되었다. 이와 함께 이근택의 형인 이근호(李根澔), 아우인 이근상 등도 한일'합방'과 동시에 자작의 작위를 받았다. 이는 당시의 친일행각이 한 개인뿐만 아니라, 일가 친척의 차원에서 이루어졌다는 사실을 보여주는 것으로서, 특기할 만한 일이다.

■ **오연숙**(인천교대 기전문화연구소 연구조교)

주요 참고문헌
『皇城新聞』
『大韓每日申報』
黃 玹, 『梅泉野錄』
鄭 喬, 『大韓季年史』
外務省 編, 『日本外交文書』

정치 – 일진회 관련자

송병준
이용구
윤시병
윤갑병

송병준
이완용과 쌍벽 이룬 친일매국노 제1호

- 宋秉畯, 1857~1925
- 1904년 일진회 조직. 1907년 농상공부대신
  1910년 자작. 1920년 백작

배신과 사기의 명수

친일매국노로서 이완용*과 쌍벽을 이루는 송병준은 탁월한 처세술과 풍채로 미천한 출신임에도 불구하고 부귀영화를 누린 입지전적 인물이다. 그는 스스로 의리의 협객인 양 자부하였으나, 출세나 이익을 위해서라면 은혜까지 저버리는 배신과 사기의 명수로 그 예를 찾아볼 수 없는 기회주의자였다. 이러한 그의 성격은 출신과 성장 배경 등에서 비롯되는 것이라 하겠다.

송병준은 한말에 현감, 군수 등을 역임하였고, 통감부가 설치된 후에는 통감부 권력을 등에 업고 농상공부대신, 내무대신 자리에 올랐다. 또한 합병 후에는 일본의 백작까지 지냈음에도 불구하고 그의 출생과 성장 배경 등은 베일에 가려져 있어 전모를 파악하기가 쉽지 않다. 그래서 사전류에는 그의 행각과는 걸맞지 않게 단편적으로 소략하게 기술되어 있다.

그는 1857년(1858년이라고도 하나 실제는 1857년이다) 8월 20일 함경남도 장진에서 태어났다(태어난 곳도 장진이 아니라 서울의 기생 집에서 태어난 뒤 아버지가 장진으로 데려갔다 한다). 아버지는 장진군의 속리(屬吏 : 律學訓導)인 송문수(宋文洙)이고, 생모는 기생으로 덕산 홍씨라고 한다. 부친 송문수와 본

송병준

처(제주 고씨) 사이에는 자식이 없었으나, 너댓 명의 첩을 두었기 때문에 송병준에게는 배다른 동생이 셋이나 있었다. 송병준이 어렸을 때, 아버지 송문수는 일가를 이끌고 경상도 상주 추풍령 부근에 내려와 정착했다.

서자로 태어난 송병준은 적모 밑에서 심하게 구박을 받으면서 자랐는데, 여덟 살 때 종종 도둑질을 하여 집에서 쫓겨나게 되었다. 이 때부터 그에게는 새로운 삶이 펼쳐진다. 집에서 쫓겨난 송병준은 동학교도(송병준은 동학 2대 교주인 최시형을 만났다고 술회하고 있으나 믿어지지 않는다)라 칭하는 일단의 도적떼에게 구출되어 3개월 가량 쫓아다니다 헤어진 후, 도둑질과 문전걸식으로 연명하였다.

하루는 참외를 훔치러 갔다가 참외밭 주인에게 들키게 되었는데, 도리어 주인이 불쌍하게 여겨 머슴으로 데리고 살았다. 얼마 후 주인이 참외를 팔러 서울로 올라갈 때 함께 가게 된 송병준은 우연히 민씨 세도가인 민태호(閔泰鎬 : 고종의 외숙, 민영환의 양부)의 눈에 띄어, 그의 애첩 홍씨 집에서 일하게 되었다. 후일 송병준은 이 홍씨를 자기의 생모라고 말하고 있지만 이는 그가 자기 출신을 미화하기 위해 꾸며 낸 거짓말이다.

타고난 처세술

　태어나면서부터 남의 눈치를 보고 처신하는 송병준의 탁월한 처세술은 민태호와 홍씨에게도 발휘되어, 민태호를 배경으로 하여 관계(무관직)에 발을 들여 놓아 출세가도를 달리게 된다. 1871년 무과에 합격하여 수문장청에 배속되었고, 1873년에는 도총문 도사, 이듬해에는 훈련원 판관 등을 역임하였다.
　1876년 강화도 조약 때, 송병준은 수행원(접대요원)으로 좇아가게 되었는데, 이 때 그 곳에서 일본측 수행원인 오쿠라 기하치로(大倉喜八郞)를 만나게 되었다. 메이지 유신 무렵에 총을 팔아서 떼돈을 번 오쿠라는 조선에 경제적 침략의 발판을 만들기 위해 분주했던 정상배로 '죽음의 상인'으로 불려진 군납업자였다. 이듬해인 1877년에 그는 송병준을 앞세워 부산에서 고리대금업과 무역업을 겸하는 부산상관을 설립하여 경영을 하였다. 송병준의 친일매국행각은 이미 이 때부터 시작되었고, 친일매국노 제1호라고 하여도 결코 지나치지 않을 것이다.
　1882년 임오군란 당시 성난 반일 군중에 의하여 부산의 상관이 소실될 때까지의 몇 년 동안 송병준은 상당한 축재를 하였다. 임오군란으로 친일배 송병준은 지레 생명의 위협을 느끼고 일본으로 도망쳤다. 이것이 그의 첫번째 도일 매국행각이다.
　임오군란 후 박영효*를 정사(正使)로 하는 대일 수신사가 일본에 파견되었었는데, 이 때 송병준은 박영효의 도움으로 무사히 동행·귀국하게 된다. 송병준은 이미 일본인과의 장사 경험 및 일본 체류 등으로 해서 일본 전문가가 되어 있었고, 이를 밑천으로 박영효 등의 일본 방문에 자문역을 맡아 연줄을 대고 있었던 것이다. 송병준은 귀국 후 다시 민씨세력에 줄을 대어 중추원 도사, 사헌부 감찰, 양지현감 등의 관직에 오르게 된다.
　1884년 12월, 갑신정변이 3일천하로 끝나고 박영효, 김옥균 등은 일본으로 망명하였다. 이 정변 때 주역들은 송병준을 민씨일파라고 지목하여 참가시키지 않았다. 정변의 주역들이 망명한 후, 민비는 송병준에게 이들을 암살하도록 밀명을 내려 일본에 파견하였다. 그러나 송병준은 민비의 밀명은 아랑곳하지 않고 주색에 빠져 있다가 그냥 북경을 거쳐 귀국하였다. 귀국 후 명령

불복종죄로 투옥되지만 청나라의 고관들에게 구명을 청탁하여 놓았었기 때문에 오래지 않아 석방되었다.

그는 민씨세력의 비호 아래 다시 영월군수, 홍해군수, 은진군수 등을 역임하게 되었다. 은진군수로 재임하고 있던 1888년에 동학에 입교하였다는 기록이 있는데, 이를 확인할 길은 없다. 다만 은진에 동학이 번창한 점을 참작할 때 동학교도들과 깊은 교류를 맺고 있었음은 사실인 것 같다.

송병준은 그의 상전이자 후견인이었던 민태호의 사망(1891)을 전후하여 몇 년 동안 관을 떠나 한량 생활을 하고 있었다. 그러다가 돌연 1893년 동학의 교조신원을 위한 복합상소(2월 12일) 한 달 후에 장어영진관 직에 오르게 되는데, 이는 동학과 연줄을 갖고 있던 그를 민씨파에서 첩자로 이용하기 위한 책략이었고, 실제로 보은집회를 해산시키도록 하는 편지를 최시형에게 보내는 등, 그러한 흔적을 찾아볼 수가 있다.

일본군에 의해 동학농민군이 섬멸당하고 청일전쟁에서 일본이 승리하게 되자 정부에서는 의화군(義和君)을 일본에 특파대사로 파견하게 되었는데, 일본통으로 자타가 공인하던 송병준이 그 수행원으로서 도일(1895년 5월)하게 된다. 그가 도일한 후 오래지 않아 일본에 의해 명성황후 시해사건이 자행되자 귀국을 포기하고 러일전쟁이 일어날 때까지 일본에 눌러 앉게 된다. 이것은 조선 내의 반일 분위기에 위기감을 느꼈고 명성황후라는 권력 배경이 없어졌기 때문이었다.

이 때부터 그는 야마구치현(山口縣) 하기시(萩市)에서 노다 헤이지로(野田平次郎)라는 일본 이름으로 전정가원양잠전습소(田井稼園養蠶傳習所)라는 것을 차려 생계를 꾸려나가며 정치망명가들을 비롯하여 손병희, 오세창, 이용구* 등의 동학교도 및 재일 유학생과 교류를 빈번히 가졌다.

이완용과 '병합' 경쟁

러일전쟁은 일본에서 낭인생활을 하던 송병준에게 본국에서 새로운 정치활동을 전개하게 하는 새로운 계기를 만들어 주었다. 송병준은 일본으로부터 막대한 공작자금을 받고 오타니 기쿠조(大谷喜久藏) 병참감(육군소장)의 통역

신분으로 귀국하였다. 그에게 부여된 임무는 친일단체를 만들고 유력인사를 친일화하는 공작, 러일전쟁에서 동학을 일본에 협력시키는 작업 등등이었다. 그는 풍부한 공작자금으로 첩에게 파성관이라는 일본 요정을 차려 주고 정계 및 종교계 요인들을 친일화시켜 나가는가 하면, 국내 정세, 요인들의 동향을 일본 당국에 비밀리에 보고하기도 하였다. 그리고 일본당을 만들기 위해 이용구에게 시천교도를 규합하여 진보회를, 윤시병*에게는 유신회를 만들도록 획책하였고, 이를 다시 일진회라는 친일매국단체로 통합시켰다.

'을사조약'으로 통감부가 설치되면서 송병준의 위세는 더욱 높아져 그야말로 안하무인이었다. 그런데 뜻밖에도 송병준이 통감부 당국에 의해 체포되는 사건이 발생하였다. 그것은 이일식(李逸植)의 고종황제 옥새 위조사건 때문이었다. 자객 출신이며 정상배인 이일식이 고종황제의 옥새를 위조하여 일본인에게 각종 이권을 팔아먹은 사기 사건이 발생하였는데, 송병준이 그를 숨겨 주었다. 이 때 이토 히로부미(伊藤博文)의 막료로 있던, 일본 우익의 거두이며 흑룡회(黑龍會) 회장인 우치다 료헤이(內田良平)에게 도움을 청하여 석방되었다. 이 사건을 계기로 하여 송병준과 일진회는 일본 우익의 사주를 받는 매국 단체가 되었다. 이 때부터 본격적으로 전개되는 강점·매국의 과정을 역학적으로 살펴보자.

통감 이토는 이완용 괴뢰 매국내각을 상대로 병합공작을 공개적으로 전개시켰다. 반면 일본 우익의 하수인이 된 송병준과 일진회는 주차군사령관 하세가와 요시미치(長谷川好道)를 통해 일본 육군군벌의 지원과 지시를 받음과 동시에, 우치다를 통해 우익이자 일본 정계의 흑막인 스기야마 시게마루(杉山茂丸)의 지휘를 받았고, 다시 스기야마는 죠슈(長州)군벌로서 정권을 장악하고 있던 가쓰라 타로(桂太郎), 데라우치 마사다케(寺內正毅) 등의 사주를 받아 이면에서 병합공작을 추진하여 갔다. 곧 일본당국은 이토——이완용 내각과 흑룡회——일진회라는 두 세력을 적절히 활용하면서 병합공작을 전개하였던 것이다.

그래서 송병준과 이완용은 각각 다른 연줄을 가지고 견제·대립 혹은 협조하면서 나라를 팔아먹게 된다. 일진회와 흑룡회의 내부에서도 회장인 이용구는 우익 이론가인 다케다 한지(武田範之)라는 중과 접촉하면서 일본 우익의 대외사상인 아시아주의(몽고족이 통합하여 대아시아 제국을 건설하자는 것)를 모방하여 한일합방론(한일양국이 대등한 입장에서 나라를 합침)이라는 기묘한 매국이론을 만들어 낸다. 그리고 송병준은 정치 깡패와 같은 우치다와 함께 즉각 병합을 주창하면서 이면공작을 전개해 나갔다.

1907년 박제순* 내각을 대신하여 이완용 내각이 들어서자 송병준은 농상공부대신이 되었는데, 그가 이 자리에 있을 때 이준 열사의 헤이그 밀사사건이 터졌다. 이 때 송병준은 칼을 차고 어전회의에 들어가 고종에게 "일본에 건너가 메이지 천황에게 사죄하든가, 통감 이토에게 무릎을 꿇어 사죄해야 하는데, 이토에게 사죄하는 것은 있을 수 없는 일로 만일 그럴 경우에는 폐하를 죽이고 자살하겠다"고 엄포를 놓은 뒤, 둘 다 불가할 경우는 순종에게 자리를 양위하도록 협박하였다. 이 일이 있은 후 고종은 왕위를 순종에게 양위하고 영친왕을 일본에 인질로 보냈다.

송병준의 이와 같은 무례함은 역사상 일찍이 찾아보기 어려울 정도였다. 그 후 내무대신이 되고 나서 순종의 순행 문제로 순종에게 질책을 받자, 순종의 왕위를 영친왕에게 넘기려는 공작을 획책하다가 저지당하기도 하였다.

1907년 이후 일본 내부에서는 조선병합 문제로 약간의 의견 차이가 나타났다. 노회한 이토는 국제 정세와 조선인들의 저항을 우려하여 점진적인 방책을 취하려고 하였다. 이에 반해 당시 수상인 가쓰라, 육군대신 데라우치 등 죠슈 군벌 계통은 '즉각 병합론'을 제기하였다. 이 무단적인 육군 군벌 세력들은 송병준을 이용하여 병합을 추진해 가면서 이토를 통감에서 물러나도록 하였다. 송병준은 이 일과 관련, 가쓰라로부터 밀명을 받기 위해 빈번히 일본을 드나들었다. 또한 송병준은 소네 아라스케(曾彌荒助)가 이토를 대신해 통감이 되었을 때도, 그가 이완용과 너무 긴밀한 관계를 유지하고 있다는 이유로 통감교체 운동을 전개하여, 그 후임으로 데라우치를 불러들이기도 하였다.

한편, 일본 당국은 송병준에게 일진회 명의로 '합방청원서'(일진회가 제출한 합방청원서는 이용구가 작성한 것이 아니라 일본에서 다케다 스기야마의 지시로 작성한 것이다)를 제출하도록 지령을 내려 병합의 분위기를 조장하여, 결국 1910년 8월 29일 강점해 버렸다.

송병준은 매국의 공로로 자작과 은사금 10만 엔(현재 약 10억 엔)을 받았고, 일본 국왕으로부터 금시계를 받는 '영광'도 누렸다. 메이지 일본 국왕을 만났을 때 일왕을 '살아 있는 신'이라 칭송하면서 감읍하였다 한다. 뿐만 아니라 홋카이도 광대한 목장을 하사받았으며, 1920년에는 백작으로 승급하였다. 중추원 고문과 경성상업회의소 특별평의원, 경기도 참사 등을 지낸 그는 3·1 운동이 일어나자 재빨리 도쿄로 달아나서 일본 정계 요인들과 함께 수습책을 의논하는 기민함을 보이기도 하였다. 그리고 얼마 후 뇌일혈로 사망하였는데(1925), 매판자본가의 전형인 한상룡(韓相龍)*이 주최한 연회에서 누군가에게 독살되었다는 일설도 있다.

사기와 협잡, 그리고 주색잡기로 점철된 인생

일본이 조선을 강점한 후, 송병준은 일본과 한국을 드나들면서 수많은 이권에 개입하는가 하면, 남의 재산을 횡령하여 축재하고, 그것으로 주색잡기에 여념이 없었다고 한다. 다음의 기사는 어렴풋하게나마 당시 그의 행각을 살피는 데 참고가 될 것이다.

> 일진회를 거느리고 한일합방을 주장하여 그 공로로 귀족의 칭호를 가지고 그 덕택으로 수많은 재산을 가지게 된 송병준은 그간 별일이 없음인지 대정권번이라는 기생조합의 뒷배나 보아 주면서 대성사라는 간판으로 취리(取利)나 하더니, 재작년에 조선독립운동이 폭발하니까 동경에 건너가 여러 달을 머무르는 동안에 정무총감이 되기 위한 운동을 한다는 말이 각 신문에 전하였으나, 그대로 귀국 후 유민회(維民會)를 후원하고, 소작인상조회를 조직하고, 조중응* 일파의 대정친목회기관으로 발행하던 조선일보를 맡아다가 경영……"(『동아일보』, 1922. 7. 31)

그의 생애를 살펴보면, 자기의 출세와 영달을 위해서는 수단과 방법을 가리지 않는 철저한 기회주의자임을 알 수 있다. 사상이나 신념이 있었던 것도 아니고 의리나 지조가 있었던 것은 더더구나 아니었다. 임기응변에 능하고 상황에 맞추어 처신하는 처세술이 타의 추종을 불허하였다. 그렇기에 신분사회에서 기생의 몸에서 태어나 고아처럼 자란 그가 관직에 나아가 대신 자리에까지 오르게 되었는지도 모른다.

그는 은혜를 원수로 갚는다는 말처럼 충정공 민영환이 순절한 직후 그의 재산을 횡탈하려다가 물의를 일으켰다. 이에 대해 그는 민태호의 애첩 홍씨가 자기의 생모이기 때문에 그 재산을 찾으려 하였다고 변명하였다. 또한 친구 김시현(金時鉉)이 죽은 후 그의 재산 관리를 맡고서는 친구의 부인까지 농락하고 재산을 가로챘다가 소송을 당하기도 하였다. 더욱이 송병준은 이 일을 낭설이라 보도하면 사례하겠다고 『국민신보』에 제의했다가, 이마저 배신하는 바람에 『국민신보』의 이강호(李康鎬)에 의해 진상이 폭로되었다고 한다. 가히 파렴치범이라고 할 만하다.

이처럼 돈과 권력을 위해서라면 무슨 짓이든 거리낌없이 해치우던 그는 결국에는 1억 엔에 나라를 흥정하는 짓거리까지 하게 된다.

그가 1904년께 일본에서 빈둥빈둥 놀고 있을 때, 죠슈군벌을 대표하던 수상 가쓰라와 말을 주고 받던 중 가쓰라가 "가령 한국을 병합한다고 하면 웬만큼 돈이 필요할 터인데 얼마쯤 있으면 되겠느냐"고 물었더니, 송병준은 당장 되받아 "1억 엔 내야 한다. 그러면 내가 책임지고 병합을 무난히 실행시켜 보이겠다"고 기염을 토했다 한다.(釋尾東邦, 『朝鮮倂合史』, 661면)

이런 그에게 개인적 양심은 물론이고 민족적 양심을 찾는다는 것은 애초부터 무리일 것이다. "송은 일본을 흠모하여 신변의 의식주는 물론, 노복에 이르기까지 모두 일본풍을 모방, 추호도 일본인과 다를 바가 없다"(『조선귀족열전』)라는 평가도 있듯이 파렴치범으로서 뿐만 아니라 반민족 범죄자로서도 그는 제1의 서열에 오르는 데 조금도 손색이 없다.

1945년 2차대전에서 일본이 패망하기 직전, 추계리(秋溪里)에 있던 송병준의 집 마당의 벚꽃 나무와 그의 묘역에 있던 일본송(日本松)이 전부 말라 죽어 있었다고 한다. 죽고 나서도 일본과의 인연을 끊지 못한 기묘한 일이라 하겠다.

'해방'이 도리어 '행운'을 가져다 준 친일 가문

송병준의 백작 작위는 아들 송종헌(宋種憲)이 물려받았다. 그는 병합 후에 경기도 양지군 참사(1910~1913), 중추원 참의(1921~1933) 등을 지냈다.

송병준의 사위는 구연수(具然壽)로, 그는 을미사변 당시 민비의 시체에 석유를 뿌려 소각하는 일을 감독하는 역할을 맡았던 인물이다. 일본에 망명하였다가 1907년 정미특사로 귀국한 그는 송병준의 천거로 통감부 경시(警視 : 총경)를 거쳐, 총독부 경무관으로 경무총감부에서 근무했다. 이것은 경시보다 한 급 위인 경찰 최고의 직급인데, 조선인으로 경무관을 지낸 사람은 지금까지 알려진 바로는 구연수 한 명뿐이다. 그는 3·1 운동이 나던 1919년부터 1923년까지 경무국장과 거의 맞먹는 경무국 칙임(勅任)사무관을 지냈으며, 1925년 5월 6일에 사망했다. 사망 당시 그의 직위는 중추원 참의였다.

구연수의 아들, 그러니까 송병준에게는 손자가 되는 구용서(具鎔書)는 1918년 졸업생 105명 중 조선인이 단 2명뿐인 경성중학교를 졸업한 뒤, 도쿄상대에 입학하였다. 그리고 졸업하던 해인 1925년에 조선은행 도쿄지점에 들어간다. 식민지 중앙은행인 조선은행은 조선총독부와 동양척식주식회사 그리고 조선에 주둔하고 있던 일본군과 더불어 중추적인 침략기관이었다.

해방 직전에 조선은행 오사카(大阪) 지점 서구출장소 지배인을 맡고 있던 그에게 해방은 '고통'이나 '비난'이 아닌 '행운'을 가져다 주었다. 1945년 11월 10일 조선은행 부총재 호시노(星野喜代治)가 면직되면서, 일개 지점장도 못되던 구용서는 하루아침에 부총재로 임명되었던 것이다. 1950년 총재로 승진한 그는 조선은행이 한국은행으로 개편되면서 대한민국 중앙은행의 초대 총재가 되었다. 이처럼 대한민국 은행·금융계의 최고 지위에서 '해방'의 빛을 마음껏 누리던 그는 이승만 정권하에서 상공부장관까지 지내기도 하였다.

■ **강창일**(배재대 교수·한국사)

주요 참고문헌

內田良平 編,『日韓倂合始末』, 1944.
野田眞弘,『賣國奴』, 講談社 サービスセオンター, 1977.
川上善兵衛,『武田範之傳』, 日本經濟評論社, 1987.

이용구
친일 망동조직 일진회의 선봉장

- 李容九, 1868~1912
- 1904년 애국을 가장한 통합일진회 조직, 1905년 을사조약 강요에 앞장
  1907년 고종폐위 강요, 의병 토벌의 앞잡이 노릇한 자위단 조직
  1909년 '합방' 성명서 낸 매국노, 1912년 훈1등서보장

애국을 가장한 일진회 조직

1900년대의 일제 침략사의 중요한 일면으로서 일제침략의 추종세력인 이완용*과 같은 자가 생겨나기도 하고, 송병준*, 이용구와 같은 자들의 '일진회'(一進會)와 그 주변 단체가 조직되기도 하였다.

이용구는 초명이 우필(愚弼), 후에 상옥(祥玉), 만식(萬植), 자는 대유(大有)였고, 호는 해산(海山), 시천교주(侍天敎主)로서의 도호는 봉암(鳳庵)이었다. 1868년(고종 5) 1월 21일(음) 경북 상주군 낙동면 진두리에서 고려 벽진장군 총언(悤言)의 32대손으로, 아버지 일화(一和)와 어머니 경주 김씨 사이에서 태어났다.

그의 집은 몹시 가난하여 이사를 자주 하였다. 게다가 13세 때 아버지를 여의고 더욱 가난에 쫓기게 된 그는 한때 학문에 뜻을 두었으나 뜻을 이룰 수가 없었다. 18세 때 안동 권씨 종학(鐘學)의 딸과 결혼, 노모를 봉양하면서 농사로 겨우 살아가다가 1890년 23세 때 동학에 입교하였다. 그는 동학의 제2세 교주 최시형에게 배워서 손병희 등과 함께 최시형의 고제(高弟)가 되었다.

1894년 동학농민운동이 일어났을 때에는 호서군에 참가하였고, 최시형 등이

이용구

붙잡혀 처형될 무렵에는 그도 붙들려 옥에 갇혔으나 사형을 면하고 풀려났다. 제3세 교주 손병희는 최시형이 죽은 뒤 동학교도의 재수습에 노력해 보았으나 관헌의 탐색이 극심해져 그 형세가 날로 식어가 국내에서는 도저히 교세를 제대로 재건하기 어렵다는 것을 깨달았다. 손병희는 장래 동학을 세계에 알리기 위해서는 문명의 대세를 관찰하지 않으면 안 된다고 생각하여, 세계 대세를 살펴볼 의도도 있고 해서 1901년 3월에 아우 손병흠, 이용구와 함께 일본에 망명하여 조용히 대세를 살폈다.

이용구는 먼저 손병희의 명교(命敎)를 받고 귀국하여 포교 활동에 종사하다가, 러일전쟁이 일어나자 1904년 9월에 동학교도를 중심으로 '진보회'(進步會)를 조직하여 주관하였다. 진보회가 강령과 취지에서 제시한 국정개혁이나 갑진(甲辰) 개화운동은 일진회와는 달리 커다란 성과를 거두고 있었다. 그러나 정부가 진보회의 혁신운동을 탄압하자, 이를 주시하던 일진회의 송병준은 진보회장 이용구에게 유혹적인 권고와 매수로 진보회를 일진회에 통합시켰다.

이보다 앞서 러일전쟁 당시 송병준은 전황이 일본에 유리하게 전개되자 일군을 배경으로, 전 독립협회원이었던 윤시병(尹始炳)*, 유학주(兪鶴柱), 염중모(廉仲模) 등을 포섭하여 1904년 8월 18일 '유신회'(維新會)를 조직하였다. 뒤이어 8월 20일에는 유신회에서 일진회로 회명을 바꾸고, 회장에 윤시병, 부회장에 유학주를 추대하였다. 이 때 정부에서는 칙령을 내려 경무사 신태휴(申泰休)로 하여금 그들의 해산을 명령하였으나, 일본 헌병들이 이를 막았고, 오히려 경무청 순검을 검속한다고 위협하여 일진회의 회합을 옹호하였다. 이와 같이 일진회는 처음부터 일제의 보호와 지원 속에서 발족한 단체였다.

일진회가 창립 당시 강령과 취지에서 제시한 '국정의 개혁'과 '독립 추구'는 명분일 뿐, 처음부터 애국을 가장한, 표리가 부동한 상투적인 구호에 불과하였다. 창립하던 해인 1904년 9월에는 일진회의 급선무로서 회원의 일심단결의 표시로 모두 단발을 하고, 모자를 쓰고, 양복 차림을 하게 하는 등 문명 개화를 급격히 서두르는 체 하면서, 10월 22일에는 주한 일군 사령관 하세가와(長谷川好道), 헌병대장 다카야마(高山逸明) 그리고 주한 일본공사 하야시(林權助)에게 보낸 공식서한을 보내 "일진회의 취지가 일본 군략상에 조금도 방해가 없다"며 친일색채를 공공연히 드러내었다.

실제로 진보회의 취지와 목적은 일진회의 그것과는 근본적으로 성격이 달랐는데, 그 후 송병준은 갖은 방법을 다하여 이용구를 매수하고 그로 하여금 손병희의 명교를 배반케 하였으며, 13도지회 지방총장을 거쳐 1905년 12월 22일에 일진회 회장이 되게 하였다. 이 때부터 이용구는 일제의 지원하에 침략의 앞잡이 역할을 거리낌없이 감행하였던 것이다.

일진회는 처음부터 해산될 때까지 지속적으로 우치다(內田良平)·다케다(武田範之)·스기야마(杉山茂丸) 등의 막후조종과 자문을 받았다. 일진회가 반민족적 행위를 하는 데 있어서 일제는 막후에서 흉계를 전수하였으며, 일진회원들은 그들의 지시를 실천하는 데 급급하였다.

또한 일진회는 표면상으로 그 운영의 재정염출 문제는 각 회원으로부터 회비를 징수하여 사용한 것으로 되어 있으나, 실제로 정규적인 회비 징수는 그다지 많지 않았고 일정한 수입의 재원도 없었다. 그런데도 일진회가 창립할 당시부터 송병준이 일제의 군사 기밀비로 망동하였음은 잘 알려진 사실이다.

일진회가 친일적인 행위의 기치를 점차 선명히 내세움에 따라 일제도 이를 이용하려고 5만 원을 밀조하여 특별한 보호를 하였다. 러일전쟁중 일진회 회원들은 일군을 위한 수송·정탐·노역 등을 수행하고는 일군으로부터 급료 8만 9940원을 받았다. 전쟁 종료 후 통감부는 1907년 1월부터 반 년간 매월 2000원씩 기밀 보조금을 주었고, 그 해 5월 15일에는 일본 육군성으로부터 10만 원을, 이어 8월에는 통감 이토 히로부미(伊藤博文)가 보조금으로 26만 원을 주었다. 결국 일진회는 일본군의 특무기관이나 통감부와 교묘히 결부되어 그 경제적인 뒷받침을 받았던 것이다.

거리낌없는 일제 앞잡이 행각

일제는 러일전쟁이 일어난 직후에 '한일의정서'(1904. 2. 23)와 '한일외국인 고문용빙에 관한 협정서'(1904. 8. 22)를 체결하고, 이른바 '고문정치 체제'를 확립하여 식민지 방안을 추진하고 있었다.

이에 일진회를 이끌고 있던 이용구는 일제에 협력하는 적극적인 행위로서, 일군의 북진을 위한 함경도 지방의 군수물자 수송(1905. 6. 10~10. 20)에 총 11만 4500백 명을 동원하였다. 이 때 사상자는 49명에 달하였다. 또한 일진회는 함경도에서부터 간도 일대를 출입하면서 러시아군에 침투하여 비밀정탐을 하여 일본군을 거들었다. 이 때 각종 경비(실비)는 19만 원을 초과하였는데, 고금(임금) 영수액은 겨우 6만 3530원이였고, 회원 부담액은 13만 4230원으로 총 실비 중 일군은 실비의 3분의 1에도 미달한 급여를 지불했다. 이와 같이 일진회 회원들은 하루에 20전 내외의 임금을 받으면서 일군을 위해 전장에서 생사의 지경을 헤매었다.

또한 우리 정부에서 회피하려 한 경의선 철도 부설공사(1904. 10~1905. 9)에도 일진회는 자진해서 회원들을 동원하였다. 동원된 회원이 총 14만 9114명에 달하였으나, 그들이 받은 총임금은 겨우 2만 6410원에 불과했고, 회원부담액은 12만 2704원으로 총 임금액보다 회원의 부담액이 약 5배에 가까웠다. 공사 기간 동안 그들이 받은 임금은 한 사람당 불과 18전밖에 되지 않았던 것이다. 이와 같이 이용구, 송병준 등은 자신의 영달과 명예를 위해서 뿐만 아니라 일제의 침략을 돕기 위해 거의 무보수로 회원들의 희생을 강요한 셈이었다.

그 동안 러일전쟁에서 승리한 일본이 우리 나라를 보호국화한다는 불길한 내용이 국민들에게 알려지고 있는 가운데, 일진회는 고문인 사세(佐瀨熊鉄)가 기초한 선언서에 수정을 가하여, 1905년 11월 6일에 이른바 '일진회 선언서'를 발표하여 '을사조약'이 강요되기에 앞서 관제 민의를 조작케 하였다.

이 선언서는 "일본의 지도보호를 받기 위해 내치 외교권을 일본에 일임해야 된다"는 내용이었는데, 이로써 일진회의 정체가 만천하에 드러나게 되었다. 이 선언서가 발표된 지 10일 후인 17일, 드디어 일군의 위압 아래 강제로 체결된 '을사조약'에 의하여 우리 나라는 외교권을 완전히 박탈당함으로써 국제적으로 고립상태에 빠지고 결정적으로 일본의 식민지가 되기 시작하였다.

이 소식을 전해 들은 손병희는 긴급히 이용구를 불러 "도대체 어쩌자고 보호선언이란 망동을 하였느냐?"라고 책망하니, 이용구는 "현하의 대한은 보호독립이 시의에 적합해서 그렇게 한 것입니다"라고 보호독립이라는 망답을 하였다. 그러자 손병희는 "보호를 받으면 독립이 아니요, 독립을 하면 보호가 불필요한 것인데, 어떻게 보호독립이란 말이 성립될 수 있겠는가?" 하니, 이용구는 "선생님 걱정마십시오. 제가 이토에게 '안네기'를 걸었습니다. 이제 적당한 시기에 제가 닥치기만 하면 이토는 나가 자빠질 것입니다"라고 하였다. 손병희는 "이토가 어떤 사람인데 '안네기'에 걸리겠나, 바로 그대가 걸리면 걸렸지"라고 하였다는 것이다.

손병희는 이용구의 배신과 일제에 매수된 망동으로 말미암아 진보회를 조직하여 국권을 찾으려는 깊은 충정이 도리어 실패로 돌아가자, 동학혼 수습과 교도의 재조직에 착수하여 1905년 12월 1일 동학의 교명을 천도교(天道敎)라 개칭하였다. 그리하여 일진회의 망동을 계속 고집하는 이용구 등 동학의 대두목들인 친일 앞잡이 62명을 출교처분하였다. 이에 이용구는 시천교를 창설하여 교조가 되었다.

한편, 일진회는 '을사조약'에 의하여 1906년 2월에 일제 통감부가 서울에 설치되고 조약 체결의 원흉인 이토가 통감으로 부임(1906. 3)하자, 지금까지의 일본 군부의 보호 아래에서 벗어나 통감부의 휘하에서 일진회 고문인 우치다(內田良平)의 수중에 들어가게 되었다.

일진회 선언서와 강요된 '을사조약'에 대하여 전국민의 격분은 절정에 달하였던 반면에 일진회원들은 반민족적 행위의 대가로 조약이 체결된 지 2개월 뒤에는 군수로 임명되기 시작하더니 반 년 뒤에는 관찰사에까지 기용되고, 송병준은 농상공부대신(뒤에 내무대신)이 되었다. 일제 침략자들은 침략의 앞잡이를 등용함으로써 침략정책을 무난히 강행하고자 하였다. 또한 일진회

기관지 『국민신보』(國民新報, 1906. 6)를 통해 온갖 친일적인 망발을 퍼뜨렸다.

1907년 7월 헤이그밀사 파견문제를 계기로 하여 송병준은 이완용 친일내각과 결탁하여 어전회의에서 고종의 양위를 강요하였다. 동시에 이용구는 일진회 회원들을 동원하여 궁궐 밖에서 시위하게 하였다.

일본의 압력과 일제 앞잡이들에 의하여 고종이 양위했다는 소식이 전해지자 국민들의 반일감정이 행동으로 나타났다. 격분한 시민들은 이완용의 집을 태워 버리고 부근의 파출소를 파괴하였다. 또 일진회의 기관지 국민신보사를 습격하여 건물과 기계를 부수고 사원을 구타하여 부상을 입혔다. 또한 시위보병 제1연대의 일부 병사가 무기를 가지고 병영을 벗어나 경무청에 발포하여 일본 경찰관과 총격전을 벌이는 등 민중시위와 무력충돌이 곳곳에서 일어났다.

그러나 일제는 '정미7조약'(1907. 7. 24)을 체결하고 통감의 내정간섭을 합리화했을 뿐만 아니라 이완용 친일 내각으로 하여금 '광무신문지법'(光武新聞紙法), '보안법'(保安法)을 공포케 하여 우리 나라 국민의 정당한 의사표시와 항일운동에 규제를 가하였다. 여기에서 '대한자강회'(大韓自强會)가 일차적으로 해산을 당하였다. 뒤이어 한국군이 해산되고 이에 항일의병이 봉기하자, 이용구는 일진회 고문인 우치다, 다케다 등의 조종 아래 의병을 진압할 이른바 자위단(自衛團)을 조직하여 의병토벌에 앞장을 섰으며, 심지어 의병을 폭도로 매도하였다.

이와 같은 일진회의 반민족적 행위는 일본 제국주의 이상으로 분격을 샀다. 1907년 7월부터 1908년 5월까지 의병에게 입은 일진회원의 피해는 사살자 9260명, 부상자 140명, 불에 탄 집이 360호, 재산손해액 5만 501원 31전에 이르고 있다. 이로 미루어 보아 당시 무수한 일진회원들이 의병에게 피해를 입었다는 것을 알 수 있다.

1907년 10월에 일본 왕세자가 우리 나라에 왔을 때에도 일진회의 이용구는 그들 고문의 지시에 의하여 환영 녹문을 세우고, 토산물 헌납과 제등행렬을 하였다. 또 같이 따라온 대한 강경파인 가쓰라(桂太郎)에게 보낸 서한에서 이용구는 갖은 망동의 추태를 부리기도 하였다.

이와 같은 침략의 앞잡이로서의 공로가 인정되어 이용구는 일왕 메이지로부터 1907년 7월 18일 '삼등서보장'(三等瑞寶章)이라는 훈장을 받기까지 하였다.

매국의 정체가 드러나자 궁지에 몰려

1909년에 이르러 일제는 사법권 및 감옥사무를 탈취하고(1909. 7. 12), 군부마저 폐지하였다. 그들은 '경찰권'마저 강탈하고(1910. 6. 24) 여기에다 '출판법'(1909. 3. 26)을 공포하여 우리 국민의 언론을 무자비하게 탄압하였다. 이러한 때 이토가 통감에서 물러나고, 부통감인 소네(曾禰荒助)가 통감이 되었다가 곧 사임, 이듬해 5월에 데라우치(寺內正毅)가 통감이 되었다. 데라우치는 '한국병합 실행에 관한 방침'에 따라 7월에 '병합처리방안'을 성안하여 그들의 각의를 거쳐 이를 처결하였다.

이제 일제에게 남은 하나의 조치는 이른바 '합병'의 공표밖에 남지 않았다. 이 무렵 이토가 하얼빈에서 안중근 의사에게 사살되었다(1909. 10. 26). 이용구는 이 기회에 그들의 친일적인 열성을 과시하려고 사죄단(謝罪團)과 동아찬영회(東亞讚英會)를 조직하는 등 갖은 망동을 다하였다.

또한 이 의거를 계기로 해서 일본 국내의 대한 과격파인 가쓰라, 야마가타(山縣有朋) 등을 비롯해서 일진회의 고문인 우치다, 다케다, 스기야마 등이 일진회의 이른바 '합방성명서'를 조작하였다. 일제는 형식상의 법적 절차로 우리 나라 국민 스스로가 합방을 원하고 있다는 것을 날조하려고 한 것이다. 합방이 우리 국민 스스로의 의사라고 가장하기 위해서는 먼저 그 앞잡이인 이용구가 이끌고 있는 일진회를 시켜 거국 정당으로 만들고, 우리 나라 최대의 거국 정당으로 하여금 합방성명을 발표케 하는 방법이 첩경이라고 생각한 것이다. 일제는 먼저 일진회의 고문인 우치다를 시켜 일진회, 대한협회, 서북학회 등과 이른바 '3파연합'의 제휴공작을 벌였다.

그러나 그들의 흉계인 거국 연합이 깨어지자 일진회는 단독으로 강행할 것을 결의하고, 서울 회원 200명을 긴급 소집, 임시총회를 개최하였다. 그리고는 아무런 반응도 없는 회원들에게 앞서 조작한 합방성명서를 만장일치로 가결하였다며(1909. 12. 3) 매국 행위에 열을 올렸다. 이른바 1백만 회원을 호언장담하는 일진회가 실제는 몇 명이나 되는 회원이 결의내용에 찬성하였는지 극히 의심스러울 정도였다. 이튿날인 12월 4일에 발표한 일진회의 이른바 '합방성명서'를 비롯한 '상소문', '상통감서', '상내각서' 등은 일제가 우리 나라를 강압적으로 병탄하기 약 8개월 전에 만들어진 것으로서 "한민족의 행복과 복지를 위해 한일양국은 합방되어야 한다"는 것이었다.

이와 같은 일진회의 성명은 일제가 조작한 여론 환기수단이었다는 것이 너무나 명확했기에 이에 대한 전국적인 규모의 반대운동이 즉각적으로 일어났다. 일진회가 성명서를 발표한 이튿날인 12월 5일 『대한매일신보』는 그 사건에 대해 '노회선언(奴會宣言)'이라 혹평하였다. 또한 대한협회, 한성부민회, 국시유세단, 흥사단 등의 여러 단체와 협의하여 '국민대연설회'의 개최를 만장일치로 결의하고 '타도 일진회'의 선봉에 나서 일진회의 망언패설을 통렬히 공격하고 매국의 앞잡이 이용구, 송병준을 성토하였다. 손병희의 천도교, 각 학교 교사, 학생들까지도 매국역적 일진회를 성토하고 나섰다.

뿐만 아니라 평양 변호사 안병찬(安秉瓚)은 이용구를 서울 지방재판소 검사국에 고발까지 하였다. 중추원 의장 김윤식(金允植)* 등은 이용구, 송병준의 처형을 정부에 건의하였다. 한편 일부 격렬한 애국청년들은 연설회와 같은 소극적인 방법으로 그들 망국 앞잡이 일당을 규탄하는 데 그치지 않고 암살을 감행함으로써 그들의 매국행위를 적극적으로 응징하기 시작하였다. 일본 동경 유학생 김익삼(金益三), 이익선(李翼宣) 등이 중심이 되어 이용구 암살을 목적으로 귀국했다가 영등포역에서 일본헌병에게 체포되었고, 이재명(李在明), 김정익(金貞益) 등은 이용구·이완용 등을 암살키로 결의하여 이완용 암살미수 사건이 일어나기도 했다.

이용구의 일진회에 대한 이와 같은 성토와 응징은 중앙뿐만 아니라 지방으로 점차 확대되어 갔다. 전국의 양반, 학생, 기독교인 할 것 없이 구국의 이념으로 상소, 연설 혹은 격문 등을 통하여 반대여론을 환기시켰던 것이다. 이에 궁지에 몰린 이용구, 송병준 등도 일본경찰에 일진회 본부를 맡기고 진고개의 일본인 요정 청화정에 숨어 살았다. 일진회원들은 그들의 성명서가 반대 규탄 운동의 대상이 되어 국민의 격분을 불러일으키자, 탈퇴자가 속출하여 서울에서는 90여 명이 한꺼번에 일진회를 탈퇴하였다.

일부 지방에서는 주민으로부터 어떤 해를 입을까 두려워한 나머지 서울로 올라왔다가 서울의 정세가 오히려 더욱 험악한 것을 보고 일진회를 탈퇴하는 경우도 생겼으며, 평양지회에서는 회원이 모두 탈퇴하여 마침내 일진회 지부가 해체되지 않을 수 없는 지경에까지 이르렀다.

반민족적 망동의 결과로 매국노

이와 같은 빗발치는 여론 속에서도 일진회의 선봉에 선 매국 앞잡이들은 당초 계획대로 반민족적 망동을 끝가지 감행하려 하였다. 12월 7일 이완용 내각에 합방건의서를 다시 제출하는가 하면, 이용구 등은 고문인 우치다와 결탁하여 일진회의 외곽단체인 한성보신사, 대한상무조합소, 국민동지찬성회 등 유명무실한 단체를 매수·사주해서 일진회의 '합방'성명서를 지지하도록 조작하고 일제가 우리 나라 병탄을 합리화하는 데 망동을 서슴지 않았던 것이다.

그런데 대한상무조합소 조합장 이학재(李學宰)라는 자가 매수되어 망동을 감행하자 분격한 종친회에서는 그의 이름을 족보에서 삭제하였고, 상무조합소에서는 조합장직을 박탈했다. 이렇게 사태가 더욱 심각해지자 통감부측도 그냥 방치해 둘 수 없다고 생각하고 서울에 있는 일인 신문기자들에게도 돈 1000원을 주어 '합방찬성 거류민회'라는 것을 개최케 하였다.

또 '시국연구회'라는 것을 조직하여 그들로 하여금 선언문, 결의문 등을 발표하게 하고 '합방론'을 찬성하도록 하였다. 일본 도쿄에서조차 '조선문제동지회'라는 것을 조작하여 '합방론'을 펴게 하였다.

이와 같은 찬반의 소용돌이 속에서 일진회의 성명서에 대한 반향을 통해 반대 세력의 폭과 깊이를 알아챈 일제 당국은, 머지 않아 단행될 '합방'을 위한 최종적 마무리 작업을 용이하게 행할 수 있었다. 그리하여 이른바 '한일병합조약'(1910. 8. 22)이 체결되고 우리 나라의 국권은 강점당하였다. 그리고 그 해 9월에 일진회는 반민족적 행위의 망동을 다하고 일제로부터 해산료 15만 원을 받고 해산당하였으며, 그들의 논공행상으로 송병준에 자작(子爵)을, 이용구에게는 10만 원을 주는 데 그쳤다.

일찍이(1907) 이용구는 이른바 한일'합방'이 성사되면 일진회원과 만주로 이주할 계획을 세웠다. 그래서 그 소요자금으로 3백만 원을 지급해 줄 것을 가쓰라 수상에게 요청한 적이 있는데, 가쓰라는 이것에 적극 찬의를 표명하고 "3백만 원은 물론 1천만 원도 아끼지 않을 것"을 약속하였다. 이용구는 이 말을 믿고 더욱 반민족적 망동을 자행하였는데, '병합'이 이루어진 마당에 일진회 해산명령이 내려지고 해산비로 겨우 15만 원이 지급되었을 뿐이니, 만주 이주란 말조차 꺼내기 어려운 일이었다.

이처럼 냉혹하게 일제에게 배신당할 줄은 이용구로서 꿈에도 상상 못한 일이었다. 이용구는 배신의 충격이 너무나 컸던지 얼마 후 일본 스마(須磨)에서 병석에 눕는 몸이 되었다. 눈을 감기 얼마 전에, 이용구는 문병차 스마에 들른 우치다에게 눈물을 흘리면서, "우리는 참 바보짓을 했어요. 혹시 처음부터 속았던 것은 아닐까요"라고 말했다고 한다. 이것은 정곡을 찌른 말이다. 천리를 망각한 이용구는 처음부터 속을 수밖에 없는 존재였다. 그의 고민과 더불어 이용구의 병세는 더욱 악화되어 1912년 5월 22일 죄많은 그의 생애에 마침내 종지부를 찍었다.

일제는 이용구가 죽자 갑자기 태도를 바꾸어 거의 국장이나 다름없는 성대한 장례식을 치러 주었다. 뿐만 아니라 일왕으로부터 '훈일등서보장'(勳一等瑞寶章)이 내려졌다. 일제에 충성을 바치면 죽어서도 이렇게 성대히 장례식을 치러 준다는 식민지 조선인에 대한 정책적 배려가 있었던 것이다. 결국 이용구는 죽어서까지 일제에 이용당한 매국노였던 것이다.

■ **조항래**(숙명여대 교수 • 한국사, 한국민족운동사연구회 회장)

주요 참고문헌
李寅燮, 『元韓國一進會歷史』 4册, 文明社, 1911.
武田範之, 『李鳳庵事歷』 上, 洪疇遺績目錄 81.
宋秉畯, 『海山李容九墓誌銘』.
武田範之 編, 『侍天敎繹史』.
內田良平, 『海山李容九先生主詞』.
黑龍會 編, 『李鳳庵先生事略』.

윤시병
만민공동회 회장에서 일진회 회장으로 변신

- 尹始炳, 1860~1931
- 1904년 일진회 회장. 1904년 일훈욱일4등장(日勳旭日四等章) 수여받음
  1905년 일본에 외교권 위임을 주장하는 선언서 발표

초대 만민공동회장의 빗나간 정치적 야심

우리는 나라를 팔아먹은 친일파 집단 하면 너무나 당연히 일진회를 떠올린다. 그러나 그 일진회의 초대 회장이 독립협회운동 당시 초대 만민공동회 회장으로 뽑혔던 윤시병이라는 사실을 아는 사람은 그리 많지 않다. 한말 개화파 정객 윤시병. 그는 누구인가, 그리고 국권수호와 근대화운동의 상징으로 알려진 독립협회에서 만민공동회 회장까지 맡았던 그가 어떤 경로로 일진회 회장이 되었을까?

윤시병은 봉건사회가 해체되어 가던 1860년에 태어났다. 그는 일찍이 무과에 등과, 무관으로 출사하기 시작하여 충청병사까지 지냈다. 그런 그가 한말의 격동 속에서 정치적 활동을 시작한 것은 독립협회운동 때부터라고 할 수 있을 것이다. 그는 정치적 야심이 많던 신진 소장층의 한 사람으로 독립협회운동의 막바지라고 할 수 있는 1898년 11월, 만민공동회가 활발하게 열리고 있을 때 동생 윤길병(尹吉炳) 등과 함께 이에 적극 참여하여 만민공동회의 회장으로 선출되면서 두각을 나타내기 시작하였다.

경무사 신태휴(申泰休)가 독립협회 회원 이상재 등 17명을 고종 폐위와 공

화국 수립을 주장하는 익명의 고시문을 붙였다는 명목으로 체포한 데 대해 그는 만민공동회 회장 자격으로 이들의 무고를 밝히고 공개재판을 열 것을 요구하는 소(疏)를 올렸다. 그리고 연이은 만민공동회의 투쟁으로 이들이 석방되자 윤시병의 존재는 더욱 뚜렷해져 독립협회의 총대위원을 맡게 되었으며, 11월 29일에는 유맹(劉猛), 최정덕(崔廷德), 이승만(李承晩) 등과 함께 독립협회 출신으로 중추원 의관에 임명되었다.

그는 중추원 의관으로 있으면서 한때 임시의장으로 선출되어 박영효*를 위시한 개화파 내각의 수립을 주장하는 통첩을 정부에 보내는 데 앞장 섰다. 이처럼 독립협회에서는 정치적으로 첨예한 사안을 제기할 필요가 있을 때, 정치적 야심은 많았지만 정계에 별다른 기반이 없던 그를 늘 앞장 세웠으며, 그 또한 이러한 역할을 마다하지 않음으로써 자신의 정치적 위치를 굳혀 나가려 했던 것으로 보인다.

그러나 고종은 박영효 대통령 추대설 등의 풍문이 나돌고 있는 가운데 전달된 이 통첩을 조선 정부에 대한 정면도전으로 간주하여, 독립협회를 해산시키기로 결정하고 주요 간부들을 체포하기 시작하였다. 윤시병은 정부의 추적을 피해 미국인 집으로 피신하여 체포·투옥을 모면할 수 있었다. 하지만 그는 이러한 정세 때문에 더 이상 공개적인 정치활동에 나설 수 없는 처지가 되었다. 그래서 고종의 조선 정부와는 정치생명이 걸린 대결을 하지 않을 수 없게 되었다.

무과 출신으로 학문적 조예가 없던 그가 얼마나 국권수호나 근대적 개혁이념에 공감하여 독립협회운동에 참여했는가는 그야말로 의문스러운 일이다. 그가 독립협회에 참여했던 것은, 다른 많은 독립협회 회원들이 그러했던 것처럼, 한말의 정치적 격동 속에서 자신의 출세를 노렸기 때문이라고 할 수 있다. 그가 일진회를 만들어 일본의 힘을 빌려 조선 정부를 공격하기 시작한 것도 그의 이러한 정치적 야심과 고종 정부와 공존할 수 없게 된 정치적 처지에서 연유한 것이라고 볼 때 쉽게 이해될 수 있다.

일진회 회장으로 친일행각 본격화

그는 독립협회 해산 이후 각처를 방랑하면서 정국을 예의주시하며 정치적 재기를 노리고 있었다. 그러던 중 1904년에 러일전쟁이 터지고 일본군이 서울에 진주해 들어오자 당시 일본군 통역으로 서울에 온 송병준*이 정치단체의 조직에 뜻을 두고 최석민(崔錫敏)의 소개로 그를 찾아왔다. 곧 의기투합한 두 사람은 정치단체의 조직에 나섰다. 윤시병은 유학주, 염중모, 한석진 등 독립협회에서 같이 활동했던 출세주의자들을 끌어 모으고 송병준은 일본군의 지원을 끌어내 1904년 8월 18일 유신회를 조직하였다. 이틀 후인 8월 20일에는 특별회를 개최하여 회의 명칭을 일진회로 바꾸고 윤시병 자신이 회장 자리에 앉았으며, 그의 동생 윤길병은 평의원 가운데 한 사람이 되었다. 또 이 무렵 송병준, 윤시병은 국내에서 동학을 이끌고 있던 이용구*와 결탁하여 동학교도들로 조직된 진보회와 통합함으로써 전국적인 조직을 갖게 되었으며 이후 일진회의 본격적인 친일행각이 시작되었다.

일진회는 설립 이후 경향 각지에서 끊임없이 강연회를 개최하여 한국 정부의 학정을 비난하는 한편, 일본은 문명 선진국으로 한국의 독립을 유지시키기 위해 청일전쟁 및 러일전쟁을 치르고 있는 은혜로운 우방이라고 선전하였다. 그리고 한걸음 더 나아가 동맹국인 일본을 군사적으로 도와야 한다고 주장하면서 실제로 일진회 회원을 동원하여 이를 실행에 옮기고 있었다.

그들은 러일전쟁을 치르고 있던 일본군의 북진을 지원하기 위해 연 11만 4500명의 함경도 지방 일진회 회원을 동원하여 일본군 군수물자의 수송을 떠맡았으며, 함경도와 간도 지방에서는 러시아군의 동태를 파악하기 위해 첩보수집 활동까지 벌였다. 뿐만 아니라 일본군의 병력과 군수물자를 만주 지역으로 수송하는 데 긴요했던 경의선 철도 부설 공사를 돕기 위해 평안남북도와 황해도 지방 일진회 회원을 동원하였다. 이 때 동원된 연인원이 무려 14만 9114명에 이르렀다. 일진회 회장 윤시병은 일진회의 이러한 친일행각 덕분에 일제로부터 일훈욱일4등장(日勳旭日四等章)을 받았다.

윤시병이 회장으로 있던 일진회의 친일행각은 여기서 그친 것이 아니었다. 러일전쟁에서 일본군의 승리가 굳어지고 국제적으로 일본의 한국 보호통치가 공인되는 가운데, '을사조약'을 체결하기 위해 이토 히로부미(伊藤博文)가 내한한다는 소식에 접한 그들은 그에 한 발 앞서 1905년 11월 6일 일본에 외교권 위임을 주장하는 선언서를 발표하였다.

그 선언문을 보면 "대저 일본은 선진 선각국이라, 동양의 평화 극복에 주력하였고 청일전쟁과 러일전쟁도 모두 의협심에서 일으킨 것이니……외교의 권리를 일본 정부에 위임하여 재외공사를 소환하고 주한공사관을 철거한다고 해서 과연 무슨 문제가 일어나겠는가?……우리 당은 일심동기(一心同氣)하여 신의로써 우방과 교제하고 성의로써 동맹에 대하여 그 지도에 의지하며 그 보호에 의거하여 국가 독립을 유지함으로써 안녕과 형복(亨福)을 영원 무궁토록 유지할 것을 선언하노라"고 되어 있다.

일제에 의한 국권침탈의 한 단계를 지도와 보호에 의한 독립유지의 방안이라고 망발하고 있으니, 그들이 얼마나 도착된 의식을 가지고 충심으로 일본을 떠받들고 있었던가를 가히 짐작할 수 있다. 일본의 강요에 굴복하여 '을사조약'의 체결에 동의했던 '을사오적'보다도 한 발 앞선, 그야말로 자발적인 친일행각의 시범을 보인 것이다. 그런 만큼 당시 민중들이 "2천만 인민을 노예로 만들려 하는 매국노로, 그들의 살을 찢고 뼈를 갈아 마셔도 분이 풀리지 않는다"고 일진회를 규탄했던 것은 너무나 당연한 일이었다.

이처럼 물불을 가리지 않고 일제에 충성하던 일진회 회원들은 '을사조약'에 따라 이토가 한국통감으로 부임하여 실질적인 통치권을 행사하자 너도 나도 그 밑에서 출세길에 오르기 위해 광분하였다. 1907년 박제순* 내각이 총사퇴하자 일진회를 배후에서 조종하던 우치다(內田良平)는 이토 통감에게 일진회 간부 이용구, 송병준, 윤시병, 윤길병, 윤갑병* 등의 기용을 건의했고, 이에 그들은 한동안 대신(大臣)이 되는 꿈에 부풀어 있었다. 그러나 이토에 의해 대신으로 임명된 사람은 농상공부의 송병준 하나로 그쳤는데, 이후 송병준의 힘으로 많은 일진회 회원들이 하루아침에 관찰사, 군수 등으로 벼락 출세를 하게 되었다. 그 덕에 윤길병은 충북관찰사, 중추원 찬의가 되었으나, 평리원 수석판사를 노렸던 윤시병은 송병준과 사이가 벌어지면서 결국 관리로 출세하지 못하고 일진회와도 결별하고 말았다.

창립 당시 회장으로 추대되었던 윤시병은 1905년 12월 일진회의 진용이 개편될 때 이용구에게 그 자리를 내주고 총무원으로 내려앉게 되었고, 대신 그의 동생 윤길병이 부회장이 되었다. 일진회 회원의 대다수를 이루는 동학교도들을 이끌고 있던 이용구나 일본과의 관계에서 확실한 끈을 갖고 있던 송병준에 비해 일진회 내에서 윤시병의 기반은 그만큼 미약한 것이었다. 1909년 일진회의 모든 회무를 지휘·감독하는 총재직을 신설하고 이를 투표로 뽑았을 때 34표를 얻은 그는 54표를 얻은 송병준에게 졌으며, 이후 일진회 운영을 둘러싸고 송병준과 충돌이 잦다가 결국 일진회를 떠나고 만 것이다.

그러나 그렇다고 하여 그의 친일활동이 끝난 것은 아니었다. 그는 바로 조선노동협회라는 또 다른 친일단체를 조직하여 이 단체를 이끌면서 일제의 한일 '합병' 공작을 지원하였다. 그러나 그 영향력은 미미하였고 '합병' 후에도 별다른 활동 없이 지내다 1931년 친일의 생을 마감하였다.

■ 김경택(연세대 사학과 박사과정)

주요 참고문헌

牧山耕將, 『韓國紳士名鑑』, 1911.
田中正則, 『朝鮮紳士寶鑑』, 1913.
李寅燮, 『元韓國一進會歷史』, 文明社, 1911.
岩井敬太郎, 『顧問警察小誌』, 韓國內部警務局, 1910.

윤갑병
'신일본주의'를 제창한 친일 출세주의자의 전형

- 尹甲炳, 창씨명 平沼秀雄, 1862~?
- 1907년 일진회 북간도지부 회장. 1921년 경상북도 참여관
  1923년 강원도 도지사. 1938년 대동일진회 회장

일본인보다 더 일제에 충성한 '신일본주의자'

윤갑병은 1862년 평북 의주에서 태어났다. 어려서 유학을 공부했고 29살 때 일본에 건너가 근대문물을 견학하였으며 중국에도 가서 중국의 변화하는 정세를 살피고 돌아왔다. 1894년에 내부주사가 되면서 관직에 진출하기 시작하여 궁내부주사, 농상아문참의, 농상국장, 정산군수 등을 지냈다. 그런 그가 친일활동을 하기 시작한 것은 1904년 8월 일진회가 창립되자 이에 가담하면서부터라고 할 수 있다.

일진회 창립과 동시에 그는 평의원이 되어 일진회의 친일활동을 적극적으로 주도하였다. 특히 러일전쟁이 일어나자 함경도 지방의 일진회 회원들을 이끌고 일본군 군수물자의 후방수송 임무를 맡은 북진 수송대에 참여하여 일제로부터 '특상훈4등서보장'(特賞勳四等瑞寶章)을 받았다. 1905년 그는 일제의 힘을 빌어 평리원 검사, 시종원 시종 등을 지냈으며, 1907년 12월 일진회 북간도지부 회장 직함을 가지고 있다가 이토 히로부미(伊藤博文)의 눈에 들어 일진회 회원이라도 쉽지 않았던 관찰사(함경북도)가 되기까지 하였다.

1910년 일제가 한국을 병탄할 때 일진회 회원으로서 이를 앞장 서서 추진

한 공로로 한일'합병' 직후 '한국병합기념장'을 받았고, 한국인 관리로는 드물게 도참여관(평안북도)이 되었으며, 1914년에는 평안북도 지방토지조사위원으로 토지조사사업을 주도하여 일제가 우리 민족을 수탈하는 데 적극적으로 나서기 시작하였다.

또 1920년 1월, 3·1 운동 이후 치열해져 가는 민족적인 독립의식을 마비시키기 위해 총독부 경무국 사무관 마루야마(丸山鶴吉)의 배후 지원하에 민원식*, 김명준 등이 '신일본주의'를 제창하며 '국민협회'를 조직하였는데, 그는 여기에도 적극적으로 참여하였다. 이들이 내세운 소위 '신일본주의'라는 것은 "일본과 조선이 병합해서 신일본이 태어났기 때문에 신일본은 양민족의 공동 책임과 의무로 건설되어야 한다. 따라서 조선인도 신일본의 정치에도 참여하여 신일본의 발전에 기여해야 한다. 신일본의 각료로도 자리를 함께 하고 총리대신이라도 돼서 전 책임을 질 각오가 없으면 안 된다"는 것이었다.

이러한 논리는 일진회에서의 활동 이래 그의 활동을 규정 지었던 일관된 논리였다고 할 수 있다. 그가 이러한 논리에 도취된 데에는 우선 무엇보다 그 자신이 일제 치하에서 관리로 출세해 나가는 것을 합리화할 수 있었기 때문일 것이다. 그러나 일제하에서 한일 양민족이 대등한 관계이기는커녕 그 자신과 같은 철저한 친일분자라 하더라도 관리로 출세하려면 한치도 빈틈 없이, 오히려 일본인보다 더 일제에 충성을 바치고 구걸해야만 가능했다는 것을 그는 자신의 행적을 통해 보여 주었다.

집요한 출세주의자의 친일 행로

그는 1921년에 경상북도 참여관으로, 1923년에는 강원도 도지사로 영전(?)을 거듭하는 듯했으나, 1924년 당시 총독부 내무국장이던 오스카(大塚常三郎)의 눈 밖에 나면서 결국 강원지사 자리를 내놓게 되고 말았던 것이다.

그러나 수십 년 동안 일제 권력에 빌붙어 고위 관직을 지냈던 그에게 낙백의 세월이란 견디기 어려운 것이었다. 그는 곧 민원식이 참정권운동을 전개하다 1921년 도쿄 역에서 양근환에게 살해당한 뒤 유명무실화되고 있던 '국민협회' 회장 자리에 앉았다. 그리고 사이토 총독에게 접근하기 시작하여 1924년부터 1926년 사이에 여덟 차례나 총독을 찾아가고 여러 통의 편지를 보내 자신의 친일행적을 자랑스럽게 늘어놓으며 출세를 애걸했다. 그리하여 1925년 12월 중추원 참의(칙임) 명단에 그의 이름을 올릴 수 있었으며 1934년에 다시 재임되었다.

사이토가 총독 자리에서 물러난 뒤인 1929년쯤 사이토에게 보낸 윤갑병의 의견서를 보면 그가 얼마나 일제하에서의 출세에 집요했는가를 짐작할 수 있다. 이 글에서 그는 사이토의 소위 '문화정치'를 조목조목 들어 선정으로 칭송한 뒤 그의 퇴임 이후 한국 정세를 걱정하며 그의 조속한 재부임을 간청하였다. 특히 그는 한국인으로는 유일하게 총독부 국장(학무국장)을 지냈던 이진호*의 해직을 애석해 하며 총독으로 재부임해 오면 한국인을 더욱 많이 국장으로 임명해 줄 것을 간청하고, 바로 뒷면에 자신이 한일'합병' 이래 얼마나 일제를 위해 분골쇄신했는가 하는 점을 상기시키는 것을 잊지 않았다.

여우가 죽을 때 고향을 그리워하여 머리를 자기가 살던 굴로 향하게 하는 마음을 수구초심(首丘初心)이라 했던가. 그가 1938년 일흔이 넘은 나이로 이용구*의 아들 이석규(李碩圭)와 함께 옛날 일진회의 잔당인 시천교도들을 끌어모아 '대동일진회'(大東一進會)를 조직하고 그 회장 자리에 앉았던 것은, 그에게는 차라리 수구초심에 해당하는 그런 일이라고 해야 할 것이다. 대동일진회는 내선일체와 대동아주의의 실현을 목표로 내건 친일단체로, 이용구, 송병준*의 추도회를 개최하는가 하면, 1939년 11월에는 한말 일진회를 배후에서 조종했던 흑룡회(黑龍會)와 함께 소위 '일한합병공로자 감사위령제'라는 것을 거행하기도 했다. 또 일제의 민족말살 정책에 적극 호응, 솔선하여 창씨 개명에 앞장 섰을 뿐만 아니라(1940), '창씨상담실'이라는 것을 설치하여 한국 민중에게 일본식 이름 지어 주기에 나섰으니 이들의 친일행각이 어떠했는가는 가히 짐작하고도 남음이 있다. 일흔이 넘어 늙고 추한 그가 일제하에서 중추원 참의나마 벼슬자리를 지키기 위해서는 민족을 송두리째 팔아 넘기는 데 앞장서지 않으면 안 되었던 것이다. 한일 양민족의 공존공영이라는 명분은 출세욕에 사로잡힌 그의 한갖 꿈이었음이 분명하다.

■ 김경택(연세대 사학과 박사과정)

주요 참고문헌

大垣丈夫, 『朝鮮紳士大同譜』, 1923.
田中正則, 『朝鮮紳士寶鑑』, 1913.
李寅燮, 『元韓國一進會歷史』, 문명사, 1911.
尹甲炳, 「尹甲炳意見」, 『齊藤實文書』 15권, 고려서림, 1990.

정치-갑신·갑오개혁 관련자

박영효
김윤식
조중응
장석주
조희연
윤치호
정란교
신응희
이규완

박영효
친일 거두가 된 개화파 영수

- 朴泳孝, 1861~1939
- 1910년 후작. 1911년 조선귀족회 회장. 1921년 조선인산업대회 회장
  1939년 중추원 부의장

'개화파'의 영수에서 '친일'의 거두로

　일제의 조선병합은 조선역사상 신시대를 획한 것……역대총독의 노력과 관민의 노력으로써 정치, 경제, 산업, 교통 등 제시설이 착착 발전해 왔으며, 이렇듯 놀라운 치적을 보게 됨은 실로 격세의 감이 있다……양 민족이 더욱 상호 이해의 정도를 깊이 하여……조선문화가 향상되고 민족의 진로가 중달(重撻)케 됨을 바란다.

　(병합) 이래 더욱더 신정(新政)의 신장(伸張)에 힘을 다하고 산업의 개발, 문화의 발전에 노력하여 대정(大正) 10년 중추원의 고문이 되어 문정(文政)에 공헌한 바는 심대한 바가 있다.

　1935년 10월 이른바 일제의 시정 25주년을 맞이하여 박영효는 일제로부터 '시정25주년기념표창'으로 은배(銀杯) 1조를 하사받고 최대의 공로자로 '칭송' 되었다. 이 때의 소감으로 밝힌 것이 위의 문장이고, 아래는 박영효에 대한 일본인들의 감사의 말이다. 바로 박영효의 실존에 대한 적나라한 묘사라 할 수

박영효

있겠다.

조선조 후기 개화운동 또는 부르주아 개혁운동의 정점으로서의 갑신정변 그리고 김옥균과 아울러 갑신정변의 가장 출중한 지도자로서의 박영효의 모습을 기억하고 있는 독자들이라면 일제 말기 박영효의 모습을 이렇게 그리고 있지는 않았을 것이다. 그러나 이것은 엄연한 사실이며 따라서 여기에 근대사 최대의 비애가 깃들어 있는지도 모른다.

그렇다면 한 출중한 개화파의 말년이 이렇게 변하게 된 데는 어떠한 이유가 있었던 것인가. 단지 개인의 '나약함'에 그 이유를 돌려야 할 것인가. 아니면 우리 근대 민족운동의 큰 맥을 형성하고 있던 개화운동은 애초에 그런 변화의 씨앗을 가지고 출발했던 것이고, 박영효의 친일 또한 어느 정도는 예정된 궤적이었던가. 이제 그 비극의 궤적을 따라가 보자.

갑신정변이 품은 사상성 ── '친일'이라는 비극의 배태

박영효는 1861년(철종 12년) 수원에서 진사 박원양(朴元陽)의 아들로 태어났다. 본관은 반남으로 그의 집안은 조선 후기 노론 척족세도의 중요한 한 축을 형성하고 있었다. 게다가 1872년 4월 12세 때에 철종의 부마(駙馬)가 되었으니 그의 지위는 노론 세도가 속에서도 가히 노른자위라 할 만했다. 그의 부인이 된 영혜옹주와는 3개월 만에 사별하였으나 금릉위(錦陵尉) 정일품 상보국숭록대부(上輔國崇祿大夫)가 되었다.

그는 1870년대 중반, 형 영교(泳敎)를 따라 재동 박규수(朴珪壽)의 사랑방에 드나들면서 비로소 개화사상을 익히기 시작하였다. 이 때 역관 오경석, 의관 유대치, 승려 이동인 등의 중인 출신의 초기 개화 사상가들과도 교유를 시작하였다. 그들은 북학파 박지원의 저술을 통해 실학의 경세사상을 학습하는 한편, 오경석이 북경에서 가져온 『해국도지』, 『영환지략』 등 청나라의 서적을 돌려보면서 실학사상과 개화사상의 접목을 시도하였다. 그 결과로 김옥균, 서광범, 홍영식 등과 함께 1879년경에 개화당을 조직할 수 있었다.

그러나 1882년 임오군란이 일어나자 개화파 내부에는 이견이 노출되기 시작하였다. 이는 김윤식*을 중심으로 한 개화파의 일부가 당시 영선사로 청국에 파견되어 있다가 임오군란의 진압을 위하여 청군을 대동하고 입국한 것에서 비롯된 것이었다. 이러한 개화파의 행동은 민씨 척족과도 이해가 연결되어 있었던 것으로 이는 김옥균, 박영효를 중심으로 일군의 개화파들에게는 친청사대의 반개화(反開化)의 모습으로 비쳐지게 되었던 것이다. 이것이 이른바 온건개화파와 급진개화파의 분화의 시초라 할 것이다.

그런데 김윤식, 어윤중을 중심으로 한 온건개화파는 청국의 양무파(洋務派)를 모범으로 하는 친청의 경향으로 바뀌었고, 김옥균, 박영효를 중심으로 한 급진개화파는 일본의 메이지유신(明治維新)을 모범으로 한 친일의 경향으로 나아가게 되었다.

임오군란이 진압되고 '제물포조약'이 체결되자, 박영효는 조약 이행을 위한 특명전권대신 겸 수신사로 발탁되었다. 부사 김만식, 종사관 서광범 등 수행원 14명을 대동하고, 일본시찰을 떠나는 민영익, 김옥균 등과도 동행하였다. 이로 볼 때 이 때의 김옥균, 박영효의 일본행은 그들의 의도적인 행동이었음이 여실히 드러난다.

그의 형식적인 임무는 임오군란 때에 일본이 입은 피해에 대하여 일본측에 사과하고 제물포조약의 비준교환을 무난히 수행하며 손해배상금 50만 원 지불방법을 완화하는 것 등을 교섭하는 일이었다. 그러나 그들의 실질적인 목표가 다른 데 있었음은 물론이다. 그것은 일본의 개화상을 시찰하고, 일본으로부터 신문물과 신제도를 도입하며, 차관을 교섭하고, 유학생을 일본에 파견하는 일이었다.

박영효 일행은 약 1개월 가량 머무는 동안 일본 조야의 유력한 인사는 물론 영국·미국·독일 등 구미의 외교사절과도 접촉하여 세계 대세와 국제관계에 대한 지식을 넓히는 한편, 병사·재무·흥산 등 일본의 개화상을 폭넓게 시찰할 수 있었다. 그러나 그들이 일본에 가서 본 것은 말로만 듣던 메이지유신의 성과, 즉 '서구화'였는데, 막상 서구화된 상태를 접하자 그들은 근대 일본의 모습에 압도되고 말았다. 그리고 이 때부터 그들은 후쿠자와(福澤諭吉)의 탈아론(脫亞論)의 포로가 되어 가고 있었다. 여기에 개화사상의 비극이 내재되어 있는 것이다.

그 해 11월에 박영효는 혼자 귀국하였으나 그가 없는 동안 정부는 친청사대의 민씨 일족이 장악하게 되었고, 박영효는 12월에 대신직에서 제외되어 한성판윤으로 밀려날 수밖에 없었다. 그는 한성판윤으로 있으면서 일본에서 후쿠자와와 약속하였던 신문발간을 돕기 위해 기술자들이 1883년 1월에 도착하자, 박문국을 창설하여 신문창간 준비에 착수하였으며, 도로의 확장과 정비, 색깔 있는 옷의 장려 등 눈에 띄는 몇 가지 개혁을 시도할 수 있었다.

그러나 그의 개혁활동은 민씨 척족의 시기와 의심을 사게 되어 한성부의 신설 사무는 정지되고, 같은 해 3월에 광주유수 겸 수어사로 좌천되었다. 이에 그는 다시 수어영에 연병대를 신설하고 일본식 훈련을 시작하였으나, 그 해 12월 수구파의 모략으로 유수직마저 사임할 수밖에 없었다. 이와 같이 급진개화파는 정권에서도 소외되었고 자신들이 양성한 군대마저 민씨정권에게 넘겨줄 수밖에 없었다.

이에 더하여 급진개화파는 국가재정난의 타개방식을 둘러싸고도 민씨정권과 결정적으로 대립하게 되었다. 급진개화파는 당오전 등의 악화주조를 반대하고, 울릉도와 제주도의 어채권을 담보로 일본으로부터 차관을 들여올 것을 주장하였던 것이다. 그러나 이러한 차관도입의 시도조차 일본에게 거절당하게 되자, 급진개화파는 세력이 급속히 약해져 가게 되었던 것이다.

이 같은 처지에서 박영효 등의 급진개화파는 정변을 통하여 정권을 장악한 뒤 근대화를 추진하기로 하고 정한론(征韓論)의 분위기가 팽배한 일본을 이용하여 민씨정권과 청군을 타도할 방침을 세웠다. 때마침 일본도 1882년 이래의 청에 대한 열세를 만회하고 조선에 대한 지배를 확보할 계획 아래 다케조에(竹添進一郞) 일본공사를 통하여 지원을 약속하였다. 또한 조선에 주둔한 청군은 베트남을 둘러싼 청불전쟁의 여파로 일부 철수한 상태에 있었다. 1884년 12월 4일 박영효 등은 우정국 낙성식에서 개화파 군사력과 일본군을 동원하여 민씨정권을 제거하고 개혁을 단행하였다. 정변 후 박영효는 새 내각의 전후영사 겸 우포장이라는 직책을 맡았다. 그러나 갑신정변이 일본군의 무기력과 배신행위 그리고 민씨정권이 끌어들인 청군에 의해 3일천하로 끝나자 박영효는 다케조에 공사를 따라 일본으로 망명하기에 이르렀다.

두 차례의 망명——친일의 길로

갑신정변에 실패한 급진개화파 인사들이 일본에 망명하자 일본정부는 이들에 대해 냉담한 반응을 보였다. 이제 그들의 효용가치가 예전만 같지 못한 것은 엄연한 사실이었다. 이러한 상황을 타개하기 위해 박영효는 1885년 그의 동지 서광범, 서재필과 더불어 미국으로 가기도 하였다. 그러나 그것도 뜻과 같지 않아 바로 일본으로 돌아와 1894년까지 약 10년 동안 일본에서 망명생활을 한다. 이것이 그의 1차 망명이다.

망명생활중 일본 이름을 야마자키(山崎永春)라고 불렀으며, 1888년에 미국선교학원인 메이지 학원의 영어과를 졸업하고 요코하마 미국교회에 있으면서 동서양의 서적들을 두루 읽었다.

1888년 2월에는 국정전반에 걸쳐 고종 앞으로 보내는 1만 3000여 자나 되는 장문의 개혁상소, 이른바 '조선국 내정개혁에 관한 건백서'를 준비하여 봉건적인 신분제도의 철폐, 근대적인 법치국가의 확립에 의한 조선의 자주독립과 부국강병을 주장하였다. '건백서'에 나타난 그의 개혁사상은 전통적 왕조체제의 틀을 유지하면서 부국강병을 달성하려 했다는 특징이 있다.

그리고 이 때 그의 사상은 본격적으로 후쿠자와의 영향 속에 들어가는 것으로 보인다. 그는 후쿠자와 등 비사쓰마·죠슈계(非薩摩 長州系) 인사들의 도움으로 1893년 말 도쿄에 교포학생들을 위한 친린의숙(親隣義塾)을 개설·운영했다. 동시에 그는 조선청년애국단이라는 초보적인 정치단체를 만들 계획도 갖고 있었다. 1894년 5월 박영효는 본국에서 보낸 자객 이일직(李逸稙), 권동수(權東壽), 권재수(權在壽) 등의 습격을 받았으나 무사히 넘어갔다.

김옥균이 그러했던 것처럼 박영효 역시 견디기 어려운 낙백의 시절인 이즈음의 일본에서의 생활을 권토중래의 그날을 기다리며 보냈다. 그러나 김옥균이 상하이(上海)에서 홍종우에게 암살된 반면에 그는 암살의 위기를 넘길 수 있었던 것이다. 이후 그는 일본·미국 등지의 개혁파 망명정객 중 자타가 공인하는 수령으로 떠올랐다.

1894년 7월 23일 일제의 경복궁 침입 이후, 일본 정부가 조선의 새 정권내에 친일파 관료들을 심어 놓을 목적으로 그의 귀국을 서둘러 결정하자 이규완*, 유혁로 등 5명의 측근과 2명의 일본인 경찰의 호위를 받으면서 8월 23일 서울에 도착했다. 9월 중순 일본이 청국과의 평양전투에서 승리하자 조선 정계에는 일본이 조선의 미래에 커다란 영향력을 행사할 아시아의 새로운 강자로 될 것이라는 인식이 확산됐다.

이러한 분위기 속에서 박영효를 중심으로 조선에 강력한 친일내각을 구성하려는 복안을 가지고 있던 이노우에 공사의 추천으로, 그는 그 해 12월 제2차 김홍집 내각의 내무대신에 임명되었다. 이를 김홍집과 박영효의 연립내각이라 부르기도 한다. 이후 왕실과 일본공사 양쪽의 신임을 얻은 박영효는 농민군과 그 관련세력을 진압하는 데 앞장 섬과 동시에 일본지향형의 개혁을 추진하였다. 이 시기에 박영효는 인사를 전단(專斷)하였고 '개혁'을 주도하였다.

갑신정변을 주도하던 박영효가 느끼던 갑오기의 개혁은 어떤 성질의 것이었을까. 둘 다 뒤에는 일본이 있었다는 점에서는 공통성이 있었다. 그러나 1895년 삼국간섭으로 일본세력이 퇴조하자 불안을 느끼게 된 그는 이노우에의 권고를 무시하고 김홍집을 내각에서 퇴진시킨 뒤, 자기는 총리대신 서리가 되고 측근 이주회*를 군부대신 서리에 앉혀 독자적으로 제2차 갑오개혁을 추진하였다. 실권을 장악한 뒤 그는 군부 및 경찰조직 그리고 지방행정조직의 개혁을 추진했는데 이 때 개혁의 배후에는 물론 일본 정계의 실력자로 조선에 파견되어 갑오개혁을 조종하던 이노우에가 있었다. 그러나 곧 왕실로부터 배척당하고 1895년 7월 을미사변에 연루되자 일본공사관의 협조를 얻어 신응희*, 이규완, 우범선* 등 일행 20여 명과 함께 일본으로 2차 망명의 길을 떠났다.

한편, 1898년 12월 16일 중추원회의에서 박영효를 다시 정부요직에 등용하자는 건의가 나왔다. 이런 움직임에 대해 반대파는 '박영효 대통령설'을 유포시켜 그의 정계복귀를 위해 노력하던 독립협회마저 해산시켰다. 1900년 7월에 고베에서 이승린, 이조현, 김창한 등을 불러 모으고 망명중인 동지를 규합하여 정부를 전복하고 의화군을 국왕으로 추대하기 위한 쿠데타를 계획하였다. 그리하여 이에 필요한 자금조달을 한규설과 윤석준에게 부탁할 목적으로 그해 11월, 이승린과 이조현을 극비리에 조선에 파견하였지만 발각되어 그의 정계복귀 공작은 수포로 돌아가고 궐석재판에서 교수형이 선고되었다. 이 실의의 시간에 그는 홋카이도를 돌아다니며 시름을 달래고 끝없이 재기를 노리고 있었다.

그는 1907년 6월 초에야 비공식으로 귀국하여 부산에 머무르고 있다가, 6월 7일 서울로 올라가 궁내부 고문 가토오와 접촉하고, 6월 13일에 고종의 특사조칙을 받을 수 있었다. 서울에 있는 각 단체의 성대한 환영을 받았고, 박영효 귀국환영회까지 개최되었으며, 고종은 거처를 하사하기까지 하였다.

7월에 궁내부대신으로 임명되었고, 헤이그밀사 사건 후에 벌어진 통감 이토와 이완용* 내각의 고종 양위압력을 무마시키려다 실패하였다. 이는 이완용과의 갈등에서 연유한 것이었다고 한다. 순종 즉위 후 군부내의 반양위파와 함께 고종의 양위에 찬성한 정부대신들을 암살하려 했다는 보안법 위반의 죄목으로 제주도에 유배되었다.

1년 간의 유배 후 상경이 금지되어 마산에 머물러 있다가 한일'합병'을 맞았다. 1910년 일제로부터 '합병'에 따른 논공행상으로 후작의 작위와 매국공채 28만 원을 받았다. 이는 당시의 수작자 중에서도 아주 '품계'가 높은 것이었고 상금도 많은 것이었다. 일제로서는 개화파의 영수로서 박영효가 가지는 상징성이 조선의 통치에 있어 매우 중요한 가치를 지니는 것이었다.

이를 보더라도 1907년의 유배가 단지 친일의 변형된 모습일 뿐이었다는 사실은 여실히 드러난다. 갑신정변으로 잘못 끼운 단추는 끝내 일본에 '합병'된 조국의 후작으로 귀결될 수밖에 없었다. '개화'된 조국에서의 박영효의 모습은 어디로 가고 이제 친일의 거두로 남았단 말인가.

민족개량주의의 중개역으로

박영효는 1911년 조선귀족회 회장을 역임하였다. 그리고 매국공채의 상금이 많았던 탓인지 상당한 자산을 보유하고 있었다. 1911년의 한 조사에 의하면 50만 원 이상의 자산가 32명 가운데 포함될 정도였고, 권업주식회사와 조선물산무역주식회사의 발기와 운영에도 참가하였다. 그의 1910년대의 모습은 이와 같이 아직은 친일의 전면에 드러난 것은 아니었고 매판자본의 모습만을 보여 주고 있었다.

그러나 3·1 운동을 전후하여 본격적인 친일의 모습을 드러내게 된다. 그는 1920년을 전후하여 민족주의자의 타협화 촉진에 본격적으로 나서게 되는 것이다. 이 시기 그의 친일활동은 다소 은폐된 모습으로 나타나게 되나 이는 총독부의 의도에 따른 것으로, 사이토와의 면회 횟수가 급격히 증가하고 있는 것에서도 그 면모를 잘 알 수 있다.

이 시기 그는 1919년에 설립된 조선경제회의 회장과, 역시 1919년에 설립된 친일단체 유민회의 회장으로 있다가, 1921년에는 조선인산업대회의 회장으로 그리고 1922년에는 조선민우회의 회장으로 활동하였다. 유민회를 제외하면 조선경제회나 조선인산업대회 그리고 민우회 등은 아직 민족주의적인 모습을 여실히 지니고 있던 조선인 부르주아지들을 회유하기 위해 일제가 사주하고 있던 단체들로서, 3·1 운동 직후 조선 민족운동의 회유에 적극적으로 이용된 단체들이다. 이로 본다면 일제는 박영효를 1920년대 초반까지는 조선민족운동계로부터 타기의 대상으로 올라 있지 않은 인물로 파악하였던 것이고, 이에 따라 일제에 의해 적극적으로 이용되었던 것을 알 수가 있다.

조선인산업대회나 민우회가 민족운동의 분화에 주요한 분기점을 형성시켰고, 그것은 1923년 이후 '자치운동'이라는 민족운동의 변형된 모습이 나타나는 배경을 이루게 된다는 것은 익히 알려진 사실이다.

이런 여러 단체 활동과 더불어 이 시기 그의 경제활동 역시 주목의 대상이 되기에 족하다. 그는 1918년 일제의 국책 금융기관으로 발족되는 조선식산은행의 이사로 참여하여 그 직위를 계속 유지하였고, 호남 김씨 가의 주도로 1919년에 창립되는 경성방직과 1920년에 창립되는 『동아일보』의 사장에 취임하여 활동했다. 이는 경제적인 측면에서의 조선인자본의 회유책으로 아주 적절한 것이었다.

박영효의 이러한 경제적인 지위는 1920년대 후반 이후 경성방직이 식산은행의 거대한 대부를 바탕으로 전시경제에 참여하고, 그를 바탕으로 '식은왕국'이라는 거대한 금융독점자본의 한 영역을 차지할 수 있게 한 바탕이 되었던 것이다. 이와 같이 박영효가 1920년대 초반에 하고 있던 단체활동과 경제활동은 민족운동의 회유에 있어 양날의 칼을 이루고 있었다.

한편, 1921년 11월 조선총독부 고위관료, 일본인 부호를 중심으로 한 일부 조선인 대지주, 예속자본가들과 함께 친목과 내선융합을 내건 친일사교단체 조선구락부에 발기인으로 참여했다. 또한 동광회 조선총지부의 설립 당시 회장으로 내정되기도 했는데, 이 단체는 1922년 3월 일본 우익 정치단체인 흑룡회계의 인사들이 도쿄에서 조직한 정치단체로 서울에 조선총지부를 둔 친일단체였다. 그러나 이와 같은 노골적인 친일단체에는 아직 그가 주도적으로 참여하고 있지 않았음이 분명하다.

그러나 1924년 이후 민족주의운동이 타협파와 비타협파로 명백하게 분화되면서 위와 같은 민족운동의 회유책이 그 효력을 상실한 후, 그는 이제 노골적으로 친일행위를 자행한다. 이미 그는 1921년 조선총독부 중추원의 고문으로 임명되어 있었다. 1926년에는 이완용의 뒤를 이어 중추원의 부의장이 되어 1939년 죽을 때까지 그 직위를 유지한다.

이 밖에 그의 친일 행위는 손꼽을 수 없을 만큼 많이 있다. 그것을 간단히 보면 다음과 같다. 1922년 조선미술전람회 심사위원으로 임명되어 몇 차례 중임, 역시 1922년 조선사편찬위원회 고문, 1925년 조선사편수회 고문, 1924년 '훈1등 서보장(瑞寶章)' 서훈, 1926년 '이왕장의위원장', 1927년 계통농회로 성립된 조선농회의 부회장, 1934년 회장, 1928년 조선귀족세습재산심의회 위원, 조선귀족에 관한 심사위원, 왕공족심의회 심의원, 금융제도 조사위원, 대례기념장 서훈, 1930년 조선임산공업주식회사 대표, 조선간이생명보험주식회사 자문위원,

1936년 애국금차회 발기인, 1938년 임시교육심의위원 등. 그는 1939년 9월 죽을 때 중추원 부의장으로 연 3500원의 봉급을 받고 있었으며, 사망하고 나자 정2위 훈1등으로 '추서'되었다.

이렇게 본다면 그가 시작하였던 개화운동과 일제 시기에 그가 중개하여 본격화되는 '실력양성운동' 또는 자치운동과의 간격은 얼마나 되는 것일까.

■ **윤해동**(역사문제연구소 연구원, 서울대 강사・한국사)

주요 참고문헌
조선총독부, 『조선공로자명감』, 1935.
黃 玹, 『梅泉野錄』.
「朝鮮人産業大會 創立經過」, 『동아일보』, 1921. 8. 1.
市川正明 編, 「宋鎭禹警察審問調書」, 『三一獨立運動』 3, 原書房, 1983.

김윤식
죽어서도 민족운동의 분열에 '기여'한 노회한 정객

- 金允植, 1835~1922
- 1908년 중추원 의장. 1910년 자작의 작위와 은사금 5만 원을 받음
  1915년 조선인 최초로 일본 학사원에 가입. 1916년 경학원 대제학

'불가불가'(不可不可)라는 교언으로 민족을 팔다

　김윤식은 대체로 '소심하고 나약한 지식인' 혹은 '노회한 정치가'로 평가되고 있으며, 당시 일제측으로부터는 '학발은염(鶴髮銀髥)의 선인(仙人)과 같은 유학자이자 중정온건(中正穩健)한 정치가'로 평판이 나 있었다. 그러나 김윤식의 구체적인 생애에 대한 이해는 별로 없는 편이다. 개항기에 영선사를 이끌고 청나라를 다녀오기도 한 동도서기론자(東道西器論者) 정도로만 알려져 있으나, 대제학이라는 유림을 대표하는 지위에 있으면서 한일'합병'에 찬성한 반민족적 측면은 잘 알려져 있지 않다. 더구나 '합병' 때의 공로로 작위까지 받은 그가 3·1운동 때에는 독립청원서를 제출한 사건으로 징역 2년을 선고받았으며, 죽은 뒤에도 이른바 '김윤식 사회장 문제'를 야기시켜 급기야 민족운동의 분열에 '기여'하였다는 사실 역시 잘 알려져 있지 않다.
　근대사의 격동 속에서 영욕을 거듭한 김윤식의 삶과 성향을 함축하는 한마디는 '불가불가'(不可不可)라는 말일 것이다. 이것은 한일'합병'이 선포되기 열흘 전인 1910년 8월 19일의 어전회의 때, 한일'합병'에 대해 내놓은 김윤식의 의견이다. 이 말은 곧 '옳지않다, 옳지않다'(不可 不可)는 뜻에서 '합병'에 반대한다는 의미로도, 또 '어쩔 수 없이 찬성한다'(不可不 可)는 의미로도 해석될 수 있다.

고종과 대신들(1897년). 왼쪽으로부터 세번째가 김윤식.

그러나 "일한병합조약에 즈음하여 누구보다 먼저 여론의 가운데 서서 원로들의 의향을 통일시킨 공적이 적지 않다"거나 혹은 "병합조약 조인 찬성자의 한 사람으로서 병합을 원만히 수행하게 했다"는 일제측의 기록에서 그의 진의를 엿볼 수 있다. 더구나 일제로부터 그 공로를 인정받아 '합병'과 동시에 작위와 은사금을 받고 총독부 중추원 부의장에 임명되었으며, 후에 경학원 대제학에 임명된 사실을 보면 '합병'에 대한 그의 진의는 분명해진다.

조선에서 손꼽히던 대문장가가 아니었다면 감히 생각하기 어려웠을 '불가불가'라는 이 수수께끼 같은 교언(巧言) 한마디야말로, 정치가이자 학자로서의 김윤식의 인간됨을 함축하고 있다고 해도 과언이 아닐 것이다.

온건개화파의 정치적 우여곡절

김윤식은 자가 순경(洵卿), 호가 운양(雲養)이고, 청풍 김씨 익태와 전주 이씨 사이의 1남 3녀 중 독자로 1835년 경기도 광주에서 태어났다. 일찍이 부모를 여의고 양근에 살던 숙부 김익정(김육의 7대 봉손인 김만선의 양자) 밑에서 성장했다(숙모는 연암 박지원의 손녀). 16세 때부터는 노론의 대표적 학자였던 유신환과 박규수의 문하에서 서응순, 민태호, 민규호 등과 동문수학하였다. 이 때 유신환의 문하에서 닦은 경학과 문장력, 박규수의 가르침에 힘입은 북학적 소양은 동문수학했던 인맥과 더불어 이후 김윤식의 정치활동에 중요한 바탕이 되었다. 또한 이 때부터 그의 문장은 인정을 받아 후일 대제학감으로 지목되었으며, 이러한 문장력은 나중에 그가 외교 통상 관계의 요직에 발탁되는 발판이 된다.

30세가 되는 1864년에 진사과에 합격하였으나, 10여 년을 초야에서 보내다가 대원군이 하야하고 고종의 친정이 이루어진 이듬해인 1874년에 40세의 나이로 대과에 합격한다. 당시 대과의 시관은 박규수였으며, 그의 합격은 대원군 하야 이후 정권을 잡은 민씨정권의 후원에 힘입은 것이었다. 민씨정권의 총애를 받은 김윤식은 이후 황해도 암행어사(1876, 42세), 순천부사(1880)를 거치며 출세가도를 달린다.

1881년에는 영선사로 임명되어 학도와 공병 등 38명을 이끌고 톈진의 기기창 등 근대문물을 시찰하는 한편, 이홍장과 만나 미국과의 외교관계 수립문제에 대해 협의하기 위해 청국으로 갔다. 김윤식이 청국에 가 있는 동안 국내에서 임오군란이 일어나자, 그는 조선 정부로부터 청나라에 군대를 파견해 주도록 요청하라는 밀명을 받고 청군의 향도관이 되어 귀국한다. 그 공으로 민비의 신임을 받게 되고 승진을 거듭, 강화유수, 공조판서, 예조판서, 병조판서 등의 요직과 신설 통리기무아문의 요직을 거치며 초기 개화정책에 깊이 관여한다.

이 무렵 조선은 점증해 오는 외세의 압박을 맞아 강제로 문호개방을 당하는 등 커다란 위기를 맞고 있었다. 이러한 분위기에 따라 정부내에서도 이른바 개화론이 대두하고 있었다. 개화론은 그 방법을 둘러싸고 크게 두 갈래로 나뉘었다. 하나는 급진(혹은 변법)개화파로서 기술문명뿐만 아니라 서양의 우수한 법과 제도까지도 도입하자는 주장이다. 여기에는 갑신정변을 주도한 김옥균, 박영효*, 홍영식, 서광범, 서재필 등이 속한다. 다른 하나는 기술문명은 도입하되 법과 정치체제 등 사회질서의 근간은 전통적 주자학에 의거해야 한다고 주장하는 온건(혹은 시무)개화파로서 김윤식을 비롯하여 김홍집, 유길준, 어윤중 등이 이에 속한다. 김윤식은 온건개화파의 대표적인 사상가로서 민씨정권이 수행한 개화정책의 핵심적 위치를 차지하였다.

김윤식의 개화론은 이른바 '동도서기론'으로 표현할 수 있다. 그는 개화는 곧 시무(時務)라고 단정하고 나라마다 그때그때 해야 할 특정한 일, 즉 시무가 있다고 말한다. 서양의 시무는 '개인의 사사로움을 부수고 공상(工商)의 길을 확장하며 사람들로 하여금 각자 자신의 힘으로 먹고 살게 하여 그 능력을 다 하고 그 권리를 보전케 함으로써 나라가 부강해지도록 하는 것'이고, 중국의 시무는 '법의 대체를 세우고 세목을 세우며 적임자를 선발하여 관리로 임용하고 군사를 훈련하고 기계를 발전시키는 것'인 반면, 조선의 시무는 '청렴을 숭상하고 가난을 제거하여 백성을 구휼하는 데 힘쓰며 조약을 잘 지켜 우방과 틈이 벌어지지 않도록 하는 것'으로 인식했다.

이런 입장에서 그는 갑신정변에 대해 "갑신정변의 역적들은 서양을 높이고 요순과 공맹을 폄하(貶下)하고, 이륜지도(彛倫之道)를 야만이라 하고 그 도를 바꾸려 하면서 매번 개화라 칭했으며, 천리를 멸절시키고 갓과 신발을 도치하는 격이다"라고 비난했다.

민씨정권의 총애를 받으며 탄탄대로를 걷던 그가 실권을 하게 되는 사건이 발생한다. 1886년 4월 일본에 망명해 있던 박영효의 아버지 박원양을 장사 지낸 일과 임오군란의 배후로 지목되어 청에 납치·억류되어 있던 대원군의 귀국 음모에 가담했다는 혐의를 받게 된 것이다.

김윤식이 왜 이런 실족을 하게 되었는지는 자세히 알 수 없으나 박영효와의 학연과 무관하지 않은 듯하다. 김윤식은 박규수의 문하에서 함께 수학한 인연도 있어서 이른바 온건개화파 중에서도 김옥균, 박영효 등 급진개화파와 비교적 가까운 편이었다. 이것은 그가 갑신정변중에 새로 조각된 내각에 예조판서로 피임된 사실이라든가, 수십 년 뒤의 회고담이긴 하지만 그 스스로도 '김옥균 등이 자기와 한마디의 상의도 없이 정변을 단행한 데 대해 아쉽다'고 한 표현에서 짐작할 수 있다. 어쨌든 그는 이 사건으로 실권하고 1887년 6월 충청남도 면천으로 유배되어 6년 간 귀양살이를 하게 된다.

유배중에도 1891년까지는 영탑사에서 지내고, 1891년 7월 17일부터는 절 아래 화정리로 이주하여 서울과 연락도 하고 젊은이들을 가르치기도 하면서 비교적 편안한 생활을 했다. 이 때의 일기가 그의 문집『속음청사』(續陰晴史) 중의「면양행견일기」(沔陽行遣日記)이다.

동요하는 동도서기론자의 친일 행로

1894년 갑오개혁을 맞아 김홍집 내각에 외부대신으로 입각하여 복권한 김윤식은 을미사변, 아관파천 등의 정국의 소용돌이 속에서 또다시 귀양길에 오르게 된다. 1896년 아관파천 후 그와 함께 갑오개혁을 주도했던 김홍집, 어윤중 등이 비명횡사한 가운데, 친러내각으로부터 민비시해사건을 사전에 알고도 묵인했다는 혐의를 받아 1897년 제주도로 종신유배형에 처해진 것이다.

김윤식이 이 사건과 얼마나 깊은 관련이 있었는지는 알 수 없다. 그러나 이를 계기로 의병전쟁이 본격화되었으며, 비록 척사론적 성향이기는 했지만 당시 유림을 대표하던 의병장 최익현이 김윤식에 대해 "왜적을 불러들여 나라와 임금을 내맡긴 역적이므로 능지처참해야 한다"고 한 사실에서 저간의 사정을 미루어 짐작할 수 있다.

그는 1901년 6월 제주도 농민항쟁(이재수의 난) 때문에 전라남도 지도로 이배, 1907년 사면될 때까지 11년 간 귀양살이를 했다. 이 기간중에 일본측과 친일파인 일진회 등에 의한 사면운동이 있었으나 고종에 의해 거부당하였고, '을사조약' 후에 일제의 앞잡이 송병준*도 통감부에 그의 사면을 건의한 바 있으나 역시 거부당하였다. 그가 마침내 유배에서 풀려난 것은 1907년이다. 이완용* 친일 내각에 농상공부대신으로 들어간 송병준이 다시 이완용에게 권고하여 '70세 이상의 고령자는 방석한다'는 명분으로 사면되었다. 이 때 그의 나이 73세였다.

유배에서 풀려난 이후 그의 행각은 눈여겨 볼 만하다. 70세가 넘은 고령에도 불구하고, 또 두 차례에 걸친 유배의 쓴맛을 본 뒤끝임에도 불구하고 왕성한 사회활동을 했기 때문이다. 1908년에는 중추원 의장으로 임명되어 영친왕 이은을 문안하기 위해 이토 히로부미(伊藤博文)와 동행하여 일본에 가서 그곳 정계와 친교를 맺고 돌아왔으며, 갑신정변과 을미사변 관련자들의 모임인 강구회(講舊會) 회장, 기호학회와 흥사단의 회장 등을 역임하는 한편, 나철을 도와 대종교에 들어가기도 한다. 또한 개인적으로도 자신의 외손녀를 개가시키고 아들이 죽자 적장자가 아닌 서종질을 입양하는 등 개화사상가적인 면모를 보이기도 한다.

이 무렵 그의 행동은 그가 관계한 단체의 성격이 다양한 데서도 드러나듯 매우 복잡한 성향을 보여, 후일 '불가불가'론을 예견케 한다. 특히 일본에 다녀온 이후 그의 행각에서 두드러지는 점은 친일적 성향이 노골화된다는 점이다. 동도서기론의 입장에서 일본을 왜적이라 할 만큼 친청적 입장이 강했던 그가 친일로 경도되는 것은 이미 첫번째의 유배 후 갑오개혁에 가담하고 을미사변을 거치면서부터이지만, 이 시기가 되면 자신의 입으로 역적이라고 비난했던 인물들과 깊이 유착하며 친일적 입장을 분명히 해간다. 여기에는 그의 사면에 결정적인 공헌을 한 이완용, 송병준 등 친일파와의 교분도 작용했겠지만, 그보다는 두 차례에 걸친 오랜 유배의 쓴맛을 경험한 그 스스로 더욱더 대세에 순응하는 기회주의적이고 노회한 정객으로 변신해 갔기 때문인 듯하다.

대제학 겸 중추원 의장으로서 조선 유학계의 대표격이며 중요한 정치적 비중을 차지하고 있던 그가 한일'합병' 당시 조약 체결의 주모자인 이완용과 조중응*이 조약의 초안을 의논할 때 그 대상자였다는 점에 우리는 다시 한 번 주목할 필요가 있다.

즉, 고마쓰의 기록에 따르면 "일한병합을 맞아 먼저 우리들의 최후의 각오를 정하기 위해 이완용과 내(조중응——인용자)가 특히 상담상수(相談相手)한 이는 중추원 의장 김윤식이었다. 협의 결과, 김윤식이 우리들의 일치된 결단을 기술한 것이 있다(小松綠, 『朝鮮倂合之裏面』, 中外新論社, 1920)"라고 했듯이 망국의 조약에 그가 어느 정도 관여했음을 보여 준다. 이 때 김윤식이 쓴 초안이 '역사적기초비안'(歷史的起草秘案)으로 '동양평화'와 인민을 '구제'한다는 논리로 망국을 합리화시킨 것이다.

이처럼 김윤식은 한일'합병'이라는 매국의 전면에는 나서지 않았지만 실은 이면에서 매국노들과 뜻을 같이 하고 있었다. 이런 공로 덕택인지 몰라도 그는 일제로부터 자작의 작위와 은사금 5만 원을 받았다. 또 10월에는 조선총독부 중추원 부의장에 선임되었다. 김윤식은 중추원 부의장직은 끝내 사양하였지만 작위와 은사금은 국왕인 고종이 사여한 것이라는 이유로 거절하지 않았다. 이것은 김윤식과 유사한 처지에 있던 유길준, 한규설, 홍순형, 민영달, 조경호, 윤용구, 김석진 등이 작위를 사퇴한 점과 비교되며, 이 시기 김윤식의 입장을 잘 보여 주는 하나의 예다.

침실에서 외친 만세와 몰아적 독립청원

'불가불가'라는 '교언'을 발명하여 한일'합병'에 찬성을 표하였던 김윤식은 나이 탓인지(76세) '합병'과 함께 그 공로로 주어진 총독부 중추원 부의장직도 마다하고 정치 일선에서 물러난다. 그 후 조선인으로서는 최초로 일본 학사원에 가입하여(1915) 1914년에 발간한 자신의 문집 『운양집』으로 학원상을 받은 일, 그리고 1916년 7월에 박제순*의 후임으로 경학원 대제학에 선임된 일을 제외하고는 거의 은거하다시피 한다.

김윤식이 10여 년의 은거생활을 청산하고 정국의 표면에 등장하여 세인의 주목을 받게 된 것은 가히 극적인 점이 있다. 이미 을미사변 때부터 역적으로 규탄받았고, 10여 년 전의 한일'합병' 시에도 어김없이 찬성을 표하여 반민족 행위를 주저하지 않았던 김윤식이 이번에는 조선의 독립을 청원했기 때문이다.

사건의 개요는 다음과 같다. 일제의 압제에 항거하는 거족적인 민족운동이 요원의 불길처럼 타오른 지 한 달 뒤쯤인 3월 28일, 김윤식은 「독립청원서」를 작성, 그의 서자인 김기수, 그의 문하생인 이계태, 이계태의 사위의 아버지(사돈)인 이건태 등과 함께 논의한 뒤 자작 이용직(1852~1932)과 연명으로 조선총독, 일본내각 총리대신, 그리고 동경의 『조일신문』, 『시사신보』, 『보지신문』, 대판의 『매일신문』 및 서울의 각 신문사 앞으로 「독립청원서」를 보낸 것이다.

일제측의 재판기록에는 「독립성명서」로, 그의 일기인 『속음청사』에는 「대일본장서」(對日本長書)라는 제목으로 씌어진 이 청원서는 약 850여 자로 되어 있는데, 그 중 한 대목을 적어 보자.

"그대의 노예 김윤식, 이용직은 불행히 운이 아닌 때에 나왔고 또한 다한 나이가 많으므로 처사에 불민하여 합병시에 일본의 작위를 받아 면목에 수치스럽게 되었노라. 그러하나 오늘 죄 없는 자녀들이 물, 불에 휩싸인 것을 보고 침묵키 불능하여 그대의 노예들도 대한독립을 위하여 침실에서 만세를 외쳤노라."(「독립성명서」)

자신의 반민족행위에 대해 얼마나 수치스럽게 생각했는지, 침실에서 외친 만세소리를 누가 들었는지는 알 수 없으나 '노예'의 결심으로서는 대단한 것임에 틀림없다. 그러나 이러한 결심이 청원서의 내용처럼 '민족적' 차원에서의 고뇌 때문은 아닌 것 같다.

여기서 이 무렵 그의 결심과 관련이 있을 법한 몇 가지 사정을 살펴보자. 먼저 독립선언과 관련하여 최남선*이 그를 찾아와 참여할 것을 권유한 일이다. 이 때가 2월 9일이었는데, 김윤식은 일언지하에 거절한다. 그 이유는 독립선언이란 독립이 된 것을 선언하는 것이기 때문이라는 것이다. 그래서 김윤식은 최남선에게 독립청원을 해볼 것을 권한 바가 있다. 다음으로 청원서 제출 직전에 임시정부수립을 계획하던 독립운동가들을 만나 작위 사퇴와 독립선언서 참여를 촉구받은 사실을 들 수 있다. 또한 이들 독립운동가들이 3·1운동을 계기로 준비해 가던 임시정부 가운데 김윤식을 요인으로 추대하고 있었다는 점도 주목할 필요가 있다. 이 시기에 막 탄생되던 5, 6개의 임시정부 중 조선민족임시정부와 대한민간정부에서는 김윤식을 각각 내무경, 외무부장관으로 추대하고 있었다.

이와 같이 3·1운동을 전후하여 독립선언이나, 임시정부 수립 등으로 민족운동이 활발해진 분위기, 더구나 그 일부에서는 단순히 이용가치 때문일 수도 있지만 김윤식을 요인으로 '인정'해 주고 있었다는 사정도 그의 독립청원과 무관하지는 않을 것이다. 그러나 한일'합병'에 대한 찬성이라는 반민족행위가 그러했듯이 독립청원 역시 기본적으로는 지극히 개인적이고 몰아적인 문제의식의 발로였음을 지적할 필요가 있다.

3월 초 일제는 국민대회의 이름으로 씌어진 격문 하나를 적발했다. 거기에는 고종의 독살이 암시되어 있었으며, 일제가 파리강화회담에 제출하려는 독립불원증명서에 "귀족대표 이완용, 종척(宗戚)대표 윤택영, 사회대표 조중응 송병준, 교육대표 신흥우 등과 함께 김윤식이 유림대표로 서명하였다"는 내용이 포함되어 있었다. 소문은 삽시간에 전파되었다. 이 소문이야말로 김윤식으로 하여금 독립청원서를 제출케 한 기본 동인이 되었다. 그것은 그 스스로도 재판 당시의 일기에서 "독립불원서에 자신이 서명했음을 부인하기 위해 드디어 백 마디 말보다 청원서를 쓰려 한다"(『속음청사』)라고 심경을 밝힌 데서 분명히 확인된다.

죽어서도 민족운동의 분열에 '기여'하다

김윤식은 이 사건으로 2개월간 투옥되었다가, 85세의 고령이라는 이유로 징역 2년, 집행유예 3년의 형을 받고 풀려났다. 그러나 대제학직에서 면직되고 자작은 박탈당한 채 서울의 봉익동(창덕궁 남쪽)에서 칩거하다가 1922년 1월 22일 88세의 나이로 죽는다. 호랑이는 죽어서 가죽을 남기고 사람은 죽어서 이름을 남긴다. 민족을 배반하고 한일'합병'에 찬성을 했던 김윤식도 죽어서 남긴 것이 있다. 그것은 바로 민족운동의 분열이었다.

김윤식이 죽자 그의 사회장 문제를 둘러싸고 민족운동 내부에 의견대립이 생긴 것이다. 동아일보계와 민족주의 우파에서는 사회장을 고집하였고 이에 대해 사회주의 계열에서는 반대했다. 특히, 내부의 이념적 차이를 극복하고 청년운동의 통일체를 형성하고 있던 조선청년연합회는 결국 이 문제를 계기로 사회장위원회에 참가하였던 장덕수*, 오상근 등의 서울청년회가 떨어져 나감으로써 어렵게 이루어진 합동전선이 분열되고 말았던 것이다.

김윤식의 독립청원이 알려지자 일부에서는 "만절(晚節)이 더욱 향기롭다"는 평이 있기도 했다. 그러나 그가 독립청원서에서도 실토했듯이 불가불(어쩔 수 없이) '불가 불가'(옳지 않은)한 길을 걸었다 하더라도 그것은 죽어서까지 민족에 해를 끼치는 '불가 불가'한 것이었다.

■ 배항섭(고려대 강사·한국사)

주요 참고문헌

김윤식, 『續陰晴史』.
小松綠, 『朝鮮倂合之裏面』, 中外新論社, 1920.

조중응

- 趙重應, 1860~1919
- 1895년 민비시해사건 가담. 1907년 고종 퇴위 강요. 1909년 친일지『법정신문』발간 1916년 대정친목회 및 한성부민회 회장

매국망동으로 점철된 일생

조중응의 삶은 일일이 열거하기조차 어려울 만큼 매국망동으로 점철된 것이었다. 그는 원래 중협(重協)이란 이름을 가졌으나, 31세 되던 1890년에 중응(重應)으로 이름을 바꿨다. 우연인지 몰라도 그는 개명과 때를 같이 하여 친일의 길에 들어섰고 끝내 제일가는 반민족적 친일분자가 된다.

그는 소론의 양반 집안에서 태어나 한학을 배운 뒤, 1878년 성균관 중학동재(中學東齋)에 들어가 학업을 쌓았고, 1880년에는 전강유생(殿講儒生)으로 경서를 강독했던 유생 출신이었다.

1883년에는 서북변계 조사원에 임명되었으나 이를 거절하고, 개인적으로 만주, 외몽고, 시베리아, 바이칼 호 일대를 돌아보았다. 1년여의 북방 여행을 마친 뒤, 그는 '러시아에 대비하고 일본과 친교해야 한다'는 소위 북방남개론(北防南開論)을 주장하면서 친일적 성향을 나타내게 된다. 그러나 이 일로 민씨 세력에 의해 숙청을 당하게 되고, 1885년 전라남도 보성군에 유배되어 5년여 동안 유배생활을 해야 했다. 1890년 관계에 복귀한 그는 청일전쟁 전야에 의친왕 이강(李堈)의 수행원으로 일본을 다녀오는 것을 전후하여 본격적으로 친

138 갑신·갑오개혁 관련자

한일'합방' 당시의 조중응.

일행적을 드러내게 된다.

그는 1895년의 민비시해, 1907년 광무황제(고종)의 강제 퇴위에 앞장 서더니, 급기야 1910년 매국내각의 각료로서 나라를 팔아먹은 민족의 최대 반역자가 되었던 것이다. 매국의 공로로 그는 일제로부터 자작의 작위와 10만 원의 사금(賜金)을 받았으며, 일제하에서 중추원 고문 및 각종 친일단체의 수령이 되어 일제 침략의 주구로서 광란적 행동을 서슴지 않았다.

민비시해와 일본 망명

조중응의 매국행각은 1895년 민비시해 음모에 가담하면서부터 비롯된다. 1894년 동학농민전쟁으로 조선의 정국이 혼란할 때, 일제는 이를 기회로 삼아 적극적인 침략 공세를 가해 왔다. 일제는 먼저 한반도의 패권을 놓고 각축하던 청나라와 일전을 겨뤄 승리한 뒤, 다시금 친러정책을 고수하면서 일본 세력에 정면 대항하던 민비와 그 척족 세력을 일소하고자 음모를 꾸며 나갔다.

일본공사 미우라 고로(三浦梧樓)는 1895년 4월, 대원군을 앞세워 일본군대와 낭인들로 하여금 왕궁을 습격하게 하고 민비를 시해한 뒤 정권을 탈취하는 만행을 저질렀다. 이 때 친일정객도 동원되었음은 물론이었다. 당시의 친일내각은 일제의 사주를 받아 폐비조칙을 강행하는 등 적극적인 친일정책을 폈는데, 법부 형사국장이었던 조중응은 그 실무 책임자의 위치에 있었다.

이와 관련한 그의 행적을 자세히 밝히기는 어렵다. 그러나 후에 이 일로 목숨을 부지하고자 일본으로 도망가야 했던 사실만을 놓고 보더라도 그가 민비시해에 깊게 관여했음을 짐작하기란 어렵지 않다. 그리고 북방남개론이라는 주장 아래 반러 친일의 입장을 견지하다가 민비 세력에 의해 숙청당한 바 있던 그였으므로 친러의 민비세력 거세에 누구보다 적극 가담했을 것이라고 짐작된다.

조중응은 1896년 2월 아관파천으로 김홍집 내각이 붕괴되자 목숨을 건지고자 일본으로 피신하여 이후 10여 년 동안을 일본에서 지내게 된다. 일본에 있는 동안 그는 농업학교에 강습생으로 양잠업 재배를 익히는 등 일본 농업에 관심을 보이는 한편, 40여 세에 전문학교 과정의 정치법률과를 다니기도 하였다. 그러는 과정에서 그는 일본 제국주의의 위력에 압도당하고 철저한 친일분자로 양성되기에 이른다.

이 무렵 그는 스무 살 아래의 일본인 처녀 미스오카(당시 20세)와 동거를 하였는데, 다케코(竹子) 부인이라고 불리던 이 일본 여인은 후에 조중응의 정실이 되었다. 그런데 재미있는 일은 조중응이 본국에 엄연히 정실 부인을 두고 있었음에도 이를 속인 채 일본 여인과 정식 결혼을 치렀다는 것이다.

1906년 조중응이 한국으로 돌아올 때 그녀를 데리고 왔는데, 어엿이 정실 최씨 부인이 있음을 안 일본 여인은 울고불고 난리를 치며 일본으로 돌아가겠다고 하여 장안에 화제가 된 일이 있었다. 그러다가 이러한 일이 광무황제에게까지 알려지게 되고, 광무황제가 나서서 두 여인을 좌부인 우부인으로 하라고 중재함으로써 조중응은 정처를 둘씩이나 거느리는 팔자가 되었다. 조중응은 일본 여인과의 사이에서 아들(文鎬, 1908년생)과 딸(淑鎬, 1913년생)을 두었는데, 이들은 어려서부터 일본으로 보내져 생활하였으므로 일본인과 다름없이 되었다.

광무황제 퇴위를 강요한 7적

'을사조약'의 강요로 한국이 반식민지로 전락됨과 동시에 조중응은 1906년

7월 일제를 등에 업고 돌아왔다. 그는 일본에서 익힌 농업지식과 관련하여 잠시 통감부 촉탁 농사조사원으로 있다가, 1907년에 일약 이완용* 내각의 법부대신에 기용되는 기염을 토했다. 그것은 이토 히로부미(伊藤博文)의 전폭적 지원에 힘입은 것이었다. 이토는 완전 식민지화의 작업으로 이완용 내각에 일본 망명자 또는 유학생 출신의 친일분자를 대거 기용케 함으로써, 망국의 상황을 재촉해 갔던 것이다. 이 무렵 관리 채용의 기준은 오로지 친일성에 의해 정해졌고, 이로써 전통적 관료제도에도 일대 혼란이 일어나게 되었다. 이 틈을 타서 조중응은 일제의 앞잡이 노릇을 하며 더러운 권력을 손에 넣을 수 있었다.

그러던 중 1907년 6월 '헤이그 밀사사건'이 일어나자, 그는 일제의 사주를 받고 광무황제의 강제퇴위를 주동하는 7적이 된다. 일제는 헤이그 밀사사건을 트집 잡아 광무황제의 퇴위를 획책하였는데, 그 일을 이완용의 내각에게 떠맡겨 버렸다. 당시 내각에는 이완용을 비롯하여 조중응, 고영희(高永喜), 송병준*, 이병무(李秉武), 이재곤(李載崐), 임영준(任善準) 등이 있었다.

이들 7적은 이토가 주도한 이 음모의 주구가 되어 광무황제로 하여금 퇴위하도록 종용하는 등 망동을 서슴지 않았던 것이다. 이들은 광무황제에게 "동경에 가서 사죄를 하든지 일본군 사령관 하세가와 요시미지(長谷川好道) 앞에 나아가 죄를 빌라"는 등 망측한 만행을 부렸다. 결국 이들의 압력에 굴복한 광무황제는 강제퇴위를 당하는 비극을 맞이한다.

이어 이들은 어린 융희황제(순종)를 앞세워 정미조약을 일본측 원안대로 한 자의 수정도 없이 가결시킴으로써, 그나마 실낱 같던 대한제국의 숨통을 잘라 버렸다. 1910년에 경술국치를 당했다고 하나, 그것은 형식적일 뿐 대한제국의 멸망은 사실상 '정미조약'에 의해 결정난 것이었다.

조중응의 매국 행각은 여기서 그치지 않았다. 한술 더 떠 1907년 10월에는 궁중특별경위사무의 감독직을 맡아 궁궐 경호의 책임자가 되어 퇴위당한 광무황제와 어린 융희황제의 일거수 일투족을 감시하는 등 온갖 자행을 저질렀다. 그 대가로 조중응은 1907년 10월에 일본의 1등훈장 대욱장(大旭章)을 받기도 했다.

1909년에는 친일지 『법정신문』을 발간하여 일제침략을 정당화하는 여론을 조성하는 한편, 침략의 원흉 이토가 안중근 의사에게 만주 하얼빈에서 처단 당하자 내각 사죄단의 대표 자격으로 일본에 건너가 이토의 영정 앞에 머리를 숙이는 등 반민족적인 망동에 앞장 섰다. 그리고 1909년 12월에는 이완용과 결탁하여 친일단체 '국민연설회'의 발기를 주도하였고 나라를 팔아먹는 일에 일진회와 경쟁을 벌이는 등 차마 웃지 못할 매국행각을 벌였다.

지칠 줄 모르는 친일행각

그는 대한제국의 멸망과 함께 일제로부터 훈1등 자작과 10만 원의 사금을 받았다. 당시 일제는 매국의 '공훈'에 따라 소위 사금의 액수를 정하였는데, 10만 원이란 돈은 소위 귀족들 중에서는 이완용(15만 원)과 민영찬(민비의 오빠, 12만 원) 다음으로 많은 것이었다. 10만 원을 받은 자들로는 조중응 외에 송병준, 박제순*, 이지용* 등과 같은 제1의 매국노가 있었다. 을사오적의 권중현*, 이근택*, 윤덕영* 등이 5만 원을, 일반 남작들이 2만 5000원을 받았던 것을 보더라도 그의 매국 행각이 어느 정도였던가를 쉽게 알 수 있는 것이다.

세간에서 '무사분주'(無事奔走)라는 별명을 붙일 만큼 그는 안 끼는 친일단체가 없을 정도로 광적인 친일배였다. 그런 점에서 그는 지칠 줄 모르는 정력가였다. 그는 망국 직후인 1910년 10월 중추원 고문이 되었고, 1911년에는 일본적십자 조선본부 평의원을 지내는 한편, 1913년에는 송병준, 박영효*, 박기양 등과 '조선무역주식회사'를 설립하여 운영하기도 했다. 그런가 하면 1916년에는 일본인 유력자와 한국인 갑부의 친목을 도모하기 위해 만든 대정친목회 및 한성부민회의 회장을 맡으면서 일제 식민지 통치 기반의 구축에 누구보다 열을 올렸다.

또한 그는 일제의 어용 유학기관인 경학원의 설립도 동분서주하면서 선전하고 다녔다. 일제는 한국 전통 유교의 정신을 차단하는 대신 일본식 유교로의 전환을 시도하여 민족정신을 말살하고자 했는데, 경학원은 그 중심적 기관이었다. 다시 말하면 일제는 한국의 전통 문화와 자주성을 말살하고, 식민지 통치에 적합한 일본식 문화를 부식하기 위한 일환으로 경학원을 세웠던 것이다. 여기에는 김윤식*, 박제순 등이 참여하였는데 조중응 또한 빠질 리가 없었다. 이러한 그의 면모는 『매일신보』의 사설 「공자교의 부활(1)」(1913. 2. 1)을 통해 확인된다.

금일 조선인에게 적당한 정신교육은 2개의 방법이 있는데, 하나는 내지(일본)의 무사도(武士道)요, 하나는 조선 전래의 유교이다. 우선 조선인의 일용 상행하는 유교를 부활케 함이 윤리와 도덕을 회복하는 첩경이 될지나 이를 이끌 만한 선각자가 없어 늘 개탄하던 바였는데, 위로는 사내(寺內) 총독의 의지를 좇아 시정방침으로 인민에게 전달되고, 밑으로는 일반 민중의 모범이 될 만한 조중응(趙重應) 자작이 근일 공자교에서 정한 바 구계구행(九戒九行)의 성훈(聖訓)을 일반 인사에게 광포하여 조선인의 타락한 도덕을 회복 발휘코저……

과거 전강유생의 경력을 지닌 그는 스스로 전통 유학의 뿌리를 부정하고, 일본식 유학의 선전에 적극 가담하면서 전통문화 말살을 획책하는 일제 식민지 정책의 선전자가 되었던 것이다.

1910년대부터 '아세아연대주의'를 부르짖으며 일제의 대륙침략 선동

이처럼 그는 친일의 길이라면 물불을 가리지 않았다. 그야말로 그에게서는 터럭만치도 민족의 양심을 찾을 수 없는, 영원한 친일파였다. 그는 매국으로도 모자라 말년에 이르러서는 일제의 대륙 침략 논리를 비호하는 등 극단의 친일행적을 남겼다.

그가 『매일신보』에 기고한 「동양인일치상보지필요」(東洋人一致相保之必要, 1916. 9. 19~20)라는 논설에서 나타난 아세아연대주의의 논조를 간추려 보면 다음과 같다.

그는 먼저 "동양의 일부분인 일본이 그 문명 발달한 독력(獨力)으로도 능히 동양 전체의 우리들의 체면과 평화를 유지케" 한다면서 일본을 치켜세우며 굴종적 노예 자세를 극명하게 드러냈다.

그리고 일본은 "50여 년 전부터 수천 년 전래하던 구식을 일변하고 개국진취의 유신대업을 이룸으로써 오늘날 서양제국과 견주어 손색 없는 위치를 차지하고 있으며, 아직도 잠에서 깨어나지 못한 동양제국은 서양제국의 침략에 위험한 지경에 이르러 동양을 지키지 못할 뻔 했는데, 부강하고 문명된 일본의 힘에 의해 동양을 지킬 수 있었다"는 것이다. 때문에 전동양 각국인은 "일본인과 같이 문명발달에 진취"해야 할 것이라고 힘주어 강조하면서 일본 제국주의의 대륙 침략을 옹호하였다.

그는 또 이러한 주장이 "서양에 대한 적개심에서 비롯된 것이 아니라 상호의 세력을 평균케 하여 세계의 평화를 완전 영구하게 하자는 데 있으며, 나아가 인종적 구별 없이 천지를 부모로 한 인류된 오인(吾人)의 행복을 영구 향유코저 함"이라는 해괴한 논리를 늘어 놓았던 것이다.

그가 일본인이라면 몰라도, 또 일제가 대륙 침략을 본격화하는 1930년대라면 몰라도 1910년대에 벌써 일본 제국주의의 대륙 침략을 선전하던 그의 친일행각에 놀라지 않을 수 없다. 이쯤 되면 친일파 정도가 아니라 일본 제국주의의 침략론자와 하나도 다를 바가 없다. 그는 우리 나라를 팔아먹는 데 그치지 않고, 나아가 동양 전체를 일본에 복속시키려 한 일본 침략주의의 선동가였던 것이다.

그는 1919년 8월 25일 60세를 일기로 반역의 삶을 마치게 된다. 이 때 조선총독부 기관지 『매일신보』는 제1급 친일파에 대한 예우로서 「조중응자훙거」(1919. 8. 26)라는 제하의 사설을 통해 조의를 표하였다. 그런데 재미있는 것은 조문 형식의 이 글에서조차 "매국적이라는 것 외에도 기타 악독과 냉조(冷嘲)의 중심인물이 됨으로써 조중응이란 석자는 경박한(輕薄漢)의 수괴로 보았던 것이 사실이다"라고 조중응을 평하고 있는 점이다.

한마디로 그의 삶은 민족과 국가를 버린 채 매국을 위해 살다간 반역의 길이었으며, 일신의 영달을 위해서 도덕과 인륜을 저버리고 '무사분주'했던 경박한의 행로였다.

■ 장석흥(독립기념관 한국독립운동사연구소 연구원)

주요 참고문헌
『매일신보』
『朝鮮貴族列傳』

『朝鮮紳士大同譜』
『大韓帝國官憲履歷書』

장석주
이토 동상 건립추진운동의 주동자

- 張錫周, 1849~1921
- 1895년 법부 대신. 1905년 동아찬영회 총재. 1907년 궁내부 특진관
  1919년 유도대동회 결성

남작의 작위와 은사금 5만 원의 친일 공로

1910년 한일 '합방' 이후 일본은 '합방'에 공로가 있는 전현직 대신들에게 후작(侯爵 6명), 백작(伯爵 3명), 자작(子爵 22명), 남작(男爵 45명)의 작위를 주고, 은사금의 명목으로 그것도 공채(公債)로 후작은 15만 원, 백작은 10만 원, 자작은 5만 원, 남작은 2만 5000원을 주었다. 이 때 장석주도 일본 정부로부터 남작의 작위를 받고 은사금으로 5만 원을 받았다. 여기서 한 가지 의문이 생긴다. 5만 원은 자작에게 주어지는 액수였는데, 왜 장석주에게도 그 같은 금액이 주어진 것일까? 이는 장석주가 일본 정부로부터 남작이라는 작위 이상의 가치를 인정받았기 때문일 것이다.

'합방' 당시 작위를 받은 자의 수는 모두 76명이었는데, 그 당시 대신직에 있던 자는 자작을, 그 나머지로 전직 대신이었던 자는 남작을 받았다. 즉, '합방'에 공로가 아주 크더라도 위의 기준에 따라 작위가 수여되었던 것이다. 따라서 장석주의 공로가 매우 컸더라도 당시 그의 자격이 전직 법부대신이므로 작위는 남작에 해당했던 것이다. 그리고 그 이상의 공로는 자작에 해당하는 은사금을 줌으로써, 일제는 그의 효용 가치를 높이려 했던 것으로 이해할 수 있다.

'을사보호조약' 체결 축하 기념 촬영을 하는 이토를 비롯한 일본군 장성과 일본공사관원들. 장석주는 안중근에게 살해된 이토의 동상 건립을 추진하기도 했다.

그렇다면 장석주가 일제로부터 작위 이상의 가치를 인정 받은 이유는 무엇일까? 바로 이 점이 장석주의 친일행각을 이해하는 열쇠가 된다.

현재 장석주에 대해서는 그 개인에 관한 이력과 친일행각에 대한 구체적인 자료를 거의 찾아볼 수 없다. 이러한 실정이지만, 여기저기 단편적이나마 산재되어 있는 자료를 통해서 장석주의 친일행위 및 정치적인 행각에 대해 가능한 대로 접근해 보려 한다.

장석주는 함경북도 경성 출신으로 어려서의 이름은 박(博)이다. 일찍이 수재로 명성을 떨쳤고, 이는 국왕에게까지 알려질 정도였는데, 이것이 계기가 되어 고종의 부름을 받게 되었다고 한다. 그는 1882년 상경하여 이듬해 새로이 신설된 통리아문 박문국에 채용되어 『한성순보』의 발행에 적극적으로 참여하게 되었다.

『한성순보』가 나오게 된 데에는 1882년 8월 박영효*를 수반으로 한 수신사 일행이 일본에 갔을 때, 일본의 개화 인사인 후쿠자와 유기치(福澤諭吉)를 만난 것에서 기인한다. 즉 일본의 문물을 시찰하고 후쿠자와 개화문명에 대한 의

견을 나누면서 한성에 민중 계몽의 수단으로 신문을 발간하기로 한 것이다. 이 과정에서 후쿠자와가 내세운 명분은 민중 계몽이었겠지만, 실제는 신문매체를 도구로 하여 그들의 조선침략을 합리화하려는 일제의 문화침략 정책이 숨어 있었던 것이다.

귀국 즉시 한성판윤에 임명된 박영효는 외무아문 박문국에 한성부 신문국을 설치하여 창간준비를 서둘렀다. 그리고 후쿠자와의 추천을 받은 이노우에(井上角五郞)는 우시바(牛場卓藏), 다카하시(高橋正言) 등 두 기자와 그 밖의 일본인 인쇄공 등 기술자를 대동하여 내한하였고, 이들이 신문 간행의 준비 작업을 주도하였다. 그러나 보수파 인사의 책동으로 박영효가 광주 유수(廣州 留守)로 좌천되자, 일본인 기자는 1883년 4월 일본으로 돌아갔고 신문발행 작업은 일시 중단되었다.

이처럼 첫 시도가 중단된 지 6개월 뒤, 이노우에가 외무아문 고문에 취임됨으로써 다시 본격적으로 신문발행 작업이 진행되었다. 이노우에는 한성판윤 김만식(金晩植)의 협조로 1883년 10월에 『한성순보』를 창간했다. 『한성순보』는 정부에서 간행되었기에 반은 관보적인 성격을 띠었고, 순한문으로 되었다는 것과 일본인의 영향에 의해 만들어졌기 때문에 일반 대중에게는 평이 좋지 못했다. 더구나 신문의 기사가 친일 반청적이었기에 당시 친청적인 성향을 지녔던 보수파 인사들의 불만은 날로 높아 갔다.

이러한 가운데 1884년 4월 장석주는 박문국 사사(司事)로 승진되었고, 11월에는 교섭아문 주사(主事)에 임명되어 박문국의 업무를 전담하였다. 그러나 1884년 12월 갑신정변이 실패로 끝나자 박문국의 시설도 보수파 인사들에게 파괴되고 『한성순보』의 간행도 중단되었다.

이후 복간운동이 성공하여 1885년 11월부터 다시 본격적인 활동에 들어갔다. 이 때 장석주가 주필에, 총재에는 김윤식*이 임명되었다.

그 뒤 『한성순보』는 발간 횟수를 종래의 순간(旬刊)에서 주간으로 하고 명칭도 『한성주보』로 고쳤다. 그리고 국한문 혼용을 시도하여 최초로 신문에 한글을 등장시켜 독자층이 일반 서민에게까지 확대되는 계기를 만들었다. 그러나 발간된 지 2년 반만에 표면상 재정적인 이유로 『한성주보』는 1888년 7월 폐간되었다. 폐간된 실질적인 이유로는 당시 갑신정변 이후 조선에서 일본의 세력이 일시 퇴조하고 보수파가 득세하게 되자, 일본의 세력을 등에 업고 추진되던 개화파의 여러 개혁과 제도도 폐지되었으며, 이에 따라 박문국도 혁파되고 여기서 간행되던 『한성주보』도 발행이 중단되었던 것이다.

한편, 1894년 갑오개혁으로 친일내각이 성립하자 장석주는 법부아문의 참의, 협판 등을 거쳐 1895년 김홍집 내각(4차) 때 법부대신에 기용되었다. 그러나 1896년 2월 고종과 황태자가 러시아 공사관으로 파천하는 사태가 발생하여 김홍집 내각이 무너지고 각료들은 역적으로 몰리게 되었다. 이 때 장석주는 집에 있다가 심복인 순검의 통지를 받고 유길준, 조희연* 등과 더불어 도주하였다. 이들은 일본 공사관에서 양복으로 갈아 입고 일본병의 호위를 받으면서 일본으로 망명하였다. 이 때부터 이름을 석주로 고친 후 10여 년 간 일본에서 망명생활을 하게 되었다.

이토 동상 건립운동 주도

일본에 망명해 있는 동안, 장석주는 일본의 문명에 감복하여 동화되었고 망명객들의 중진으로서 타인의 존경을 받았다고 한다. 이는 장석주의 일본 망명생활이 그의 친일성향을 더욱 성숙하게 만든 중요한 계기가 되었음을 뜻한다. 1907년 이완용 내각 때 귀국하여 궁내부 특진관, 제실 회계감사원경(帝室會計監査院卿) 등을 역임하였다

1905년 '을사보호조약' 이후 조선의 식민지화가 구체화되자 친일파들의 친일행각은 더욱 노골화되었는데, 그 가운데 하나가 안중근에게 살해된 이토 히로부미(伊藤博文)를 추모하고자 한 일이 있다. 이 일을 추진하던 세력들은 민영우(閔泳雨), 이민영(李敏英) 등을 중심으로 이토의 동상을 건립하기 위해 '동아찬영회'라는 친일단체를 만들었다. 이 모임에서 장석주가 총재직을 맡았고, 민경호(閔京鎬)는 부총재, 민영우는 회장이 되어, 동상건립비로 13도에서 매호당 10전씩 모금하는 계획을 세웠다. 이후 윤진학(尹進學)으로 회장이 바뀌자 이토를 위해서 사당을 지어 봄, 가을 두 차례 제사를 지낼 계획까지 하였다.

동아찬영회가 모임을 발기할 즈음 이토의 송덕비를 세워 주겠다는 취지하에, 이학재(李學宰), 윤진학 등이 중심이 된 '송비건의소'(頌碑建議所)라는 또 하나

의 친일조직이 결성되었다. 장석주는 이 단체에도 찬성원으로 참여하여 누구보다도 활발한 친일행각을 벌였다.

이 후 장석주는 1919년 3·1 운동이 일어났을 때, 무력을 동원하여 이를 소탕할 것을 총독에게 건의하기까지 하였다.

"단지 구설(口舌)로만 할 뿐 힘으로 복종시키지 않는다면 관리를 살해하고 관청을 분략(焚掠)하면서 일본인을 습격, 살해할 것입니다……이러한데 총독은 구설로만 타이름이 옳겠습니까? 병력으로 무찌름이 옳겠습니다. 단지 구설로써 이를 타이른다면 소요의 진정에는 만에 하나를 보태는 바 없을 것입니다. 반드시 힘으로 이를 복종시킨 연후에라야 일시적 효과라도 볼 수 있을 것입니다."(장석주,『조선독립소요의 사정과 원인』)

3·1 운동이 나날이 격화되어 전국적으로 확대되어 감에 따라 일본은 조선에 대한 통치노선을 문화정치로 변경시키려 하였다. 이를 위해 종래의 민족운동을 하던 각 단체의 사람들을 총독통치에 끌어들여 개별적으로 회유하는 정책을 취하였다. 그 하나의 방법으로 조선의 지도층인 귀족, 양반, 유생, 부호, 교육가, 종교가 등을 회유·포섭하고 각 단체를 후원·육성하여 친일단체로 만들어 나갔다. 이는 3·1 운동 후의 배일적인 분위기를 가라앉히고 민족분열을 획책하고자 한 일제의 고등정책이었다.

이로 인하여 송병준*, 박영효의 '조선민우회', 민영기를 총재로 한 '상무연구회', 경북의 '유도진흥회', 중추원 참의 어윤적(魚允迪)이 중심이 된 '대동사문회' 등이 결성되었다. 그러나 이러한 조직들은 활발한 활동도 못하였고 오래 지속되지도 못하였다.

한편, 장석주도 유도대동회라는 모임을 결성하기도 하고, 동광회 서울지부 결성에 참가하기도 하였다. 다른 친일단체가 총독부 당국의 지시에 의해 결성되었던 것과는 달리, 동광회는 일본의 대륙침략에 앞잡이를 섰던 우익 정치단체인 흑룡회계의 일본 낭인들이 결성한 단체였다. 일본인들은 이 동광회 지부를 서울에 결성하여 회장에 박영효, 부회장에 장석주를 앉히고 유림 세력을 끌어 들이려고 했으나 실패로 돌아갔다. 이와 같이 장석주는 자신이 친일단체를 조직하거나 친일단체에 참가하여 일본의 정책에 적극적으로 협조하는 자세를 취하였다.

말년까지 친일행위를 하던 장석주는 1921년 사망하였다. 한일'합방'과 더불어 수여된 남작의 작위는 그가 사망한 후 아들 장인원(張寅源)에게 습작되었다. 장인원은 1870년 함경북도 경성에서 출생하였고 구한국시대 전의군수를 거쳐서 한일'합방' 이후에는 홍산·청양·보성군수를 역임한 바 있다. 그리고 그는 1921년부터 1924년까지 중추원 참의를 지내기도 하였다. 이와 같이 장석주의 친일행위는 그의 아들에게까지 그대로 이어졌고, 그의 집안이 일제 시대의 전형적인 친일가문으로 자리매김하는 데 결정적인 역할을 하였다.

■ **오연숙**(인천교대 기전문화연구소 연구조교)

주요 참고문헌

黑龍會 編, 『東亞先覺志士記傳』, 原書房, 1981.
大村友之丞, 『朝鮮貴族列傳』.
細井肇, 『現代漢城の風雲と名士』, 日韓書房, 1910.
鄭 喬, 『大韓季年史』.
金允植, 『續陰晴史』 下.

조희연

- 趙羲淵, 1856~1915
- 1894년 갑오농민전쟁 당시 '정토군'(征討軍) 조직. 1894년 청일전쟁 때 일본군을 도운 공로로 군무대신 서리. 1910년 남작

청일전쟁 때 일본군의 앞잡이로 활약

1910년 한일'합병' 이후 일본은 일본 정부에 협조적이던 대신들, 친일적인 인사들에게 작위를 줌으로써 한국통치를 원활하게 하고자 하였다. 이 때 조희연도 남작의 작위를 받았고, 1910년 10월에 생긴 중추원의 고문으로 추대되었다. 그렇다면 이와 같은 작위에 걸맞은 조희연의 친일행위는 어떠한 것이었을까? 조희연의 친일행위는 그의 정치적인 노정을 추적해 보면 어느 정도 알 수 있을 것이다.

조희연은 흔히 1894년 갑오개혁 이후 두각을 나타낸 친일인물로 알려져 있다. 조희연의 행적은 그가 1874년 무과에 급제한 뒤, 1883년 기기국 위원, 선전관, 훈련원 판관 등 군직에 관련하면서 중국이나 일본 등지의 군사시설을 시찰할 계기가 많았던 데서부터 그 가닥을 잡아 볼 수 있다. 즉, 1887년에는 군사상 업시찰을 위해 상해를 다녀오는가 하면, 그 이듬해인 1888년에는 군기(軍器) 구입 등의 중요한 임무를 띠고 상하이(上海), 홍콩을 거쳐 일본의 포병공창(砲兵工廠)을 견학하면서 일본의 명사들과 교류하고 일본 문물에 자주 접하게 되었다. 이것은 그의 견문을 넓히고 개화에 대한 식견을 개발하여 주는 한 계기가 되

'아관파천' 후 러시아 공관에서 무력시위를 벌이며 고종의 환궁을 요구하는 일본군대. 당시 군무대신이던 조희연은 아관파천 직후 이를 막기 위해 군대를 파견하려 했으나 뜻을 이루지 못하고 일본으로 망명했다.

기도 하였다. 귀국한 뒤 그는 양국의 문명을 참작하여 이를 시행하려고 하였고 청일양국으로부터 군기를 사들이기도 하였다.

1894년 농민전쟁이 발발하자 조희연은 정토군(征討軍)을 조직해서 초토사 홍계훈, 양호순변사 이원회(李元會) 등에게 군량 및 군비 등을 지급하여 파송하기도 하였다.

당시 집권층인 민씨정권은 자력으로 농민군을 진압할 수 없게 되자 청국에 응원병을 청하기에 이르렀다. 이 때 조희연은 청나라에 병사를 요청하는 것에 대하여 강력하게 이의를 제기하였다. 즉, 청국에 원병을 청하여 청국군이 온다면 동아(東亞)의 소요를 야기시킬 뿐만 아니라 열강의 간섭이 더욱 심해져 위기에 처하게 된다는 것이다.

불행하게도 그의 예견은 들어맞았다. 농민전쟁과 청국군의 개입을 빌미로 조선에 들어온 일본군은 내정개혁이라는 구실 아래 1894년 6월 아침에 군사행동을 개시하였다.

6월 21일 일본은 영추문(迎秋門)으로부터 침입하여 들어와 경복궁을 점령하고 조선군의 무장을 해제하였다. 그리고는 민씨정권을 무너뜨리고 대원군을 내세웠다. 이 때 민씨일족을 유배 보내고 대원군을 등장시킨 조희연의 활약이 눈에 띈다(菊池謙讓,『조선근대사』). 조희연과 함께 대원군의 추대에 관여했던 자는 김가진(金嘉鎭), 안경수(安駉壽) 등를 비롯하여 조선 정부 고문 오카모토 류노스케(岡本柳之助), 호즈미(穗積寅九郞), 기쿠치 겐조(菊池謙讓) 등이다.

여기서 우리는 조희연의 이중성과 기회주의적 태도를 엿볼 수 있다. 민씨정권의 청국원병이 외세의 간섭을 불러일으킬 것이라고 반대했던 그가 일제의 만행에 대해서는 아무런 항의도 하지 않고 오히려 그들의 앞잡이로 활약한 것을 어떻게 받아들여야 할까.

아무튼 이런 공로로 조희연은 갑오개혁을 추진할 당시, 장위사(壯衛使 : 육군대장)에 등용되었다. 이후 일본이 충청도 앞바다에 있는 청국의 군함을 먼저 공격함으로써 청일전쟁이 일어나고, 아산에서 청일 양군이 접전하자, 조희연은 우범선*, 이두황*, 이범래(李範來) 등을 선발대로 파송하여 일본군을 돕기도 하였다. 이 공로로 조희연은 제1차 김홍집 내각이 성립되었을 때 군무대신 서리로 승진하였다. 그리하여 그는 전국의 군제를 관할하게 되었다.

조희연은 아산에서 일본군이 승리한 뒤 평양으로 향하자 이창렬을 부산에 보내어 일본군을 환영함과 동시에, 이두황을 선봉으로 내세우고 일본군을 인도하는 등 일본측을 적극적으로 도와 주었다. 평양 전투에서도 일본군이 우세하자 조희연은 일본군 위문대사로 특파되어 일본군을 위문하기도 하였다.

한편, 개혁의 중심기관으로 군국기무처가 신설될 때 군국기무처의 회의원을 겸하기도 하였다. 이 때 조희연 이외에도 김가진·안경수·김학우·권형진·유길준 등 신진개화파들이 대거 등장하게 되었다. 이들을 주축으로 한 군국기무처는 국정전반에 관한 모든 사무를 관장하면서 조선의 근대화를 추진하려고 하였지만, 친일개화파와 대원군파 사이의 반목과 질시 등으로 일본측의 계획대로 이루어지지는 않았다.

이에 일제는 1894년 9월 27일, 오토리에서 이노우에 가오루(井上馨)로 공사를 교체하여 대원군을 몰아내고(10. 21) 군국기무처를 폐지하였으며, 고종을 위협하여 제2차 내정개혁을 단행하였다. 즉, 김홍집·박영효* 연립내각을 수립하여 친일파 내각을 만든 것이다. 일제는 그 해 12월에 고종으로 하여금 홍범14조를 발표하게 한 이후, 일본인 고문관을 불러와 조선의 내정에 깊숙히 관여하였다.

일본세력과 부침 함께 한 한말의 정치적 노정

조희연은 김홍집, 박영효를 수반으로 하는 제2차 김홍집 내각에서 군무대신으로 승진하였다. 이 내각은 김홍집, 박영효의 주도권 싸움으로 충돌이 잦았는데 급기야 왕궁호위병 선임문제가 발단이 되어 계파간의 대립이 나타나게 되었다. 즉, 김홍집 계열인 조희연이 갑신정변 때 청군의 입장에서 개화당을 공격했던 신태휴(申泰休)를 훈련대장으로 임명하려 하자 박영효가 완강히 반대하였던 것이다. 조희연이 원래는 중립을 유지하다가 김홍집과 박영효가 대립할 때 김홍집 일파가 되었던 자이기에, 박영효에게 조희연의 존재는 눈엣가시였던 것이다.

이 같은 상황에서 조희연이 정치적으로 배제되는 사태가 발생했다. 1895년 2월, 전쟁에서 이긴 일본군을 위문하기 위해 조희연이 문무관료 20여 명을 대동하고 다롄 만(大連灣)·진저우(金州)·뤼순(旅順)·웨이하이웨이(威海衛) 등지로 떠나자 군무에 관한 일은 군부협판 권재형이 담당하게 되었다. 이에 박영효 일파는 정란교*, 유혁로(柳赫魯) 등을 군부의 요직에 등용시키고 조희연이 귀국한 뒤에도 이들이 주도권을 장악하도록 하였다. 그리하여 조희연은 허수아비가 되고 말았다.

게다가 1895년 4월에는 조희연에게 더 불리한 사건이 발생하였다. 양주목사(楊州牧師) 이두황이 부임할 때, 이를 호위하기 위한 군사로 1개 분대를 파견하자는 논의가 있게 되었다. 이 때 군무대신 조희연이 아직 칙허를 받지 못하였는데도, 11일 밤 박영효파인 군무 관방장(官房長) 정란교가 군대를 출병시켰다. 고종은 조희연이 재가 없이 임의로 출병시켰다고 하여 크게 노하고, 그가 전에 일본군 위무사로 특파될 때 재가전에 신제(新制) 군복을 착용했다는 것까지 지적하며 알현조차 허락하지 않았다. 그리고 조희연의 책임 문제와 진퇴 문제를 각의에서 결정하도록 하였다. 각의에서 조희연에 대한 면직처분이 내려지자 김홍집 및 대신들이 사표를 제출함으로써 김홍집 내각은 붕괴되고 말았다.

이와 같은 내각의 붕괴에 당황한 일본은 정국을 수습하기 위해 다시 김홍집을 발탁하여 내각을 조성하였다. 이것이 제3차 김홍집 내각이다. 그러나 새 내각에는 일본측의 의도와는 달리 심상훈, 이범진, 이완용* 등 친러·친미파가 등용되었다. 반면 친일파의 중심 세력이었던 김가진이 면관되고 유길준이 좌천되는 등 친일세력은 주춤하게 되었다. 이로써 삼국 간섭 이후 일본 세력은 조선에서 일시 퇴조하는 듯했다. 이는 지금까지 일본의 노골적 내정간섭에 불만을 갖고 있던 고종이 친러파와 합세하기 시작하였음을 의미하는 것이다.

다시 김홍집 내각이 성립된 후 조선 정부가 친러배일적인 정책을 실시하자 일본은 이노우에 공사 대신 미우라(三浦梧樓) 공사를 부임시켜 세력을 만회하고자 하였다. 이러한 움직임은 1895년 10월 왕궁을 습격하여 배일적이던 명성황후를 시해하기까지에 이르게 되었다.

이후 김홍집을 수반으로 하여 민비파는 물론이고 친러·친미파가 완전히 배제된 친일내각이 구성되었다. 이것이 소위 제4차 김홍집 내각이다. 이 내각에서 조희연은 군부대신에 기용되면서 다시 군에 관한 사항은 그의 소관이 되었다.

민비 세력이 쇠락하고 친일파가 일시 신내각을 조직한 지 얼마 안 되어, 다시 친러파가 득세하여 고종을 러시아 공사관으로 이어(移御)하는 '아관파천'이 발생하였다. 그날 밤 조희연은 궁궐에서 숙직하던 중 그 변을 듣고 날이 샐 무렵 군부로 달려가서 군대를 파견하려고 하였지만 그럴 만한 군사가 없었다. 또한 이미 고종은 러시아 공사관으로 이어한 상태였다.

아관파천이 발생하기 전 김홍집, 어윤중, 정병하, 유길준은 지방 파견대의 일부를 긴급히 소환시켜 궁궐의 호위를 엄중히 할 것에 협의한 바 있었다. 그러나 당시 군대 지휘자는 거의 쫓겨난 상태이고 그나마 군부대신 조희연 휘하의 친위대 제1중대는 원주에 있는지라 궁궐은 텅빈 상태였던 것이다. 조희연은 급히 입궐하려고 하였으나, 수십 명의 순검이 돌입해 오자 겨우 몸을 피해 후문으로 달아나 일본 수비대의 보호를 받아 남촌(南村)의 일본인 집으로 겨우 피신하였다.

이날 김홍집 이하 친일 내각 대신들에 대한 포살령(捕殺令)이 내려졌고, 조희연을 비롯한 대대장 이진호*, 이범래, 우범선, 이두황, 권형진 등에게는 포박령이 내려졌다. 이 때 김홍집, 정병하 등은 군중들에 의해 타살되었고, 조희연, 유길준 등은 모두 피신하였다.

1896년 2월 조희연은 유길준 등과 함께 인천으로 가서 일본으로 망명하였다. 그는 일본에 망명해 있는 동안 일본의 군사시설 및 산업을 시찰하였다. 구수노세(楠瀬辛彦)의 주선으로 참모차장 가와카미(川上曹六)를 만나 나고야, 오사카에서 군사 훈련을 견학하기도 하고, 요코스카(橫須賀)의 조선소, 히로시마의 병영 등 군사시설을 돌아보기도 하였다. 동양척식주식회사 우사 가와(宇佐川) 총재 등을 만나 홋카이도 등지의 척식경영(拓植經營)을 둘러보기도 하였다.

조희연은 1907년 일본에서 돌아온 뒤, 그 해 10월 궁내부 특진관(特進官)에 임명되었다. 1909년에는 표훈원 총재에 임명되었고, 1910년 한일'합병' 후 일본 정부로부터 남작의 작위를 받았다. 그러나 임종시 반납하는 태도를 보인 점은 특기할 만하다.

조희연의 이와 같은 정치적 노정을 통해 볼 때 그가 비록 임종시 작위를 반납하는 태도를 보였을지라도, 그의 친일적 성향을 살피는 데는 부족함이 없을 것이다. 그는 1894년과 1895년 사이 일본이 조선을 보호국으로 만드는 과정에 있어서 숨은 공로자라 할 수 있다. 즉, 1894년 6월 21일 경복궁을 점령하는 사태가 발생하였을 때 군을 움직여 일조를 하는가 하면, 일본군이 동학농민군을 진압할 때에도 일제에 협조하였다. 그 후 민비시해사건 때에도 군무의 요직에 자리하고 있었음에도 별다른 행동을 취하지 않았다.

이는 결국 일본의 행위에 동조한 것이나 다름없는 것이다. 또한 그는 1896년 아관파천이 발생하여 러시아의 세력이 부상하고 일본의 세력이 잠시 주춤하게 되었을 때 일본으로 망명하였다. 이 후 다시 일본이 조선에서 영향력을 행사하게 되자 일본으로부터 귀국하여 요직을 맡아 계속 일본에 협조적인 태도를 취하였던 것이다.

■ 오연숙(인천교대 기전문화연구소 연구조교)

주요 참고문헌

金允植, 『續陰晴史』.
菊池謙讓, 『朝鮮近代史』 下, 조선연구회, 1936.

伊藤博文 編,『朝鮮交渉資料』下.
大村友之丞 編,『朝鮮貴族列傳』, 1910.
細井肇 編,『現代漢城の風雲と名士』, 日韓書房, 1910.

158 갑신·갑오개혁 관련자

윤치호
2대째 일본 귀족으로 입적한 '귀화한 일본인'

- 尹致昊, 창씨명 伊東致昊, 1865~1945
- 1941년 흥아보국단 준비위원회 위원장. 1941년 조선임전보국단 고문 1945년 칙선귀족원 의원. 1945년 대화동맹 위원장

타협적 개량주의자의 변절 행로

"우리 조선 민족으로서는 어디까지나 일본을 믿고 피아의 구별이 없어질 때까지 힘쓸 필요가 있는 줄로 생각하고……이 후부터는 일본 여러 유지 신사와 교제하여서 일선(日鮮) 민족의 행복되는 일이든지 일선 양 민족의 동화에 대한 계획에는 어디까지 참여하여 힘이 미치는 대로 몸을 아끼지 않고 힘써 볼 생각이다."(『매일신보』 1915. 3. 14)

이 말은 '105인 사건'의 주모자로 체포되었다가 친일 전향을 조건으로 1915년 2월 13일 특사로 출감한 윤치호가 매일신보사 기자와 가진 인터뷰의 한 대목이다.

윤치호는 1881년 17세 때 신사유람단 조사(朝士)였던 어윤중(魚允中)의 수행원으로 일본에 건너가, 한국 최초의 동경 유학생의 한 사람이 되어 개화사상을 수용하였다. 또 갑신정변 때는 개화당의 일원으로 조국의 자주독립과 부국강병을 위해 활동하였다.

그 후 윤치호는 10여 년 간 중국과 미국으로 망명·유학하여 서구 민권사상

윤치호

과 기독교 신앙을 수용했으며, 독립협회운동이 절정기에 달한 1898년경에는 독립협회 회장, 『독립신문』 주필 그리고 만민공동회의 최고 지도자로서 민권운동과 참정·개혁운동을 정력적으로 시도하였다. 한말에는 계몽운동에 의한 실력양성운동에 진력하여 신민회에도 관여하는 등 근대민족운동에 상당한 영향을 끼친 인물이었다.

그러나 윤치호는 개화기 시절부터 민족패배주의적 사고방식에 함몰되어 타협적 개량주의를 지향하였다. 이러한 인식은 1915년 이후 일제의 통치를 기정사실로 받아들이게 하였고, 독립불능론 내지 독립무용론으로 변모하는 결과를 낳았다. 이에 따라 그는 끝내 일제의 침략을 대세순응적으로 인정하여 일선융화에 동조하였으며, 1930년대 중반 이후에는 일제의 황국신민화 정책과 전시동원체제 확립에 적극 협력하는 등 '선량한' 신민 윤치호에서 '충량한' 일본 귀족 이토 치코우(伊東致昊)로 입적한 채 일생을 마쳤다.

일본 남작으로 사망한 선친 윤웅렬

그의 부친 해평 윤씨 웅렬(雄烈 : 1840~1911)은 1856년 16세의 나이로 무과에 급제한 후 대원군에 의해 발탁되어 출세한 무인 출신이다. 일찍부터 문명개화에 뜻을 둔 그가 본격적인 친일 문명개화노선을 걷게 된 계기는 1880년 7월 당시 별군관의 신분으로 제2차 수신사 김홍집의 수행원으로 도일하면서부터였다. 그는 함께 도일한 이조연(李祖淵)·강위(姜瑋) 등과 동양삼국의 합력을 취지로 하는 홍아회에 참석하였으며, 당시 도쿄에 머물고 있던 개화승 이동인(李東仁)의 소개로 일본 재야인사 등과 접촉하기도 하였다.

윤웅렬은 귀국한 이듬해인 1881년, 별기군 창설의 주역을 담당하여 별기군 좌부영관(左副領官)에 임명되었으며, 그의 아들 윤치호를 신사유람단 조사였던 어윤중의 수행원으로 파견하여 한국 최초의 동경 유학생이 되도록 하였다.

이처럼 근대화를 위해 노력하던 윤웅렬은 1882년 임오군란이 일어나자 난을 피해 원산으로 도망한 후, 원산별원(元山別院) 주지 이시카와(石川子因)의 도움으로 일본 나가사키로 망명하였다. 2년 후 갑신정변을 계기로 귀국한 그는 개화당 내각의 형조판서가 되었으나 정변이 실패함에 따라 능주로 귀양을 갔다. 그러나 1894년 청일전쟁 후 김홍집 내각이 들어서자 풀려나서 경무사를 거쳐 군부대신의 자리에 올랐다. 그 후 윤웅렬은 민비시해사건 후 시신(侍臣) 일부와 구미파 요인들이 주동한 정부 개조 쿠데타 계획인 이른바 '춘생문사건'(春生門事件)에 가담했으나, 내통하고 있던 안경수(安駉壽)·이진호* 등의 밀고로 계획이 탄로되어 중국 상해로 망명하였다.

이후 정치적으로 이용익(李容翊)과 대립했던 윤웅렬은 러일전쟁 무렵에 정계를 은퇴한 후 기독교에 귀의하였고, 1910년 일제의 조선강점 당시 조국과 민족을 팔아 버린 매국노들에게 수여하는 남작의 직위와 매국 공채 2만 5000원을 받았다. 그 후 윤웅렬은 1911년 9월 22일, 일본 귀족의 직함으로 식민지 조선 땅에서 사망하였다.

유업(遺業)을 이은 친일의 서막

일제의 조선강점 후 부친의 남작 직위를 승계한 윤치호는 1913년 10월 이른바 '105인 사건'의 주모자로 체포되어 작위를 박탈당하고 말았다.

이 사건으로 옥고를 치르고 1915년 감옥 문을 나설 때 디딘 땅, 우러른 하늘이 일제의 것이라는 사실을 인정한 윤치호!

3·1 운동 거사 직전 국민대표로 나서도록 권유받았을 때 거절한 윤치호!

그는 3·1 운동 직후인 3월 7일, 기자회견을 통해 다음과 같은 내용의 담화문을 발표하였다.

"강자와 서로 화합하고 서로 아껴 가는 데에는 약자가 항상 순종해야만 강자에게 애호심을 불러일으키게 해서 평화의 기틀이 마련되는 것입니다마는, 만약 약자가 강자에 대해서 무턱대고 대든다면 강자의 노여움을 사서 결국 약자 자신을 괴롭히는 일이 됩니다. 그런 뜻에서도 조선은 내지에 대해서 그저 덮어 놓고 불온한 언동을 부리는 것은 이로운 일이 못됩니다."(『경성일보』, 1919. 3. 7)

전날 이완용*의 담화에 이어 발표된 이 담화문은 민족자결에 대한 부인(否認), 자치능력의 결여와 함께 독립불능론, 투쟁무용론을 주창한 것이었다. 이러한 윤치호의 독립불능론, 투쟁무용론의 내용은 일제 당국의 논리를 극명하게 대변함과 동시에 후일 일제가 벌인 정치선전의 주요 근간을 이루었다. 이러한 그의 매국 인식은 그 자신의 일기에서도 여실히 나타나고 있다.

"나는 국경일에 일장기를 게양하는 것을 반대하지 않는다. 왜냐하면 우리가 일본의 통치하에 있는 한 우리는 그 통치의 명령에 복종해야 하기 때문이다."(『윤치호 일기』, 1919. 10. 1)

따라서 1920년대 윤치호의 활동은 주로 민족개량·실력양성·자치를 내용으로 하는, 예속적 타협운동인 문화운동을 중심으로 전개되었다. 즉, 윤치호는 1919년부터 1920년대 전반기에 걸쳐 전국의 각 지방 농촌을 무대로 '문화정치'라는 정치선전을 침투시키고 청년층의 반일 동향을 억제하는 데 이용된 교풍회(矯風會) 회장, 각 도 조선인대표자회의, 1921년 6월 민족분열과 대일 타협화를 꾀하기 위해 결성된 조선인산업대회 연사, 범태평양협회 부회장 그리고 1925년 11월 결성된 태평양문제연구회의 회장 등 일제의 통치정책에 협력한 친일단체에 깊이 관여하면서 민족세력을 와해시키는 일제 통치 정책에 적극 앞장 섰다.

하나님의 종에서 일본 국왕의 종으로

1931년 만주침략 직후 총독부 주요 관료들과 친일 조선인들의 친목단체로 조직된 토요회, 1934년 3월 결성된 조선대아세아협회 그리고 1935년 10월 일왕의 국민정신 작흥조서(作興調書)에 바탕한 내선일체를 목적으로 조직된 조선교화단체연합회! 이것이 1930년대 전반 윤치호가 그의 '새로운 조국' 일본을 위해 활동하던 단체들이다.

그러나 1937년 7월 중일전쟁 이후 일제의 전시체제가 더욱 강화되자 윤치호의 친일협력 강도도 더욱 높아만 갔다. 윤치호는 1937년 7월 총독부 학무국 주최의 시국강연회에 이어 2차 전선순회 시국강연반 강사로 활동하였으며, 이듬해 일제가 조선인의 병력자원화를 위한 제1차적인 조치로 '육군특별지원병제' 실시를 결정했을 때, 이것을 내선일체의 합당한 조치로 환영하였다. 또한 그 해 7월 황국신민화 실천운동의 조직체인 국민정신총동원조선연맹 창립총회 준비위원 및 상임이사로 선정된 윤치호는 창립식에서 "천황폐하 만세"를 세 번 외쳐 조선의 '내지인'(內地人)임을 천명하였다.

이러한 윤치호의 황국신민화 운동은 종교 쪽에서도 이루어졌다. 1938년 5월 전도보국·황도실천을 목적으로 결성된 경성기독교연합회의 평의원으로 선출된 윤치호는 그 해 6월, 이른바 기독교의 일본화를 달성하기 위해 소집된 전조선기독교청년연맹위원회에 참가한 후 "이제야 대임(大任)을 마쳤습니다. 우리 기독청년들도 이제는 완전히 내선일체가 되었습니다"라는 요지의 담화문을 발표하였다.

같은 해 7월, 윤치호는 조선기독교연합회의 결성으로 기독교의 내선일체와 황민화 체제가 완성됨과 동시에 평의원회 회장으로 선임되었다. 그는 1939년 10월 동경 아오야마 학원(青山學院)에서 감리교의 내선일체를 위해 조선의 감리교회와 일본의 메소디스트 교회의 합동을 논의하는 일선(日鮮) 감리교회 특별위원회가 개최되자, 정춘수*, 김영섭(金永燮), 신흥우(申興雨), 양주삼, 유형기(柳瀅基) 등과 함께 전권위원으로 참가하였다.

이 회의에 평신도 대표로 참석한 윤치호는 조선 감리교단의 자주권을 이양하고 일본 감리교단으로 종속시키는, 사실상의 기독교 황민화에 동의하고 말았다. 이로써 윤치호는 기독교 신앙의 근간인 십계명 제1조 "나 이외 다른 신을 섬기지 말라"는 규율을 어기며 하나님의 종에서 일본 국왕의 종으로 '개종'을 하는 이단을 범하고 말았다.

"내 아들이어든 속히 지원하라"

"이러한 초비상시에 우리의 애국적 열정을 보이기 위해 무엇을 해야 하겠는가?"(『윤치호 일기』 1941. 8. 5)

"조선인이 국가를 위해 무엇을 하기를 기대하는가?"(『윤치호 일기』 1941. 12. 29)

이것은 태평양전쟁 무렵인 1941년 8월 국민총력조선연맹 사무국 총장을 찾아가서 질문한 내용과 전쟁이 일어난 후 미나미 지로(南次郎) 총독과의 인터뷰에서 윤치호가 질문했다는 그의 일기 내용이다. 여기에는 '새로운 조국 일본'에 대한 윤치호의 '애국사상'이 잘 드러나 있다. 그의 '애국사상'을 감안한다면 윤치호가 결전보국강연회에서 조선인의 협력을 강요하고, 신궁참배단(神宮參拜團)을 파견하는 등 황민화운동에 적극 앞장 섰던 것은 어쩌면 당연한 일이었는지 모른다.

이러한 '충성심'에서 이토 치코우로 개명한 그는 1941년 8월 발기된 임전대책협의회 위원으로 참석하여 "우리는 황국신민으로서 일사보국(一死保國)의 성(誠)을 맹세하여 임전국책에 전력을 다하여 협력할 것을 결의함"이라는 결의문을 의연히 낭독하였다. 또한 그는 임전대책협력회가 일제의 전쟁자금 조달을 목적으로 매출한 채권을 판매하기 위해 종로·동대문 등지에서 채권 가두 유격대로 '후방에서 투쟁'하였다.

그러나 임전대책협의회는 최린*, 김동환* 계열의 조직이었기에 윤치호는 1941년 8월 고원훈*, 박흥식*, 이승우*, 양주삼(梁柱三) 등 자파 계열을 따로 모아 홍아보국단 준비위원회를 구성하여 위원장이 된 후, 황국정신 앙양, 근로보국 강행을 실천할 것을 채택하였다. 이에 총력연맹 사무국 총장 가와기시

분사부로(川岸文三郞)는 친일단체의 분립을 막기 위해 통합을 주선하였다. 그리하여 1941년 10월 22일, 윤치호는 친일세력을 총망라하는 조선임전보국단 조직의 고문으로 선출되어 친일의 헤게모니를 성취하였다.

1941년 12월 진주만 습격 이틀 후 윤치호는 총력연맹 주최 결전보국 대강연회에서 '결전체제와 국민의 시련'이라는 제목으로 "이 결전은 제국의 1억 국민뿐만 아니라 동양 전민족의 운명이 여기에 달려 있다. 이 성스러운 목적 관철에 우리 반도 민중도 한몫을 맡아 협력치 않으면 안 될 것"이라며 조선의 아들들을 '일제의 총알받이'로 내모는 사냥꾼으로 광분하기 시작하였다.

1943년 징병제 실시에 즈음하여 윤치호는 "우리는 조선 청년을 영광스런 일본 해군의 자랑스런 대열으로 받아들인 데 대하여 제국정부에 감사하지 않으면 안 된다"는 담화를 발표하였다. 이어 학병제도가 실시되자 "파격의 영광인데 어찌 주저할소냐. 개인과 가정, 일본과 세계 인류를 위해 총출진하라"는 요지의 담화를 발표하였다.

그러나 이 정도로는 일본 귀족의 반열에 오르기 부족했다고 생각했던가?

그 해 11월 윤치호는 이광수*, 박흥식, 송진우, 주요한*, 한상룡* 등과 함께 학도병 종로익찬위원회를 개최하여 학병 권유를 위한 호별 방문, 권유문 발송, 간담회, 학교강연회 개최 등을 결의하고, 5일 동안 진명학교 등 10개 소에서 학병권유 부형간담회를 열었다.

이어 11월 6일에는 "내 아들이어든 속히 지원하라는 전보를 발송하자"고 부형들에게 보내는 격려담화를 발표하였다. 또한 당일 중추원에서 타합회를 가진 뒤 학병제의 솔선협력을 결의한 후, 평남지역 독려강연반 연사가 되어 이튿날 90여 명과 함께 YMCA에서 학병제 경성익찬위원회를 조직하여 학병독려를 본격화하였다. 윤치호는 또 12일 평양에서 강연하는 한편 『매일신보』에 주요한의 「나서라! 지상명령이다」라는 글과 함께 독려의 담화문을 발표하여 거의 1면을 장식하였다.

조선 젊은이의 피의 대가로 윤치호는 1945년 4월 일제에 의해 칙선귀족원 의원으로 선출되어 부친의 뒤를 이어 2대째 '일본의 귀족'으로 입적하게 되었다. '조선 내 7인의 일본 귀족' 중 한 사람으로 선출된 윤치호는 박중양* 등과 함께 일본의 '망극한 처우개선'에 감사하고자 조직된 처우감사 사절단 대표사절로 선임되었다. 이에 윤치호는 먼저 조선신궁에 봉고제를 올린 후 총독과 군사령관을 방문하여 감사를 표하였다. 이어 서울을 출발, 일본으로 간 윤치호는 일본 관계 요로에 감사를 표한 후 귀국하였다.

1945년 2월 박춘금*이 결성한 대화동맹(大和同盟) 위원장으로 취임한 윤치호는 '황은에 보답하기 위해' 일제의 필승체제 확립과 내선일체를 촉진하는 활동을 하였다. 또한 전황이 불리하게 돌아가자 '성전'(聖戰) 완수에 매진하고자 그 해 6월 결성된 언론보국회 고문으로 취임하여 조선이 해방되는 날까지 일제 귀족으로서 그의 직분을 충실히 행하였다.

그러나 윤치호는 해방되던 해 12월 뇌일혈로 개성부 자택에서 사망함으로써 조선 땅에서 '귀화한 일본인'으로 80여 년의 생을 마감하는 '비운'을 당하였다.

해방후에도 권세 누린 윤씨 일가

윤웅렬은 슬하에 치호, 치왕, 치창을 두었다. 윤치호의 동생 치왕(致旺)은 영국 유학생 출신 의학박사로 해방 후 군의감을 지냈으며, 막내 아우 치창(致昌)은 1949년 초대 주영공사를 지낸 인물이었다. 또 그의 장남 일선(日善)은 미영타도 대강연회 연사로 참가한 적이 있으며, 차남 명선(明善)은 만주국 총무청 사계처(司計處) 통계과장을 지냈고, 막내 승선(昇善)은 일본군 관동사령부 대위였다. 또한 자유당 시절인 1950년 1월부터 11월까지 농림부장관을 지낸 윤영선(尹永善)도 윤치호의 장남이다.

윤웅렬의 동생 윤영렬(尹英烈)은 치오, 치소, 치성, 치병, 치명, 치영을 자식으로 두었다.

장남 윤치오(尹致旿)는 갑신정변 당시 친일개화파로 지목되어 도일한 후 게이오의숙(慶應義塾)에서 학업을 마치고 한때 동경외국어학교에서 조선어 교사 생활을 하였다. 13년 만에 귀국한 그는 대한제국 말기 학무국장과 일본 유학생 감독을 지냈고, 일제의 한국강점 후 1915년 3월까지 약 4년 6개월 간 중추원 찬의(贊議)를 지냈다.

차남 치소(致昭)는 일제 식민지하에서 실업가로 활동하였는데, 1911년 5월 당시 조선상업은행 감사였던 그는 동양서원(東洋書院)과 혁신점(革新店)을 경영하면서 분원자기주식회사 감사를 지냈다. 1924년 4월부터 총독부 중추원 참의를 3년 간 역임하였으며, 1937년 8월 당시 쌀 120가마에 해당하는 2천 원을 국방헌금으로 기증하고 9월에는 애국경기도호 군용기헌납기성회 집행위원을 맡았다. 그의 아들 윤보선(尹潽善)은 대한민국 제4대 대통령을 지냈다.

삼남 윤치성(尹致晟)은 1899년 어담(魚潭)과 함께 일본육사를 졸업하고 구한국 기병 중장을 역임하였으며, 1910년 이후에는 실업계로 진출하여 분원자기취체역과 경성조선인상업회의소 특별위원 등을 지내다 요절하였다.

막내 윤치영(尹致暎)은 미국 아메리칸 대학원을 졸업하였고 한때 임시정부 구미위원으로 활동하면서 이승만의 측근을 지켰던 사람이다. 1936년 중앙기청 부총무가 되었으며 1941년 태평양전쟁 무렵부터는 전향노선에 서서 임전대책협의회 채권가두유격대에 참가하였다. 또한 같은 해 12월 동양지광사 주최의 미영타도(美英打倒) 대좌담회 연사로 참가하여 황민(皇民)의 사명에 대해 연설하였으며, 『매일신보』 사설에 대동아공영권 건설에 미칠 회담의 영향을 발표하기도 하였다. 해방 후 그는 이승만의 신임을 얻어 내무부 장관과 국회 부의장 등 굵직한 요직을 역임하였다.

■ 김도훈(국민대 국사학과 박사과정)

주요 참고문헌

尹致昊, 「新生을 追求하는 朝鮮人, 現下 急務는 果然 何인가」, 『동아일보』, 1922. 4. 1.
_____, 「독립협회의 始終」, 『新民』 14호, 1926.
_____, 「회고 30년」, 『조선남감리교회삼십년기념보』, 조선남감리교회전도국, 1930.
_____, 「독립협회의 활동」, 『東光』 26호, 1931.
차상찬, 「내가 본 윤치호선생」, 『혜성』 1권 2호, 1931.
_____, 「조선최초영어학습회고담」, 『영어문학』 창간호, 조선영문학회, 1932.
金永羲, 『佐翁尹致昊先生略傳』, 기독교조선감리회총리원, 1934.
이광수, 「規模의 人 윤치호 씨」, 『이광수전집』 17, 삼중당, 1962.
국사편찬위원회 편, 『윤치호 일기』, 1973~1976.
송병기, 『국역 윤치호 일기』(상·하), 탐구당, 1975.

정란교
박영효의 심복으로 친일 쿠데타의 돌격대

- 鄭蘭敎, 창씨명 海平蘭敎, 1864~1943
- 1907년 중추원 부찬의. 1910년 조선총독부 충청도 참여관
  1927년 중추원 참의. 1941년 칙임참의로 승급

친일의 서곡, 갑신정변의 돌격대

갑신정변에 대해 역사적 평가를 내릴 때 가장 중요하게 거론되는 것은 외세를 끌어 들였다는 점이다. 즉, 정변의 주체들이 근대화를 달성하려는 목적의식은 뚜렷하였지만 침략세력인 일본에 의지하여 쿠데타를 추진하였다는 것이다. 또한 김옥균 등 운동주체들이 가졌던 근대화론도 '근대화=서구화=일본화'라는 인식에 지나지 않았으며, 반침략 의식도 반청에 불과하여 또 다른 침략세력인 일본을 간과하였다는 점도 지적할 수 있다.

이러한 갑신정변 참가자들의 한계를 역사적 조건으로만 설명할 수는 없다. 일제 식민지 시대가 되었을 때 정변의 주체들이 대부분 충실한 식민통치의 하수인으로 들어갔기 때문일 것이다. 정변 참가자들인 박영효*, 이규완*, 유혁로(柳赫魯), 신응희* 등은 자신들이 일으킨 쿠데타를 합리화하면서 식민지하에서 반민족적인 행각을 일삼았다.

갑신정변 참가자 중 친일행각의 대표자로 들 수 있는 또 하나의 인물은 정란교이다. 그는 1864년 충남 목천군 남면 신촌에서 정광렴(鄭光濂)의 3남으로 태어났다. 그의 집안은 대대로 그 지방에서 호가(豪家)로 알려져 있었다. 그는

1884년 갑신정변을 일으킨 개화파. 정란교는 갑신정변 때 인가에 불을 지르고 대궐을 점령한 후 수구파 대신들을 처단하는 역할을 담당하였다.

어려서부터 한학을 수학했으며, 개화파 인사인 김옥균, 박영효 등과 교류하면서 문명개화에 대해 눈을 뜨고 신문물을 배우고자 하였다. 이에 따라 그는 1883년 서재필, 이규완, 신응희, 정행징(鄭行徵), 임은명(林殷明), 신중모(申重模), 윤영관(尹泳寬), 하응선(河應善) 등과 함께 일본 육군 도야마(戶山) 학교에 입학하였다.

그가 도야마 학교에 입학하게 된 것은 김옥균이 개화파의 영향 아래 있는 청년들을 일본에 유학시키기로 하였기 때문이다. 김옥균은 개화파 청년들의 한 부류를 일본 육군 도야마 학교에 입학시켜 군사지식과 기술을 배우게 했다. 그리고 나머지 청년들은 전공 학교에서 정치, 경찰, 우편, 관세, 재정제도와 관련된 실무지식을 전문적으로 배우게 하였다. 군 계통의 유학은 1883년 정란교 등이 도야마 학교에 입학한 데서 시작되었지만, 이들 유학생들은 학자금이 점차 바닥이 나 1년 후 귀국하지 않으면 안 되었다. 이에 대해 조선 정부에서는 1884년 8월 이들이 해외에서 군사학을 수학했다는 것을 참작하여 부장(部將)의 직을 주었다. 이 때 정란교는 남행부장이 되었으며, 9월에는 좌영군사마가 되었다.

 그러나 정란교 등 유학생이 도야마 학교에 입학하던 때는 임오군란의 수습 과정에서 청의 지원에 의해 민씨정권이 개화노선을 포기하고 친청 보수노선으로 회귀하던 시기였다. 이에 따라 개화파들은 그들의 영향하에 있는 도야마 출신 사관생도들을 이용하여 민씨정권을 붕괴시킬 것을 계획하고 있었다.

 정란교 등 유학생들이 귀국할 즈음에는 청불전쟁이 발발하여, 오장경(吳長慶)의 군사 3천 명 중 절반이 본국에 돌아간 상태였다. 이에 개화파 세력들은 이 틈을 타 급격한 방법을 통하여 청의 간섭에서 벗어나 일본식의 근대화를 달성하고자 하였다. 이미 김옥균은 일본에 갔을 때 도야마 사관생도들과 빈번히 접촉하여 이들이 졸업하면 이를 무력적 기반으로 쿠데타를 일으키려 계획하고 있었다. 갑신정변의 참가자인 신중모는 정변 직후 법정에서 말하기를 "당시 건너간 20여 명 중에서 나를 비롯한 14명은 사관학교에서 1년 반 공부하였는데, 그 후 김옥균이 일본으로 왔으므로 매 7일에 한번씩 모이는 날에 가서 만나보게 되어 자주 상종하였다"(「大逆不道罪人李喜貞等鞫案」)라고 하여 도야마 사관생도들은 김옥균의 지도하에 수시로 만나 쿠데타에 대한 모의를 하였음이 밝혀졌다.

 개화파들은 도일 유학생들이 귀국한 것을 기화로 사관생도들과 빈번히 접촉하였다. 한편, 일본도 개화파와 사관생도들이 정변을 일으키고자 한다는 것을 미리 알고, 이를 이용하여 친청 민씨정권을 쓰러뜨리고 친일정권을 세우려고 그들에게 접근하였다. 1884년 10월 30일, 일시 본국에 가 있던 일본공사 다케조에 신이치로(竹添進一郞)는 조선으로 돌아와 개화파와 이전보다 더욱 긴밀하게 접촉하면서 은근하게 지원을 약속하였다. 구체적인 정변 계획은 11월 25일 다케조에와의 협의에 의하여 이루어졌다.

 정변은 우정국 개연에서 외국사신과 4영사(민영익, 윤태준, 한규직, 이조연)를 초대하였을 때 결행하기로 하였다. 1884년 12월 4일 오후 10시, 인가에 방화를 하고 그 틈을 이용하여 민씨정권의 영수인 민영익(閔泳翊)을 칼로 찔러 상처를 입혔다. 그리고 곧 궁궐에 들어가 고종에게, "일본공사는 와서 나를 호위하라"(日本公使來護我)고 쓴 친서를 요구하였고, 이에 의해 일본군 1개 중대가 즉각 출동하였다. 그리고 국왕의 소명이라 하여 입궐한 3영사(윤태준,

한규직, 이조연)와 수구파의 거두 민태호·민영목·조영하를 처단하였다. 이 때 정란교 등 사관생도들은 서재필의 지휘하에 인가에 불을 지르고, 대궐을 점령한 이후 수구파 대신들을 처단하는 역할을 담당하였다.

그러나 갑신정변은 청의 무력 개입으로 3일만에 실패로 돌아가고 말았다. 이처럼 정변이 실패한 근본적인 이유는 근대화의 동력을 주체적 역량에서 구하기보다는 거리낌없이 외세(일본)에 의존하려 하였기 때문이었다.

망명지 일본에서도 친일 쿠데타 음모 계속

일본에 의지한 쿠데타가 실패로 돌아가자, 정변의 주체들은 겨우 몸만 일본으로 피하여 울분의 나날을 보냈다. 이 때 정란교는 박영효와 같이 지내게 되었는데 당시 그와 같이 지내던 사람들로는 이규완·유혁로·이진호*·신응희 등이 있었다.

이들 망명객들은 일본 정부로부터 보조를 받지 못해 생활이 곤궁하였다. 박영효는 서화와 바둑으로 소일하면서 간간이 들어오는 글값으로 생활하는 형편이었다. 또한 조선 정부에서는 항상 그들의 생명을 노리고 있었기 때문에 모두 일본명을 사용하였는데, 박영효는 야마자키(山崎永春), 김옥균은 이와다(岩田周作), 이규완은 아사다(淺田良), 유혁로는 야마다(山田唯一)로 개명하였다. 이 때 정란교는 나카하라(中原雄三)로 개명하여 사용하고 있었다.

한편, 국내에서는 그들에게 현상금을 걸고 자객을 파견하였기 때문에 그들은 늘 암살의 위험 속에서 살아야 했으며, 실제로 여러 번 자객의 위협을 받아 하루도 편할 날이 없었다. 이 때 정란교는 자객 지운영(池運永)이 김옥균을 살해하려고 1886년 3월 도쿄에 왔을 때 그가 자객임을 사전에 적발하여, 김옥균이 암살을 모면하도록 해주었다.

자객 중 가장 큰 문제를 일으킨 것은 이일직(李逸稙)인데, 그는 고종과 민영소(閔泳韶)의 밀명으로 1892년에 동경으로 건너와서 감언으로 박영효, 김옥균 등과 교제하면서 그들을 살해할 기회를 엿보고 있었다. 또한 1893년 가을, 프랑스 유학을 마치고 귀국하기 위해 일본에 들른 홍종우(洪鍾宇)는 이일직, 권동수(權東壽), 권재수(權在壽), 김태원(金泰元) 등과 공모하여 1894년 1월 김옥균을 상해로 유인하여 살해하기로 하였다. 이일직은 동경에서 박영효를 암살할 양으로 그를 자기 여관으로 불렀으나, 박영효가 가지 않아서 성사되지 못하였다. 이 또한 정란교, 이규완, 유혁로 등의 무장 경호원들이 뒤에서 그것을 탐지하여 박영효에게 알려 주었기 때문이다.

홍종우가 김옥균과 함께 상해로 출발한 이후 이일직은 제3의 암살계획으로, 시바쿠 사쿠라다(芝區櫻田) 혼교정(本鄕町)의 여관 운래관에서 서화회(書畵會)를 개최하여 박영효를 그 자리에 초대하려고 하였다. 이 때 그 곳에서 박영효를 생포하거나 혹은 암살하여 자루에 싸서 조선으로 보낼 밀계를 꾸미고 있었다.

이러한 상황에서 평소 이일직을 잘 알고 있던 이규완이 그를 찾아가 "박은 그대를 민(閔) 일파가 보낸 자객으로 알고 있기 때문에 체포하여 고문할 것이다. 군들은 빨리 피하는 것이 좋을 것이다. 밖에는 정란교와 같은 강력무쌍한 종자가 있다"고 하면서 그를 타일렀다.

그러나 이일직은 다음날 박영효를 찾아갔다. 하지만 박영효의 주변에는 정란교, 이규완이라는 강력한 경호원이 있었다. 정란교는 대번 이일직을 보고 살기에 찬 얼굴로 그를 잡아 기둥에다 묶었다. 그리고 그의 얼굴에 칼끝을 대고는 "네놈이 민(閔) 일파가 보낸 자객이라는 것은 확실하다"고 하면서 실토할 것을 강요하였다.

정란교는 이일직을 고문하여 음모사실을 고백하게 하였다. 이 급보를 접한 일본 경찰은 곧 친린의숙(親隣義塾)에 가서 박영효 일당과 이일직 일당을 모두 체포하여 재판소로 넘겨 공판에 회부하였으나 결국 모두 무죄방면되었다. 일본 경찰에 체포된 정란교는 검사로부터 1개월의 중금고(重禁錮)와 벌금형 2원을 받았으나, 20원의 보석금을 내고 곧 출옥하였다.

이와 같이 정란교는 일본 망명 시절 김옥균과 박영효의 주변에서 그들을 경호하는 역할을 담당하면서 지냈다. 그러다가 1894년 7월 경복궁 쿠데타로 친일정권이 성립되자 그도 박영효를 따라서 국내에 들어왔다. 정란교는 당시 국내에서 전개되던 동학농민전쟁을 진압하는 활동을 하였는데, 주로 충청도와 전라도 지방에서 군대를 지휘하였다. 농민군 진압의 공으로 그는 그 다음 해인 1895년 2월 통정대부가 되어 군무아문 참의로 승진하였으며, 4월에는 육군부령으로 승진하여 군부대신 관방장이 되었다.

그러나 1895년에 들어와 조선의 왕실은 박영효 등 친일세력을 배제하려는 계획을 진행시켰다. 이에 박영효는 정란교·이규완·우범선* 등 자신의 심복들을 불러 모아 기사회생의 밀계를 꾸몄다. 즉, 훈련대의 장교를 자기 편으로 끌어들여 병력을 이용하여 권력 탈취를 위한 쿠데타 계획을 세웠던 것이다. 그러나 이 계획은 곧 탄로나서 다시 일본으로 망명하고 말았다. 그리하여 정란교도 그 직에서 해임되었고, 7월 박영효를 따라 일본으로 재차 망명하였다.

일본에 온 정란교는 옛날과 같이 박영효를 경호하면서 고베(神戶)에 은거하면서 박영효가 경영하는 조선인 학사(學舍)인 조일신숙(朝日新塾)에서 학생들을 지도하였다. 한편, 박영효, 정란교 등 이른바 '국사범'들은 환국공작에 열중하고 있었다.

이후 아관파천으로 친일정권이 붕괴된 이후에도 일본에 있던 국사범들은 끊임없이 쿠데타 음모를 계속하였다. 그러다가 1907년 박영효가 국내에 귀국함에 따라 정란교도 그와 함께 귀국하였다.

한일 '합병' 후 자발적으로 창씨개명

국내에 다시 들어온 정란교는 계속해서 박영효를 중심으로 도야마 학교 출신의 군인들과 합류하여 중추원 부찬의로써(1907. 11. 7) 일제의 한국 식민지화를 음양으로 도왔다.

1909년 10월 26일 통감에서 물러난 이토가 하얼빈 역에서 안중근 의사에 의해 처단되는 의거가 일어났다. 이것을 기화로 일제는 '합방'을 본격화시켜 갔고, 다음해 8월 29일 이른바 이완용과 데라우치 마사다케(寺內正毅)간에 8개 조의 이른바 '한일병합에 관한 조약'이 조인되었다. 이로써 조선은 일본의 식민지가 되었다.

정란교는 1910년 조선총독부 충청도 참여관이 되어 일제의 식민통치에 참여하였으며, 1920년 8월에는 고등관 2등에 올랐다. 잠시 휴식하다가 1927년 6월 조선총독부, 중추원 주임 참의가 되는 등 적극적으로 친일활동을 하였다. 그는 예전에 '갑신적'(甲申賊)으로 일본에 망명했을 때는 신변의 위협을 피하기 위해 불가피하게 개명한 것과는 달리, 식민지하에서는 자발적으로 자신의 이름을 우미히라(海平蘭敎)로 개명하였다.

　충실한 일제 식민통치의 하수인으로 활동하던 그는 1941년에는 칙임참의로 승급하였고, 종4위 훈6등으로 사망하던 1943년까지 17년 간 중추원 참의를 하였다.

■ 김도형(국민대 강사 · 한국사)

주요 참고문헌

김옥균,『甲申日錄』.
『大韓帝國官員履歷書』, 國史編纂委員會, 1972.
「朴泳孝候와 韓末風雲」,『月刊野談』11·12, 1939. 6.
申奭鎬,「韓末政界와 朴泳孝」,『朝光』5~11, 1939. 11.
田保橋潔,『近代日鮮の關係硏究』, 朝鮮總督府中樞院, 1940.

신응희
3·1 운동의 무력진압 건의한 황해도 지사

- 申應熙, 1859~1928
- 1884년 갑신정변의 행동대원. 1907년 중추원 부찬의. 1908년 전라남도 관찰사
  1910년 함경남도 장관. 1924년 중추원 참의

갑신정변의 행동대원

신응희는 만 6세 때인 1865년 가숙(家塾)에 입학한 뒤부터 한학을 공부했고, 1883년 5월 김옥균, 박영효* 등의 주선으로 서재필, 정란교*, 이규완* 등 13명과 함께 사관생도의 신분으로 일본 유학길에 올랐다.

처음에는 게이오의숙(慶應義塾)에서 일본어를 배웠고, 1883년 10월 3일 일본 육군의 하사관 양성기관인 도야마(戶山) 학교에 입학, 이듬해 5월에 졸업하였다. 같은 해 7월 말 귀국하여 후영군 사마를 거쳐, 신설된 조련국 등에서 근무했다. 그 해 12월에는 김옥균 등이 갑신정변을 일으키자 행동대원으로 활동했다.

이 때 그는 서재필, 정란교 등과 함께 국왕과 비빈들을 경우궁(景祐宮)으로 피신시켰으나, 청군의 개입으로 정변이 실패하게 되자 김옥균, 서광범, 박영효 등 9인과 함께 일본으로 망명하였다. 그는 일본에서 유혁로(柳赫魯), 정란교와 함께 김옥균 암살밀지를 받고 일본으로 건너간 지운영(池運永)을 유인하여 그 밀계를 폭로시키기도 하였다.

1894년 친일적 성향의 김홍집 내각이 성립하자 1895년 사면을 받아 귀국하

였고 이듬해 1월 훈련대 정위, 같은 해 2월 제1훈련대 육군 참령으로 승진하였다. 그러나 1896년 2월, 고종이 러시아 공사관으로 옮겨간 '아관파천'이 일어나자 김홍집은 피살되고 친일내각은 무너졌다. 이에 따라 신응희는 그 해 7월 유길준, 조희연* 등 각료 및 여러 친일파와 함께 다시 일본으로 망명하였다.

1905년 통감부가 설치되고 우리 나라에 대한 일제의 침략이 가중되던 시기인 1907년 6월, 그는 일제를 세력 배경으로 하여 다시 귀국하였다. 그리하여 그는 일제 통감부의 비호에 힘입어 같은 해 10월 구한국 중추원 부찬의가 되었고, 1908년에는 전라남도 관찰사를 역임하였으며, 마침내 1910년 경술국치 직후에는 함경남도 장관(도지사)으로 발탁되었다. 당시 도장관은 한국인이 도달할 수 있는 최고의 지위였다. 그러므로 최고의 극렬 반역 부일배가 아니면 되기 어려운 자리였던 것이다. 말하자면 그는 이진호*, 박중양*, 이규완, 이두황*, 조희문 등과 함께 한일'합병' 직후 도장관에 임명된 6명의 극렬 부일배 중의 한 사람이었다.

'무력을 동원해서 만세시위 저지' 건의

1918년 9월 그는 황해도 장관으로 전임되었다. 그가 황해도 장관으로 재직하고 있을 때 거족적 3·1 운동이 발발하자 도내 조선 민중에게 다음과 같은 '경고'를 발표하는 반민족적 행위를 서슴없이 자행하였다.

근래 각지에 군중이 집합하여 독립만세를 부르짖으며 폭행을 감행하……는 자가 있음은 실로 유감을 불감(不堪)하는 바라, 대체로 소요의 동기는……미국에 있는 불령선인이 민족자결의 표어를 빙자하여……조선 각지에 불온의 사상을 선포함에 있는지라, 생각컨대……독립은 망설(妄說)이니 함부로 움직여도 아무 효과가 없음은 실로 명약관화라……불온한 행동을 강요하는 자가 있더라도 이웃이 서로 지키고 도와 이를 제지하고……양민된 자는 일의전심(一意專心)으로 그 업을 부지런히 힘써 신속히 치안의 회복을 원치 아니치 못할지니라.(『매일신보』 1919. 4. 24)

이리하여 신응희를 비롯한 민족반역의 무리들은 '무력을 동원해서 만세시위를 저지해야 한다'고 조선총독에게 건의하는 추태를 보이기까지 하였다.

신응희는 일제로부터 부일의 공적을 인정받아 1924년 중추원 참의에 임명되었고 정4위, 훈3등의 훈장을 수여받았다. 그는 1928년 69세로 민족반역의 삶을 마감하였다.

■ **장세윤**(독립기념관 한국독립운동사연구소 연구원)

주요 참고문헌
국사편찬위원회 편, 『대한제국관원이력서』 탐구당, 1972.
『민족정기의 심판』 혁신출판사, 1949.
『매일신보』 1919. 4. 24.

이규완
참정권 주장의 '선구자'

- 李圭完, 1862~1946
- 1894년 갑신정변의 행동대원. 1907년 중추원 부찬의
  1908년 강원도 관찰사. 1918년 함경도 장관

박영효의 문하생

박영효*는 임종하면서 "내가 일생을 통해서 잊을래야 잊을 수 없는, 가장 신뢰할 수 있는 사람으로는 이규완이 있을 뿐이다"라고 하였다. 이처럼 이규완은 일찍부터 박영효의 총애를 받았고, 그의 문하에서 활동하였다. 언젠가 이규완의 서생이 박영효에게 보내는 서면에 자신을 '생'이라고 쓴 것을 보고는, "안돼, 내 항종모발(項踵毛髮)은 전부가 후(박영효)의 은덕이 아닌 것이 없다. 마땅히 소인(小人)이라고 쓰라"고 하였을 정도였다.

이규완은 세종의 넷째 아들 임영대군의 15대손이라고는 하지만, 거의 몰락한 집안에서 태어났다. 공부할 여유가 없었던 그는 박영효의 행차 행렬을 보고, 자신의 운명을 개척하기 위해서는 박영효에게 의거하는 수밖에 없다고 판단하고 19세에 그의 문하에 들어갔다. 박영효는 이규완을 위해 독선생을 붙여 한글, 한문, 글쓰기를 가르쳤다.

1883년 그는 일본의 군사학교였던 도야마(戶山) 학교로 유학을 떠났다. 이 일본 유학은 김옥균, 박영효 등의 초기 개화파들이 일본의 문명개화를 배우기 위해 추진하였던 개화사업의 일환이었다. 도야마 학교로 유학길에 오른

사람은 이규완을 비롯하여 정란교*, 서재필, 신응희* 등 모두 14명이었다.
　이들은 학자금의 고갈과 박영효의 실각으로 1년만에 귀국하였다. 귀국 후에 이규완은 무관시종대위가 되었다. 그리고는 바로 갑신정변에 참여하였다. 도야마 학교를 졸업한 무관들이 바로 정변의 실질적인 행동대원이었다. 그가 맡았던 일은 별궁을 방화하여 소란을 일으키는 일이었다. 이규완은 이것이 불발하자 유혁로에게 우정국의 연회석에 직접 뛰어 들어가 민씨 일파를 처단하자고 건의하였다. 그리고 '3일천하' 기간중에도 고종을 부근에서 호위하면서 민씨 일파를 죽이는 데 선봉적인 역할을 하였다.
　갑신정변이 실패한 후 이규완은 김옥균, 박영효 등과 같이 일본으로 망명하였다(도야마 학교 졸업생 중 7명은 피살, 1명은 처형되었고 살아 남은 사람들 대부분은 후에 총독부의 도장관이 되었다). 그들이 갑신정변을 추진하면서 그토록 믿었던 일본이었지만, 일본 정부는 그들을 오히려 냉대하였다. 그리하여 박영효, 서광범, 서재필 등과 1885년 2월 미국으로 건너갔다. 그는 미국에서 1887년 8월까지 학교를 다니기도 하고, 혹은 노동생활을 하기도 하였다.
　이규완이 다시 조선으로 돌아온 것은 1894년 갑오개혁이 한창 추진되고 있던 때였다. 갑오개혁이 일본의 적극적인 재정적·군사적 후원하에 추진되면서, 김홍집의 친일정권이 성립되었다. 김홍집 내각에는, 갑오개혁을 실질적으로 주도하던 유길준의 문명개화론이 일본에서 제시하던 내정개혁안과 거의 일치하고 있었던 점에서, 일본의 개혁과정을 알고 일본과 친밀한 사람들이 등용되었다. 이규완은 이 때 박영효 등과 마찬가지로 귀국할 수 있었다. 그는 경무부사가 되었다.
　그러나 이 생활도 그렇게 길지는 못했다. 박영효의 반역사건에 연루되어 다시 1895년 일본으로 망명하였고, 이어 미국으로 건너갔다가 3개월 만에 일본으로 돌아왔다. 야마구치(山口)현 하기(萩)시라는 곳에 정착하였는데, 그 곳 잠업 강습소에 입소하여 잠업 기술을 익혔다. 그리고 그 곳에서 17세인 일본인 처녀와 결혼하였다. 이 때 이규완의 나이 35세였다.

친일관료로 출세

두번째 망명생활은 12년이나 계속되었다. 망명중 그는 박영효와 더불어 귀국 공작을 추진하기도 하였다. 박영효의 측근에는 이규완 외에 우범선*, 정란교, 신응희, 황철, 이명선 등 '을미사변'과 관련되어 일본으로 도망쳐 온 젊은 군인, 경찰 출신들이 많았다. 박영효는 이들을 이용하여 국내 정세를 탐지하고 국내로 다시 돌아가기 위해 공작들을 수행하였다. 1900년 독립협회에서 박영효를 대통령으로 한다는 소문을 듣고 박영효는 이규완과 황철을 국내에 잠입시켰다. 물론 이 소문은 독립협회 반대파들이 유포한 것이었고, 또한 이 때는 독립협회가 해산되고 난 뒤였다. 이규완은 그의 매부 강성형(姜盛馨)에게 '아는 장교들을 설득시켜 쿠데타를 획책하라'고 지시하였다. 이 계획은 실현성이 없으므로 도중에 무산되었다(박영효는 그 외에 하원홍을 이용하여 국내에서 모금을 하려고 했던 '활빈당 사건'도 일으켰다).

이런 가운데 이규완은 처가와도 연관이 있던 이토 히로부미(伊藤博文)의 도움으로 귀국하였다. 일본에 망명하고 있던 정치범들이 대거 귀국하였던 1907년 7월이었다. 11월에 중추원 부찬의가 되었고, 이듬해 6월에는 강원도 관찰사가 되었다. 같은 처지였던 황철, 신응희, 유혁로, 이두황* 등도 모두 관찰사가 되었다. 일제는 민중을 통제하고 통감정치를 실현하는 첨병으로 철저한 일본 신봉자들을 이용하였던 것이다. 이 때 이규완은 "나는 문맹이므로 그 직이 적당치 않다"라고 사양하였음에도 이토는 "무식을 염려하는 모양이나, 만약 그대와 같이 서류를 볼 줄 모르는 무식이라면 보좌관을 두고서 결재하면 될 것이 아닌가"라고 권유하였다. 관직을 수행할 능력보다는 일본에 대한 충성도가 가장 중요한 기준이 되고 있었음이 분명하였다. 그 후 이규완은 도장관 시절 연설문을 읽다가 모르는 글자가 나오자 연설을 중단하고 이를 옆의 사람에게 물어보고 계속하였던 적도 있었다.

지방관이 되면서 이규완은 스스로 '다른 사람들이 희망하지 않은 곳을 원한다'고 하면서 강원도 관찰사가 되었다. 강원도는 군대 해산 이후 의병의 활동이 매우 치열하던 곳이었다. 당시 일반인들은 '이규완은 왜녀를 취첩하고 왜인 이상으로 흉악한 매국노'라고 규탄하였다.

통감부 시대의 지방관은 대체로 조선총독부로 이어졌다. 관찰사는 도장관이나 참여관으로, 군수는 대개 그대로 그 군의 군수가 되었다. 이규완도 그대로 강원도 도장관이 되었으며, 1918년 9월 함경도 장관으로 자리를 옮겼다가 1924년에 퇴직하였다.

민족성 개량과 식산흥업을 주장

이규완은 사회의 진보, 문명화를 위해서는 나태한 민족성을 고치고, 식산흥업을 발달시켜야 한다는 점을 강조하고 이를 스스로 실천했던 사람이었다. 물론 이것은 근대화, 자본주의화를 위해서는 필수적인 조건들이었지만, 그는 일제에 의한 지배와 지도하에 이를 이루려 하였다. 이는 결국 수탈을 위한 산업개발, 식민지적 인간형의 양성이었던 민풍개선, 우민화, 황민화를 위한 교육 등과 다를 바 없는 것이었고, 그가 총독부의 관료로 이를 주장하였던 점에서 식민정책의 실천에 불과하였다.

그는 일찍이 미국에서 2년 반 정도 생활하면서 학교에 다니기도 하고 혹 노동생활을 하기도 하였는데, 이 때 그는 미국인의 근검 절약 생활을 보고 '빈자는 세계의 노예'라고 것을 깨닫게 되었다. 또 일본에서 생활해 보고는 '일본인의 생활이 윤택한 것은 근면역행 때문이다'라고 하였다. 그 후 도장관 시절에도 이 문제를 가장 긴요한 과제로 제기하였다.

그는 "우선 조선의 제일 악습고질인 나타(懶惰)를 타파하여 근면의 기풍을 양성한 후에 개발을 도모할지오……근검역행 10년 안에 국부(國富)의 정도가 가히 신국면에 들 것이다"(『매일신보』, 1916. 4. 12, 1917. 1. 16)라고 강조하였다. 민족의 낙후를 민족성, 특히 게으름으로 돌리고, 이러한 민족성을 고쳐야 나라의 부를 축적할 수 있다는 것이다. 이것은 바로 조선의 낙후를 민족성에서 찾음으로써 조선의 독립불능을 강조하는, 일본의 이른바 '민족성론'과 다를 바 없었다. 그는 근면의 기풍이 확립되면 그 다음 실질적으로 국부를 축적할 수 있는 방안은 '식산흥업'이라 하였다. 물론 이 방안은 일제의 이른바 '부원개발'(富源開發)의 일환으로, 식민수탈을 극대화하기 위한 것이었다. 이규완은 바로 이 식산흥업만이 유일한 방법이라고 믿었고, 지방관이 된 이후에도 이를 스스로 실천하였다.

『매일신보』 1917년 5월 6일자는 '도장관이 지게 지고 석재를 운반'한다는 제목으로 강원도 장관 이규완 씨의 근검을 칭찬하고 있다. 능금꽃과 복사꽃이 만발한 과수원에서 휴일에도 쉬지 않고 다갈색의 노동복을 입고 소를 몰고, 지게를 등에 지고 일하는 두 명의 청년, 이규완의 아들 각일(覺一)과 선길(鮮吉)에 관한 이야기다. 직접 과수원을 개간하였을 뿐 아니라 그의 집 밭에다 스스로 묘포를 만들어 각종 수종의 묘목을 키워 보급할 정도였다. 강원도 장관 시절에는 농민들에게 부업으로 양잠, 기직(機織), 종묘원 등을 경영하게 하고, '10년 후에는 강원도를 우리 나라 유일의 양잠지로 만들어 이 곳에 일대 공장을 세우고 많은 생사를 수출하게 될 것'이라고 계획하기도 하였다.

그는 또한 군수 등의 지방관의 실업사상을 강조하였다. 지방관들이 관료의 식에만 사로잡혀 있으면 도저히 지방민과 융합할 수 없다는 것이었다. 산업 발달을 위한 관리들의 솔선수범을 강조하여 자택 근처에 양잠상습소를 설치하고, 광대한 자기 집에는 자비로 견직기 10대를 설치하여 군수, 기타 관리 또는 지방 명망가의 자제를 교육시키기도 하였다.

1924년 함경도 지사에서 퇴직한 후, 그는 다른 사람들의 일반적인 코스와도 같은 중추원 참의 같은 것도 하지 않았다. 오직 손수 농장을 개간하고 운영하는 일에만 매달렸다. 식산흥업이야말로 최선의 길이라는 자신의 확고한 소신에서 그러하였을 것이다. 1930년 이후 청량리 부근에 토지를 매입하기 시작하여, 약 2천여 평을 6년여 동안에 걸쳐 개간하였다. 하루에 한 평씩 삽과 괭이만으로 주야로 일하여 스스로 개간하였다. 그리고 곧 춘천 신동면 석사리의 하천 황무지 3만 8000여 평을 매입하여 개간하였다. 황무지이지만 장차 인구가 늘고 인지가 발달됨에 따라 농경지가 부족하게 되어 토지도 집약적으로 이용하게 될 것이라는 예상 때문이었다. 이런 식으로 네 아들의 경제적 기반이 될 수 있는 농장을 각각 개간하였다. 이러한 황무지 개간은 그의 이상을 실현하는 길이었다. "나의 이상이 무엇인가를 물으면 나는 문명에게 버림받은 반개불전(半開不錢)의 땅을 개발해서 황금 세계를 실현하는 데 있다고 서슴지 않고 대답하겠네"라고 하였던 것이다.

일찍부터 참정권 주장

이런 면에서 그는 개화사상을 몸으로 실천한 근면한 인물이었다고 할 수 있다. 그러나 한 개인에 대한 평가는 인물 그 자체뿐만 아니라 역사적인 평가도 동시에 내려져야 한다. 비록 한 개인으로서는 소신과 실천력을 가진 사람이었을지는 모르나 일제의 식민정책을 부정하지 못하고 오히려 그것에 적극적으로 협력함으로써 민족 앞에 죄를 저지른 행위만은 심판을 받아야 한다.

거족적 항쟁인 3·1 운동이 일어날 당시 그는 함경남도 장관으로 있으면서 민중들의 투쟁 중지와 사태 수습을 하소연하는 훈령을 도내에 배포하였다. 그 가운데 한 구절을 인용하면 다음과 같다.

> 조선 총독은 본년 3월 소요 발발 이래 누차 유고를 발하여 각자의 망동을 계칙(戒飭)하였고……다시 7월 1일 융화일치의 요체(要諦)를 제시하고 일반 민중은 휴척(休戚)을 상분(相分)하고 이해를 다 같이 하여 육심(戮心)협력으로써 시운의 진보에 기여하라는 취지의 간도(懇到)한 유고를 발하였다. 그러므로 각관에 있어서는 이의 주지에 힘쓸 것은 불사언(不俟言)이나 차기(此機)를 잃지 말고 취지의 철저상 유감없기를 기할지이다.(조선총독부『관보』, 1919. 7. 10)

근면하다고 세상 사람들로부터 인정을 받고 있던 그가 이처럼 민족 항쟁을 '진정'시키기 위해 설득하고 다닌 사실을 과연 도민들은 어떻게 받아들였을까.

이것은 민족의식이 철저하지 못했던 개화파들에게 공통적으로 나타나는 사상적 한계일지도 모른다. 이러한 한계로 인해 그는 일찍부터 참정론을 주장하는 논리를 펴게 된다. 그는 아래의 신문기사에서 볼 수 있듯이 부를 쌓아 실력이 양성된다면 일본의 국정에도 참여해야 한다는 참정권을 주장하였다.

> 일시동인(一視同仁)하는 천황의 적자(赤子)로 내지인과 동등의 권리를 향유치 못하겠는가. 참정권을 획득함은 물론이고 비록 국무대신이나 주외사신이라도 가히 하지 못할 자가 없을 것으로 믿는다.(『매일신보』, 1916. 4. 12)

문명의 정도가 내지인과 손색이 없다면, 일시동인지하의 필경 조선인도 상당한 지위로 참정권을 주면 국회위원, 정무대신도 가하다.(『매일신보』 1917. 12. 12)

참정권은 3·1 운동 후 민원식(閔元植)과 같은 적극적인 친일파에 의해서 제기되고 일제가 문화정치의 일환으로 제시한 것인데, 이규완은 이를 처음부터 구상하고 있었던 것이다. 그는 일제의 부원개발, 산업 발전, 민풍의 개선 등을 통한 문명개화 정책을 적극적으로 호응하고, 개화파 이래의 문명개화론에 입각하여 민족성을 개량하고 산업을 발전시켜 일본인과 동일한 수준이 된다면 일본의 국정에도 참여해야 한다는 '소신'을 가지고 있었던 사람이었다.

■ 김도형(계명대 교수·한국사)

주요 참고문헌

『매일신보』
朝鮮總督府, 『官報』 1919. 7. 10.
『李圭完翁百年史』, 비판신문사출판국, 1957.
金振九, 「甲申政變의 急先鋒——當年 熱血兒 李圭完氏」, 『별건곤』 4권 4호, 1926.

정치 - 을미사변 관련자

이주회
이두황
우범선
이진호

이주회
명성황후 시해사건 조선인 주범

- 李周會, 1843~1895
- 1894년 동학농민군 토벌대의 일본군 선봉장으로 활약
  1894년 군부협판

성대히 치러진 명성황후 시해주범 추도 법회

1928년 12월 19일, 동경에 있는 소시지(總持寺)라는 절에서 이주회 33주기 추도 법회가 성대히 열리고 있었다. 일본 최대의 우익단체인 흑룡회(黑龍會)의 주관 아래 도야마 미치루(頭山滿), 우치다 료헤이(內田良平) 등 우익들과 명성황후 시해사건 관련자인 미우라 마츠지로(三浦松二郞 : 주범 三浦梧樓의 아들), 자작 아다치 겐조(安達謙藏), 오자키 마사요시(大崎正吉), 호리구치 구마니치(掘口九萬一) 등과 그 외 이노우에 가쿠고로(井上角五郞), 미즈노 렌타로(水野練太郞), 스기야마 시게마루(杉山茂丸) 등 내노라 하는 조선 침략 관계자들이 대거 참가하고 있었다.

이 추도식에서는 추도뿐만 아니라 묘비 건립과 유족에 대한 지원 문제를 결의하여 상당한 돈을 모금하기도 하였다. 명성황후 시해사건에서 조선측 주모자로 지목되어 처형당한 대역죄인 이주회를 일본의 침략자들이 의인, 영웅 혹은 장군으로 표현하면서 성대히 추도식을 치러 주는 이유는 어디에 있는가.

이주회는 호가 남주(南洲), 자가 풍영(豊榮)으로 1843년 경기도 광주 산성리

에서 태어났다. 무과를 거쳐서 오위장(五衛將)에 올랐고, 병인양요(1866) 때 프랑스 함대를 물리치는 데 공로를 세워 대원군의 눈에 들어 그의 심복으로 활약하게 되었다. 그는 그 공로로 얼마 지나지 않아 연일현감(延日縣監, 6품)으로 승진하였고, 그 후 외무위원까지 올랐는데, 이 때 김옥균, 우범선* 등과 친교를 맺었다고 한다.

갑신정변이 일어나자 이주회는 아무 관련이 없으면서도 김옥균과의 친교로 화를 입을까 두려워 일본으로 도망쳤다(1885). 이 때부터 3년 간 그는 도쿄 간다(神田) 묘진시(明神祠) 부근에서 와타나베(渡邊)라는 사람의 딸과 동거생활을 하면서, 그가 그린 서화를 여자가 밖에 내다 팔아 근근이 먹고 살았다고 한다.

일본군의 첨병이 되어 동학농민군 진압

당시 일본에는 중국이나 조선에서 온 많은 정치 망명가나 유학생이 체류하고 있었다. 일본의 대륙침략론자들은 이들 중 이용가치가 있을 만한 자들을 골라 생계를 도와주면서 교류하였다. 이것은 뒷날 친일매국의 인적 연줄로 이어지는데, 이주회의 경우도 예외는 아니었다. 김옥균이나 박영효*처럼 거물은 아니지만 현감, 외무위원 등의 관직에까지 올랐고 김옥균과 친교가 있는 정치 망명가였기 때문에, 특히 현양사(玄洋社) 계통의 대륙팽창론자들이 접근하여 관계를 맺고 있었다.

이주회는 일본으로 도망간 지 3년 만에 사면되었다. 사면을 받고 귀국한 그는 자원하여 금오도(金鰲島――전라남도 순천 앞에 있는 섬으로 황금어장이었다고 한다) 도사(都事)로 내려갔지만 유배나 다름없는 생활이었다. 한편, 이주회는 금오도에 형 이제영(李齊榮)과 권속을 데리고 가서 개간사업을 벌였는데, 이 개간사업에 가렴주구를 피해 들어온 순천 지방의 농어민들을 동원하였다. 이렇게 개간된 섬은 한때 4부락 600여 호로 번창하였다 한다.

그가 섬에 있을 때인 1892년 가을, 다케다 한지(武田範之――이 다케다란 자는 일본 조동종의 승려이자 우익 낭인으로서 명성황후 시해사건에 관계하였고, 병합 당시에는 이용구*를 뒤에서 조종하여 '합방'운동을 획책하였고 이회광*을 매수하여 조선불교를 매국화하는 데 앞장 섰던 자이다)가 조선에 침략의 거점을 마련하고 사업자금을 확보하기 위해 금오도로 이주회를 찾아왔다. 이 때 이주회는 다케다와 더불어 어선 8척과 일본인 어부 30인을 고용하여 대대적인 고기잡이 사업을 벌였지만 냉동시설이 없어 이듬해 봄에 파산하고 말았다.

1894년 가을, 동학농민군은 반일투쟁을 기치로 내걸고 다시 봉기하였다. 농민군의 봉기는 이주회에게 새로운 전기를 마련해 주었다. 동학군을 토벌하기 위해 일본 군함 츠쿠바(筑波)가 순천에 들어왔을 때 이주회는 군함에 들어가 해안의 지형을 설명하고 작전 계획을 세우는 데 참여하였으며, 나아가 직접 사람들을 끌어모아 자칭 총대장이라 한 뒤 일본군의 선봉장이 되어 '혁혁한 공'을 세운다. 이 때의 공로로 함장 구로오카(黑岡帶刀)가 이노우에 주한공사에게 천거하고, 다시 이노우에가 박영효 내무대신에게 압력을 넣어, 이주회는 김홍집 친일내각의 군부협판에 파격적으로 발탁되었다.

1895년 삼국간섭으로 일본 세력이 쇠퇴하고 민비를 정점으로 한 민씨세력이 권력의 전면에 재등장하게 되자, 그는 권좌에서 쫓겨나게 되었다. 이 때 새로 부임한 미우라 일본공사를 중심으로 한 일본 당국은 '민비 제거' 계획을 세우고, 드디어 1895년 10월 8일 명성황후를 시해하였다. 여기에 이주회는 조선측 주범으로 가담하였는데, 그의 역할은 대원군을 이 사건에 관련시키고 조선측 가담자 우범선, 구연수 등을 지도하는 것이었다. 매국노 제1호인 송병준*이 친민비 반대원군파임에 반하여 이주회는 친대원군 반민비파라는 점에서 친일매국의 구도는 매우 복합적이었고, 그런 의미에서 일본의 침략구도 또한 매우 교묘했다고 할 수 있다.

아무튼 그는 이 사건으로 체포된 뒤 대역죄인으로 1895년 12월 19일 처형당하였다. 그의 시체는 처형 후 산 속에 버려졌고, 그의 처(김씨)와 아들 병구(秉九──당시 7세)는 도망쳐 숨어 살았다. 3년 후 병구는 호구지책으로 금강산에 들어가 중이 되었다.

병합이 되고 나서 송병준의 사위이며 과거 이주회의 부하였던 구연수(총독부 경무관)가 백방으로 그 유족을 수소문하여 모자를 서울로 불러 함께 살게 하였는데, 이들은 구연수의 도움과 총독부에서 도와 주는 비밀 자금으로 생활하였다. 뒤늦게 이러한 사실이 일본에까지 알려지자 미우라를 비롯한 민비시해 사건 가담자를 중심으로 이주회 묘지 건설 및 유족구호사업을 대대적으로 전개하였고, 모금한 돈으로 경기도 광주군에 약 5정보의 땅을 마련하였으며, 용산의 서룡사(瑞龍寺) 내 국사대(國士臺)에 묘지를 만들었던 것이다(1929).

이미 이주회는 1892년 금오도에서 다케다를 만났을 때, "조선을 망친 것은 민비이기 때문에 조선을 구하고 조선과 일본의 협력관계를 유지하기 위해서는 민비를 죽여야 한다"고 내뱉었다 한다. 그 정도로 그는 민비에 대해 적대적이었고, 따라서 시해 사건에 주체적으로 참여한 확신범이었다. 그러나 아무리 민비가 '조선의 개화'에 방해가 되는 요소였다고는 하지만 일본의 앞잡이가 되어 가면서까지 그런 일에 관련하였다는 것은 도저히 용서받을 수 없는 범죄였다. 만일 그가 사형당하지 않고 살아서 다른 관련자들처럼 일본의 보호하에서 권력을 휘둘렀다면 어떤 행위를 했을까? 주체를 갖지 못한 잘못된 의식 속에서 그는 또 얼마나 많은 사람들을 '개화'니 '근대화'니 하는 논리로 처단했을까를 생각하면, 차라리 일찍 죽은 것이 역사와 민족을 위해서도 다행이라 느낄 뿐이다.

■ **강창일**(배재대 교수·한국사)

주요 참고문헌

武田範之,「記李豊榮事」.
黑龍會 編,『東亞先覺志士記傳(上)』, 原書房, 1981.

이두황
이토 히로부미의 총애를 받은 친일 무관

- 李斗璜, 1858~1916
- 1894년 서호도순무영 우선봉으로 동학농민군 진압. 1895년 명성황후 시해 가담
  1900년 전북도장관. 1916년 서보장 훈장

영웅호걸인 양 활개치고 다닌 민비시해 연루자

　명성황후 시해사건 때 일본의 주구로서 활약한 조선인 연루자 가운데 이주회*, 박선(朴銑) 등은 처형당했고, 이두황, 우범선*, 구연수(具然壽)는 일본으로 도망쳤다. 이들 중 우범선은 1904년 정부에서 보낸 자객 고영근(高泳根)에게 암살당했지만 나머지 두 사람은 고종 양위 직후인 1907년 9월 특별 사면된다. 이들은 귀국 후 또다시 일본의 앞잡이로서 전면에 등장하게 되는데, 구연수는 경무국 부경무사가 되었고, 이두황은 중추원 부참의를 거쳐 전라북도 관찰사로 활약하게 되었다. 통감 이토 히로부미가 대역죄인인 이들을 중용하게 된 것은 그 누구보다도 신뢰할 수 있는 자들이기 때문이었다.
　이두황은 1858년 서울의 서부 방교(芳橋)의 평민 집에서 태어났다. 집이 매우 가난하여 끼니를 때우지 못할 정도였다 한다. 1883년 친군초관(親軍哨官)이라는 무인 말단직을 시작으로 관계에 발을 들여 놓은 그는 1884년에는 수문장이 되고 1886년에는 훈련주부(訓練主簿), 이듬해에는 첨정(僉正)에 올랐다. 1889년에는 무관으로 능력을 인정받아 흥해군수가 되었고, 1894년에는 장위영 참령관에 임명되었다. 1894년 동학농민군이 봉기하자 그는 다른 친일개화

1895년 8월 20일 일본 공사 미우라의 흉계로 일본 낭인들에게 시해된 명성황후. 이두황은 명성황후 시해사건 때 일본군을 도와 광화문 경호를 맡았다.

파들과 마찬가지로 부령(副領)으로 승진하여 서호도순무영 우선봉(西湖都巡撫營 右先鋒)으로 진압에 앞장 서 큰 '공'을 세웠다.

이두황과 일본과의 본격적인 인연은 청일전쟁에 참전하면서 맺어진다. 그는 일단의 조선인 병사를 데리고 일본군 제5사단장 노즈(野津) 중장을 찾아가 참전시켜 줄 것을 간청해서 종군하게 되었다. 그는 일본군을 따라 평양까지 들어갔는데(이 때 우범선도 병참부에 소속되어 평양에 입성하였다고 한다), 그의 역할은 통역 및 정탐활동이었다. 또한 그는 청군 병사들의 시체를 매장하는 작업에 투입되어 '혁혁한 공'을 세웠다고 한다.

이 종군활동의 공로로 이두황은 김홍집 친일내각에서 양주목사(1895)로 승진되었다가 일본인을 교관으로 하는 친일적인 훈련대가 생기면서 훈련대 제1대대장에 임명되었다(우범선은 제2대대장). 삼국간섭 이후 일본세력이 쇠퇴하게 되고, 민비를 정점으로 하는 친러세력이 등장하게 되면서 훈련대는 해산 위기를 맞아 드디어 1895년 10월 7일 해산되어 버렸다. '민비제거'를 획책하고 있던 일본 당국은 이를 빌미로 하여 10월 8일 천인공노할 명성황후 시해사건을 자행하였는데, 이 때 이두황은 일본군을 도와 훈련대 제1대대를 이끌고 광화문의 경위를 맡았고, 우범선의 제2대대는 경복궁 뒷문을 경호하였다. 8일 새벽 훈련대 연대장 홍계훈이 광화문에서 이두황을 보고 질책하자 그의 뒤에 있던 일본군이 홍계훈을 사살하였다.

이 사건 후 이들 대역죄인들은 체포령을 피해 일본으로 도망쳤는데 이 때부터 14년 동안의 망명생활이 시작되었다. 이두황, 우범선, 구연수 3인은 일본인 범죄자들이 구속되어 있는 히로시마(廣島)에 갔다가 교토(京都)로 거처를 옮겼다. 한편 '민비시해'의 주범 미우라(三浦梧樓)를 비롯한 47명이 증거불충분으로 무죄 석방되어 동경에 모여들자 이들도 도쿄로 옮겨 일본 당국의 비호 아래 생활하였다.

이들이 도쿄에 있을 때, 아관파천 이후 '일본당'으로 행세하던 조희연*, 권형진(權瀅鎭), 황철(黃鐵) 등도 일본으로 도망쳐 와 같이 한패거리를 이루면서 마치 영웅호걸인 양 활개를 치고 다녔다. 얼마나 설치고 다녔는지 이들을 돌보아 주고 있던 후쿠자와 유키치(福澤諭吉)도 "자기 나라 국모를 죽인 자들이 은인자중하지 않는다"고 질책할 정도였다.

한편, 조선 정부에서는 이들을 암살하기 위하여 자객을 일본에 계속 보냈다. 그래서 이들을 데리고 있던 다케다 한지(武田範之 : 승려이자 우익 낭인으로서 시해사건 연루자이고 한일'합방'의 이론가)가 2년 동안 일본 각지를 돌아다니면서 위기를 모면하게 하였다. 이들은 1897년 도쿄의 단고자카(團子坂)에 일단 거처를 정한 뒤 함께 생활하다가 뿔뿔이 헤어졌다. 한학과 서예에 약간 조예가 있던 이두황은 한량 생활을 하면서 서화를 팔아 주색의 비용에 충당하였다. 주색에 빠진 나머지 병에 걸린 적도 있었다고 한다.

이토의 비호하에 관리로 출세

1907년 순종이 왕위에 오른 후 통감 이토는 특사를 단행하였는데(정미특사), 이 때 이들을 비롯한 친일 주구들에게도 사면령이 내려져서 이들은 귀국하여 본국에서 본격적인 매국활동을 전개하였다. '제2차 한일협약'으로 관리임용에 있어 통감 이토의 승인이 사실상의 필수요건이 되고서부터는 고급관리에 대한 인사권은 완전히 통감부가 장악하게 되었다. 이에 따라 이토는 일진회(一進會)를 이용해서 대대적인 친일운동을 일으키는 것과 때를 같이하여 송병준*을 이완용* 내각에 입각시키는가 하면, 30명 안팎의 친일분자를 한꺼번에 중앙의 국장, 지방의 관찰사로 임명했다. 그 중에는 이두황, 이진호*, 조희연, 구연수 등 일본 망명자들이 득실거려, 중앙정계는 이들 매국 친일분자로 채워졌다.

이두황은 정미특사로 1907년 귀국하자마자 중추원 부참의에 올랐고 이듬해에는 전라북도 관찰사에 임명되었다. 그리고 1910년 병합 후에는 박중양(충남)*, 신응희(함남)*, 이규완(강원)*과 더불어 전라북도 도장관(고등관 3등)에 재임명되었다. 그 후 정부로부터 고등관 2등(1911), 정5위(1913)를 거쳐 1916년 3월 죽을 때에는 고등관 1등, 종4위, 훈3등에 서보장(瑞寶章)의 훈장까지 받았다. 도장관 시절 전북주재 일본인에게 얼마나 잘 하였는지 많은 일본인들이 그의 업적을 칭송하고 그의 죽음을 슬퍼하였다고 한다.

일종의 정신 분열현상인지는 모르나 많은 매국노들은 공통적으로 주색을 탐닉하였는데, 이두황도 예외는 아니어서 일본에 망명했을 때나 귀국해서나 주색에 빠져 있었고 여복 또한 많았다고 한다. 한 예를 들면, 일본으로 도망치기 전 서울에 보패라는 유명한 기생이 있었는데, 이두황이 많은 적수를 물리치고 가로채어서는 몇 년 간 동거생활을 하였다. 이들은 십수 년 간 떨어져 살고서도 서로 잊지를 못하다가, 금의환향(?)한 후 재회하여 1년 간 다시 동거생활을 하였다고 한다.

그의 묘는 전주 기린봉에 있는데 묘비는 같은 친일파인 김윤식*이 짓고, 정병조가 썼다.

■ 강창일(배재대 교수 • 한국사)

주요 참고문헌
『李斗璜翁追懷錄』, 1929.

우범선
민비시해사건의 주동자

- 禹範善, 1857~1903
- 1895년 훈련대 제2대대장. 1895년 민비시해사건에 훈련대 동원 책임
  민비시해사건 이후 일본에 망명중 1903년 암살됨

아버지의 범죄, 아들의 속죄

신념이 남달리 강한 사람이 자신의 신념에 따라 살아갈 때에는 그러한 신념이 역사적으로 어떠한 평가를 받을 것인가를 생각해야만 한다. 만일 그러한 신념이 역사적 상황을 잘못 판단하였을 때 그 해독은 참으로 엄청난 반향을 일으킬 수 있기 때문이다. 또한 그것은 그 사람의 대에서 끝나는 것이 아니라 그 다음의 세대까지 그 후과가 남겨지기 때문이다.

여기 우리의 근대화 과정에서 아버지의 역사적 과오를 속죄하고자 한 사람이 있었으니, 명성황후 시해범 우범선의 아들인 육종학자 우장춘 박사가 바로 그 사람이다. 그는 한반도에서 전쟁이 한참이던 때 조국의 현실을 외면하지 않고 국내로 돌아와 일심으로 우리 나라의 농업의 발달만을 위해 한평생을 보냈다. 그가 오직 연구에만 몰두하게 되었던 것은 직업상의 문제만은 아니었고, 역사적으로 부과된 자신만의 짐을 대신하고자 하였기 때문이었다.

우범선은 매우 신념이 강하고 자신이 결정한 문제에 대해서는 끝까지 밀고 나가는 사람이었다. 따라서 당시 그를 잘 아는 사람들은 그를 능력 있고 추진력이 강한 사람으로 묘사하고 있다. 즉, 그와 같이 1895년 이른바 '을미망명객'

으로 일본에 망명해 있던 권동진(權東鎭)은 "우범선이 출중한 줄 알았다. 그는 무엇보다 담력이 출중하였다. 대담하고 학식 있고, 학식 중에도 군사학에 특히 뛰어났었는데, 그 자신뿐 아니라 그의 조상도 하사로 다니던 분으로 대대로 군벌집안이었다. 그래서 군부대신도 늘 그에게 물어 매사를 처리할 지경이었다.……그는 민비사변 때에도 가장 선봉에서 활약하였고 한 일도 많았다. 군인 가운데서는 주동자가 그였으니까"라고 하여 민비시해에도 가장 앞장 섰던 인물로 우범선을 말하고 있다.

개화사상의 수용과 별기군 참여

우범선은 1857년 5월 출생하여 어릴 때부터 한학을 배웠으며, 그의 집안은 대대로 무인의 집안이었다. 따라서 그는 어릴 때부터 병법에 관해 수업을 하였으며, 20세가 되던 해인 1876년에 무과에 급제하였다. 무과 급제 이후 곧 황해도 청단찰방(靑丹察訪)에 배치되었으며, 강화도 조약으로 조일간에 새로운 시대가 열리자, 우범선은 동양의 대세와 조선의 앞날을 생각하며, 개화사상을 가진 김옥균(金玉均), 이주회* 등과 교유하면서 개국론을 주장하였다.

조선의 국교가 열리고 근대화운동이 한참 벌어지던 때 조선 정부는 군사력을 강화하는 정책의 일환으로 군제 개편에 착수하였는데, 그것이 이른바 별기군(別技軍)의 창설이었다. 즉, 별기군은 일본공사 하나부사(花房義質)의 건의에 따라 1881년 4월 5군영에서 신체 강건한 지원자 80명을 특선하여, 무위영(武衛營)에 속하게 하고 그 이름을 별기군이라 하여 창설한 것이다. 그러나 당시 이 조직은 일본인의 주선으로 조직되었고, 호리모토(堀本禮造)라는 일본 군인이 군사고문으로 있었다 하여 '왜별기'(倭別技)라고도 불렸다.

이에 우범선은 별기군이 조선군제를 근대화시키는 길이라고 생각하여 여기에 참가하였다. 또한 그는 별기군 참령으로 참가하면서도 새로운 문물을 시찰하기 위해서 일본으로 밀항했다가 돌아온 적도 있었다. 훗날 임오군란으로 대원군이 집권한 뒤 우범선이 일본에 밀항했던 것을 문제 삼아 체포되었을 때, 자신이 일본에 건너갔던 이유를 "난국을 헤치자면 일본과 동맹이 필요하다고 생각했습니다. 그래서 그 나라 사정을 알려고 간 것입니다"라고 밝혔는데, 이 때 이미 그는 일본과 일본의 근대화를 흠모하고 있었던 것으로 보인다.

그 후 민씨 척족들이 정권을 장악하게 되자 우범선은 평북 순천에서 귀양살이를 하다가, 평안 감사 민병석*의 도움으로 장위영 영관이 되었다. 이후 1894년 6월 일본군이 무력으로 경복궁을 침입하여 민씨정권을 몰아내자, 갑신정변 이후 침체된 개화파가 일본을 배경으로 집권하게 되었다. 이들은 대부분 갑신정변에 참가하였던 사람들로서 일본의 조종에 의해 개혁을 추진하는 일본의 지시와 명령의 전달자였다. 이 때 친일적 성향을 가진 우범선은 그 해 8월 군국기무처의 의원이 되어 갑오개혁에 참여하게 된다. 이로써 그는 일본의 하수인이 되어 이른바 '내정개혁'을 추진하게 되었다.

명성황후 시해 주도

일본에 의한 타율적인 개혁이 진행되고 친일정권에 의해 1895년 4월 훈련대가 창설되자, 우범선은 그 제2대대장으로 발탁되었다. 훈련대는 중앙군으로서의 기능을 상실한 친군영을 강화하기 위해 일본공사 이노우에 카오루(井上馨)의 건의에 의하여 1895년 정월에 조직되었다. 당시 훈련대는 일본 사관(士官)을 초치하여 훈련하였으며, 우범선 이외에 이두황*, 이주회 등이 대대장으로 있었다. 이 훈련대는 친일의 교두보로서 친일세력의 뒷배경이 되었다.

친일세력 중 갑신정변의 주도자 박영효*를 중심으로 1895년 5월 김홍집(金弘集)이 사임하고 박정양(朴定陽) 내각이 집권하게 되었다. 이 때 일본의 독점적 지배권 확립에 반발하면서 미국과 러시아의 지원을 받는 일군의 정치집단이 대두하기 시작하였으며, 이를 이용하여 민비는 박영효를 축출하려 하였다. 이렇게 되자 박영효 등 친일세력들은 1895년 6월 기사회생의 밀계를 꾸미고 있었다. 이를 위해 우선 훈련대 장교를 자기 편으로 끌어들여 병력을 이용하여 왕궁을 점령한 후 고종을 폐하려고 하였다. 이 때 우범선은 훈련대 제2대대장으로 박영효의 쿠데타 음모에 참여하게 되었다. 그러나 그 음모가 곧 누설되어 박영효 체포령이 떨어짐으로써 그는 변복을 하고 재차 일본으로 망명하였다.

그 후 민비는 더욱 반일 친러적 경향으로 나아가게 되었다. 민비세력은 1895년 7월 러시아 공사 웨베르와 협력하여 친일세력을 축출하고 그 대신 친러세력을 등용하려고 하였다. 9월 1일 일본 공사 이노우에의 뒤를 이어 새로 미우라 고로(三浦梧樓)가 공사로 부임하였다. 그러나 이 때 조선의 정국은 왕권이 강화되고 친러파가 정국을 주도하면서 친일파의 몰락이 대세가 되던 때였다. 이러한 상황에서 일본은 위축된 세력을 만회하고 자파 세력을 부식하는 데 최대의 장애가 되는 민비를 시해하려 들었다. 이러한 상황에서 미우라는 조선인 중 친일적 성향을 가진 우범선을 만나 난국을 헤쳐 나갈 방도를 물었다. 이에 우범선은 미우라에게 "나는 무부(武夫)다. 어떤 정견이 있을까마는 다만 조선의 정치 개선은 즉결적으로 그 당우(黨羽)를 일소하지 않으면, 비록 어떠한 고재(高才) 양책(良策)이 있을지라도 변개하기 어렵다"라고 하면서 민비시해를 통한 친일정권의 성립을 주장하였다.

그 계획은 9월 20일경부터 구체화되었다. 즉, 시해계획은 해산위기에 직면한 훈련대를 이용하여 이들에 의한 쿠데타로 위장하고, 일본공사관 무관 구스노세(楠瀨幸彦)와 공모한 후에 대원군을 끌어들이고 서울에 있던 일본인 대륙낭인들을 앞잡이로 해서 민비를 살해한다는 것이었다. 이에 미우라는 친일 조선인을 동원할 계획을 세우고 일본군이 양성한 훈련대 간부 제1대대장 이두황, 제2대대장 우범선, 제3대대장 이진호(李軫鎬)*, 전군부협판 이주회를 포섭하여, 민비시해의 훈련대 동원책임을 우범선에게 맡겼다. 다시 말해 민비시해계획의 주모자는 일본공사관의 마쓰무라(松村濾), 구스노세, 일본 낭인 오카모도 류노스케(岡本柳之助)를 지도자로 하는 그룹과 우범선 등의 친일 군인들이었다.

그 당시 경성에서는 친일적인 훈련대와 순검이 충돌하여 난투가 벌어지는 일이 잦았다. 이렇게 되자 민씨 일파는 훈련대를 해산하려 하였고, 고종도 찬성하는 결정을 내렸다. 10월 7일 훈련대 해산의 하교가 내려졌고, 이에 미우라는 훈련대를 담당한 우범선에게 군대를 동원하라고 명령하였다.

10월 8일 새벽 4시 반경 대원군을 끌어내어 궁성에 들어가서 민비를 살해한다는 계획하에, 우범선은 대원군 앞으로 나아가 "대원위 대감께 인사 여쭙니다. 훈련대의 대대장인 우범선 참령입니다. 참령 우범선이 지원군을 이끌고

우범선 199

프랑스 신부 아베레크가 촬영한 명성황후 국장 장례식. 우범선은 명성황후 시해사건의 주범이었다.

대원위 대감께 충성을 바치러 왔습니다" 하고는 대원군을 사인교에 태우고 궁궐로 들어갔다.

　궁궐의 침입자들인 낭인들은 대부분이 일본옷인 하오리 하카마 차림에다 긴 칼을 차고 있었다. 그 뒤를 일본공사관의 수비대가 따랐고, 그 다음에 선 것이 참령 우범선이 이끄는 훈련대였다. 훈련대는 그들의 특수한 군복 차림에다 역시 장총으로 무장했다. 경복궁을 침입할 때 한성신보사 사장 아다치 겐조(安達謙藏)가 지휘하는 일본 낭인부대는 경회루를 동쪽으로 돌아 옹화문으로 밀려 가고 훈련대가 뒤로 처져 우범선은 주력인 낭인부대를 좌익 후면에서 엄호했다.

　민비의 용모를 모르는 일본 낭인들은 한참을 찾아 다닐 수밖에 없었다. 마침내 민비가 눈에 들어오자 미야모도(宮本)와 마치(木熊虎) 두 사람의 일본군이 지켜보는 가운데 낭인 데라자키(寺崎泰吉)라는 자가 민비를 칼로 내리쳤다. 민비를 살해한 이후 미우라 공사가 경복궁으로 들어가 민비의 시체를 확인하였으며, 그는 오기하라(荻原秀次郎)에게 증거를 인멸하기 위해 급히 화장하라고 명령하였다. 오기하라는 낭인들을 인솔하여 옥호루의 동쪽에 있는 솔

밭에서 민비를 불태웠고, 그 유해는 우범선의 지시에 의해 윤석우(尹錫禹)가 정전(正殿)에서 좀 떨어진 곳으로 가지고 가서 땅 속에 묻었다.

이로써 국모시해사건은 끝이 났고, 그 해 9월 훈련대를 파하고 친위대가 설치되었다. 그리고 9월 13일 훈련대 제1대대장 참령 이두황, 제2대대장 참령 우범선을 파직시키고, 이범래·이진호가 각기 제1·제2대대장으로 임명되었다. 이 을미사변을 계기로 전국에서는 '국모보수'(國母報讐)의 기치하에 의병의 봉기가 일어나는 등 반일의 분위기가 성숙되면서 미국과 러시아의 지원을 받는 일군의 정치세력들은 반일 분위기에 편승하여 춘생문(春生門) 사건을 일으켰다. 그런데 그 해 11월에 단발령(斷髮令)이 내려지자 이에 촉발되어 본격적인 의병전쟁이 전국적으로 전개되었으며, 이듬해 아관파천으로 김홍집 내각이 무너지자 민비시해의 주범인 우범선은 이두황, 황철(黃鐵)과 함께 일본으로 달아났다.

고영근의 우범선 처단

일본으로 망명한 우범선은 도쿄 혼교(本鄕)에서 망명생활을 하다 사카이 나카(坂井中)라는 일본 여자를 알게 되어 그녀와 결혼하였다. 그러나 우범선 등 이른바 '을미망명객'들은 국내에서 그들에게 현상금을 걸고 자객을 파견하였기 때문에 늘 암살당할 위험 속에서 살았다. 당시 이들은 대부분 고베(神戶)에서 박영효가 경영하는 조일신숙(朝日新塾)에 있었고, 이 곳에서 그는 윤효정(尹孝定) 등과 한국의 고학생을 지도하고 있었다. 그러나 조일신숙이 해산되자 우범선은 1903년에 구레시(吳市)로 자리를 옮겼다.

이 때 만민공동회 사건과 폭발약 음모사건으로 1899년 7월 일본으로 망명한 전(前)만민공동회 회장 고영근(高永根)이 1903년 7월 오사카의 윤효정의 식객으로 왔다. 그는 윤효정으로부터 을미사변 때 민비를 살해한 괴수 우범선이 일본에 망명해 있다는 것을 듣고, 그를 살해할 것을 결심하였다. 고영근은 일찍이 민비의 총애로 병마절도사의 관직을 받았고, 민비의 비호 아래 막강한 권력을 휘둘러 왔다. 이에 그는 '국모보수'(國母報讐)라는 것을 생각하게 되었다. 이를 결행한다면 다시 고종의 환심을 살 수 있을 뿐만 아니라 그가 과

거에 누렸던 권력을 되찾을 수 있기 때문이었다. 즉, 그는 일본에서 귀국하기 위해 대반전을 벌일 것을 계획하게 된 것이다.

고영근은 우범선에게 용이하게 접근하기 위해 우선 윤효정이 그를 살해하려 한다는 음모를 말하면서 그의 의심을 풀었다. 그 후 그들 사이는 급격히 가까워져 우범선은 고영근을 전혀 의심하지 않게 되었다. 우선 그는 우범선이 거주하는 구례시에 집 한 채를 빌려 그곳에서 기거하였다. 이어 고영근은 1903년 11월 24일 집들이를 겸하여 우범선을 초청하였다. 집들이에 온 그를 고영근은 미리 준비한 단도로 목과 어깨를 찔렀으며, 고영근의 종자 노원명(盧遠明, 혹은 魯允明)이 철퇴로 그의 머리를 몇 차례 내리쳤다. 이로써 우범선은 타국에서 국모시해에 대한 심판을 받았다. 그를 살해한 고영근과 노원명은 즉시 히로시마 경찰서에 자수하였고 '국모보수'의 문구를 보여 주었다.

한편 국모시해범 우범선이 고영근에 의해 처단되었다는 소식이 그가 죽은 다음날 알려지자, 중추원 의장 김가진(金嘉鎭)이 "도망 가 있는 죄인 고영근이 우범선을 일본에서 살해한 것은 충의에서 나온 것이니, 법부로 하여금 고영근의 죄를 면해 주고, 외부로 하여금 일본공사관에 조회하여 즉시 호환(護還)케 하여 민비와 천하의 인신(人臣)의 원을 풀 것"을 청하였고, 특진관 민영우(閔泳雨), 시종원경 이유인(李裕寅), 정3품 윤이병(尹履炳), 법부대신 이재극(李載克) 등도 고영근의 죄를 면해 줄 것을 청하였다. 이에 고종은 국모시해범을 처단한 고영근의 죄를 면해 주었다. 반면에 우범선의 친일 반민족적 행위는 죽음을 통한 응분의 대가라는 측면에서 하나의 상징으로 다가오고 있다.

■ 김도형(국민대 강사·한국사)

주요 참고문헌
朴殷植,『韓國痛史』.
紹雲居士,『韓末秘史』.
權東鎭,「韓末人物의 回想」,『三千里』1935. 5.
申奭鎬,「韓末政界와 朴泳孝」,『朝光』5~11, 1939. 11.

이진호
일제식민통치에 앞장 선 친일관료의 전형

- 李軫鎬, 창씨명 李家軫鎬, 1867~1943
- 1910년 경상북도 지사. 1924~29년 조선총독부 학무국장
  1934년 중추원 참의. 1943년 중추원 고문

'춘생문 사건' 발설과 친일파로의 변신

호를 성재(星齋)라 한 이진호는 1867년 서울에서 출생하였다.
1882년 무과에 급제하였으나 무관직으로 나가지 않고 외아문에서 설치한 영어학교인 동문학교(同文學校)에 입학하여 영어를 공부하였다. 그 후 이진호는 미국인 선교사 알렌(H. N. Allen) 박사가 조선 정부에 서양의학을 교육할 뜻을 밝혀 1886년 3월에 설립한 제중원 의학교에 입학하여 의학을 공부하였다. 의학교가 개설될 당시에 13명의 학생이 선발되었는데, 이진호는 영어를 공부하였으므로 발탁되어 의학 공부를 하게 된 것으로 보인다.
그러나 의학 공부가 적성에 맞지 않았는지 방향을 바꾸어, 1888년 미국인 군사교관 다이(William Mcentyre Dye, 茶伊)를 초빙하여 조선 정부에서 설립한 육군 사관학교인 연무공원(鍊武公院)에 입학하여 군사훈련과 교육을 받았으며 교육과정 동안 우수한 성적을 받아 교관 다이의 신임을 얻었다(연무공원은 1894년에 폐교되었다). 연무공원을 졸업하자 1887년에 효력부위용양위좌부장(效力副尉龍驤衛左部將)에 임명되어 무관으로 진출하였다.
1894년 9월에 일본이 훈련 양성했던 교도중대의 초대 영관인 이두황*이 양

주목사로 전출되자 그는 후임으로 임명되어 동학농민전쟁을 진압하는 데 출동하였다. 동학농민운동이 진압된 후 김홍집, 박영효*의 연립내각이 성립되자 그는 훈련대 제3대대장으로 임명되었다. 1895년 일본의 낭인과 군대에 의하여 민비가 시해당하는 가운데 새로 개편된 김홍집 내각은 을미개혁을 실시하여 군제를 개혁하였다. 그 결과 종래의 훈련대와 시위대가 합쳐져 중앙에는 친위대 2개 대대가, 지방에는 평양 및 전주에 진위대 1개 대대가 설치되는데, 이 때 이진호는 육군 참령인 친위대 제2대대장에 임명되었다.

1895년 11월 28일 연무공원 교관이었던 다이와 미국인 선교사 그리고 친미파 인사들이 고종을 궁궐 밖으로 모시고 현친일정권을 무너뜨리고자 일으킨 '춘생문(春生門) 사건' 때였다. 구(舊)시위대 군인들이 안국동을 경유하여 건춘문(建春門)에 이르러 궁궐 안으로 들어가려 했으나 뜻대로 되지 않자 삼청동으로 올라가 춘생문에 이르러 담을 넘어 입궐하려 했다. 사전에는 이진호가 문을 열어 주어 그들이 궁궐 안으로 들어갈 수 있도록 도와 주기로 다이와 이진호 사이에 협의가 이루어져 있었으나, 이진호가 변심하여 미리 군부대신 서리 어윤중(魚允中)에게 계획을 밀고한 것이었다. 그 결과 친위대 숙위병이 맹렬히 반격을 가함으로써 '춘생문 사건'은 실패로 끝나고 말았다. 이 사건에서 이진호가 왜 변심을 했는지는 분명치 않다. 더구나 그는 다이로부터 두터운 신임을 받았던 터라 그 변심의 동기는 하나의 수수께끼로 남는다. 다만 한 가지 추론할 수 있다면, 전형적인 권력추구형 인물이었던 만큼 그는 그 나름대로 세상의 흐름을 타려 했던 것이 아닌가 생각된다.

아무튼 이 사건이 실패한 지 3개월이 지나지 않아 일어난 1896년 2월 11일의 아관파천으로 친일내각인 김홍집 내각이 붕괴되고 친러내각이 성립되자, 이진호는 '춘생문 사건' 당시의 친일 행동에 대한 보복이 두려워 일본군영으로 도피하였다가 11월에 유길준(兪吉濬), 우범선*, 이두황*, 이범래(李範來), 구연수(具然壽) 등과 함께 일본으로 망명하였다.

일본에 망명해 있는 동안 이진호는 유길준을 중심으로 한 일본 육사 출신 청년장교들과 함께 대한제국을 무너뜨리고 대한정부를 세운다는 쿠데타 계획에 참가하여 그 총지휘를 맡도록 약속하였으나 준비단계에서 무산되었다.

그가 10년 간의 망명 생활을 청산하고 돌아올 수 있었던 것은 1907년 제2차 한일협약을 체결한 일제가 외교권을 박탈하고 구(舊)한국군을 해산했을 뿐 아니라 통감이 고급 관리 임용의 전결권을 갖게 되어 자신의 안녕이 보장될 수 있었기 때문이었다. 그는 특사로 귀국하여 당시 통감부 체제였던 이완용* 내각에서 일본 유학생 출신 및 일본 망명자들과 함께 관직에 등용되어 1907년 10월 중추원 부찬의로 임명되었고, 이어 평안남도 관찰사로 임명되었다. 그 후에는 사립학교를 억압하고 식민지 교육을 행하고자 설립된 평양 고등보통학교에서 교장을 역임하기도 했다. 1910년 '합방' 후 총독부 체제가 출범하면서는 10월에 경상북도 지사로 임명되었고, 1916년에 전라북도 지사가 되었다.

어용단체 조직하여 민족운동 가로막아

3·1 운동이 전국 각지로 확산되고 독립을 주장하는 민족주의운동이 번성하자 일제는 친일 관료와 지주를 중심으로 '자제단(自制團)'이라는 어용단체를 조직하여 민족운동을 가로막는 선무공작을 꾀하였다. 이것은 '합방'을 전후한 시기에 일본군이 의병투쟁을 저지하기 위하여 불량배 6000명을 돈과 감언이설 그리고 협박으로 모집하여 '헌병보조원'으로 삼고는 그들을 시켜 촌락마다 자위조직을 강제로 만들게 하고 첩보와 의병토벌조직으로 이용했던 경험에서 짜낸 것이었다. 자제단은 대구, 청주, 안동, 청도, 평북 정주, 재령, 울산, 연백, 전주, 진주, 군산, 충남 연기, 수원, 전북 등지에서 총독부의 관권을 통하여 강제로 조직되었다.

당시 전라북도 지사로 있던 이진호는 이러한 계획에 동조하여 자신의 주도하에 '전북 자생단'을 3·1 운동이 진행되고 있을 무렵인 1919년 4월 21일에 조직하였다. 자제단 조직은 독립운동에 참가한 자를 검거하고 그들 내부로 들어가 첩보를 수집하는 것을 목적으로 하였으며, 지주가 거느리고 있는 머슴이나 소작인을 자제단 조직 안으로 끌어들여 그들의 반일투쟁을 지주로 하여금 힘으로 눌러 막게 하는 방법을 택하고 있었다. 자제단의 회원이 된 자들에게는 "불온행위를 감히 하는 자, 또는 불온자를 숙박케 한 자를 발견했을 때는 당장 본부장 및 지부장에게 밀고할 의무"가 있었다. 이진호는 사이토에게 보낸 보고서에서 자제단은 "민간유지자가 자발적으로 그 진정방법을 마련할 필요"에서 조직되어 "인민들이 서로 조심하도록 훈계해서 앞으로는 소요를 일으키는 일이 없고 또 유혹하는 자를 검거하는 데 편하도록 하기로 서약"하였다고 하였지만, 자제단 단원은 첩보, 밀고 등의 의무를 지켜야 한다는 서약서에 서명날인할 것을 강요당했기 때문에 관헌의 협박에도 불구하고 거부하는 사람이 많았다. 그 이유는 당국이 조선인의 서명날인을 받아서 파리강화회의에 보내 조선인은 '합방'에 이의없이 복종한다는 의사표시의 증거로 쓰기 위한 것이라는 말이 돌았기 때문이었다.

1921년 4월에 중추원 관제가 대규모로 개편되었다. 이 때 이진호는 자신의 충성에도 불구하고 중추원 참의 선발에서 탈락하자 총독부 당국에 불만을 품고 전라북도 지사를 사임하였다. 당시 미즈노(水野鍊太郎) 정무총감은 이진호가 불만을 품게 되면 민심을 위무하는 데 곤란한 문제가 발생한다며 유임을 권고하였다. 그러나 그의 결의가 움직이지 않자 일본인들이 독점하고 있는 동양척식주식회사의 유일한 조선인 이사로 앉혀 동양척식주식회사에 대한 조선인 농민들의 불평불만을 진무하는 데 이용하고자 하였다. 그리하여 이진호는 8월에 동양척식주식회사 경성지점의 촉탁으로 입사하였다. 그리고 1921년 9월에 조선중앙위생회 위원에 임명되었고, 그 해 11월에는 총독부 고위 관료 등 재조선 일본인과 친일 거두들이 모여 조선구락부를 창설할 때 발기인으로 참여하여 일본인 상류사회로 들어가 자적(自適)하였다.

조선인 최초의 총독부 학무국장

이진호는 당시로서는 획기적으로 1924년 12월 12일자로 조선총독부 학무국 국장에 임명되었는데, 조선인으로서 총독부 부서의 국장에 임명되는 일은 학무국이 유일하였으며, 또한 조선인 학무국장으로 임명된 이는 이진호와 엄창섭(嚴昌燮 : 창씨명 武永憲樹) 두 사람뿐이었다. 그가 학무국장에 임명된 것도 3·1 운동 이후 조선인 본위의 교육을 실시할 것을 주장하는 요구가 계속 높아지자 총독부가 취한 조선인 무마 회유책의 일부였다.

당시 조선총독부는 일선융화, 일시동인(一視同仁), 내지연장주의(內地延長主

義) 등의 슬로건을 내걸고 식민지통치에서 발생하는 민족간의 기본적 모순은 뒤로 하고 민족차별에 대한 불만에 초점을 맞춰 조선인을 무마하고자 했다. 즉, 교육령 개정이 계획되면서 총독부는 조선인 민간의 의견을 수렴한다는 제스처를 취하게 되는데, 이와 관련하여 당시 조선인들 사이에서 가장 중시된 요구는 보통학교 교과서에서 사용하는 용어와 교수 용어는 일본어 과목을 제외하고는 모두 조선어로 하고 조선인 교사가 가르치는 조선역사 및 지리 과목을 교과과정에 넣자는 것이었다. 그러나 조선인의 이러한 요구는 무시되었다. 1922년 2월에 발포된 개정 교육령 어디에도 반영되지 않은 것이다. 이에 조선 민중들의 불만이 높아지자 총독부는 학무국장을 조선인으로 임명하여 마치 조선인을 위한 교육적 배려를 하는 것처럼 기만하고자 한 것이었다.

조선인으로서 총독부 학무국 국장으로 임명된 이진호는 일제의 의중을 읽어내고는 감지덕지하면서 더욱 '일본인'으로서의 충성을 다하리라고 다짐하였다.

그러나 조선인 학무국장이 탄생하자 세간의 한켠에는 그가 아무리 친일파라고는 하지만 일말이라도 민족적 성향이 있지 않겠느냐는 기대를 갖는 조선인들이 있었다. 그러나 학무국장으로서의 이진호의 행적에서 그가 조선인들의 교육을 위해서 어떤 배려나 조처를 취했다는 기록은 전혀 찾아 볼 수가 없다.

이진호는 취임에 앞선 『동아일보』와의 인터뷰에서 조선인들의 당대 최고 관심사인, 보통학교 교수용어로 조선어를 사용하는 문제에 대한 질문을 받았다. 그러나 그것은 '소위 방침에 관한 문제이므로 자신의 생각만으로는 어찌할 수 없다는 발뺌'이 전부였으며, 당시 한창 진행중이던 민립대학 설립 문제에 대해서는 재정이 빈약하기 때문에 힘이 미칠 수 없을 것이라고 회의적인 자세를 보여 주는 등 조선인들의 기대와는 진작부터 어긋나고 있었다. 또한 학무국장 재임중에 자신의 아들을 조선인 고등보통학교보다 훨씬 시설이 좋은 일본인들이 다니는 공립 심상소학교에 입학시키고자 120원의 기부금을 경성부청에 기부하여 교육기본재산에 편입시켜 무리를 빚은 바도 있다.

한편 개량주의자들과 친일파들의 자치운동에 반대하고 절대 독립을 주장하는 비타협 민족운동가들과 사회주의자들의 항일민족운동이 성장하자 총독부는 식민지교육을 철저히 시행하기 위해서는 식민지 교육제도와 교과서를 새롭게 검토할 필요가 있다는 것을 절감하고 1928년에 임시교육심의위원회를 조직하는데, 이진호는 이 위원회의 위원으로 선정되어 식민지교육을 강화하기 위한 교육제도연구에 참가하였다. 그리고 1929년 1월에 학무국장직에서 퇴임한 후 1934년 1월 중추원 참의에 임명되었다.

전쟁이 막바지에 오르고 있을 때 그는 각종 친일단체를 조직하고는 조선의 젊은이와 조선의 자원을 전쟁에 동원하는 선봉이 되어 적극 활동하였다. 즉, 1940년 10월 국민총력조선연맹 평의원, 1941년 8월 임전대책협의회 위원, 1941년 10월 조선임전보국단 고문으로 활약하였다. 그리고 작위를 받지 않은 사람으로는 유례없이 1941년 중추원 부의장에까지 올랐고 1943년 10월에 중추원 고문으로 재임하였으며 귀족원 의원을 지냈다.

일제의 식민정책에 협력한 사람들의 약력을 정리한 『조선공로자명감』(1935)에서는 이진호를 "일찍부터 동양의 사정을 우려하여 일본에 의뢰해야 함을 꿰뚫어 보아 조선의 영원한 행복과 안녕을 위하여 분기한 사람"이라고 평하였는데 이는 그가 일제의 근대화 논리에 함몰되어 힘에 굴복함으로써 일제가 선전하는 대로 식민통치에 앞장 선 전형적인 친일파였음을 반증하고 있는 것이다.

■ 이명화(독립기념관 한국독립운동사연구소 연구원)

주요 참고문헌
『現代史資料』 25, 朝鮮 (1).
『漢城週報』
「전북자성회취의서, 규약, 발기인 명부」 『寺內正毅 관계문서』
『齋藤實文書』

정치 – 왕실·척족

윤덕영
민병석
민영휘
김종한

윤덕영
한일'합방'에 앞장 선 황실 외척세력의 주역

- 尹德榮, 1873~1940
- 1908년 시종원경. 1910년 자작. 1917년 순종으로 하여금 일본 왕실 참배 종용 1925년 중추원 고문. 1940년 중추원 부의장

황후를 등에 업은 외척세도가

한국 역사상 왕의 외척으로 정권을 독점한 인물은 수없이 많다. 한일'합방' 당시 일본에 적극적으로 협조하였던 윤덕영도 그 중 한 사람이다. 그는 외척 이라는 신분을 최대한 활용하여 일본의 침략정책에 일조하였다.

윤덕영은 순종의 비(妃)인 순정효황후(純貞孝皇后)의 삼촌이며 해풍부원군 윤택영(尹澤榮)의 형이다. 윤덕영이 관직에 오르는 데는 그의 조부 윤용선의 영향력이 컸다. 윤용선은 오랫동안 의정대신을 역임한 조정내의 원로 중의 원로였다. 1894년 윤덕영이 식년문과에 병과로 급제한 것이나, 아관파천 당시 비서관에 임명된 것 등은 모두 윤용선의 영향력이 있었기 때문이다.

이 같은 기반 위에 윤덕영의 권세를 확고하게 해 준 것은 윤택영의 딸, 즉 조카가 황후에 책봉된 일이다. 윤덕영의 조카가 황후에 책봉된 것은 윤택영 이 조부 윤용선을 통하여 경운궁(엄비)에 통로를 열고 엄비의 승비(陞妃)운동 에 종사한 데서 기인한다. 윤택영은 이 일에 종사하면서 많은 계책을 세워 신 임을 두텁게 하고 자신의 딸이 황후에 책봉되도록 하였던 것이다. 윤덕영은 조카가 황후가 된 다음해인 1908년, 시종원경이 되었고 황후의 태부도 겸하였

윤덕영

다. 이로 인해 궁중은 그의 손아귀에 들어가게 되었다. 물론 왕비의 아버지인 윤택영이 있었지만, 실제로 황후를 등에 업고 외척세도를 부리며 정치에 깊숙히 관여한 것은 윤덕영이었다.

당시 일본은 송병준*, 이용구*, 이완용*을 내세워 일진회를 조직하는 등 '합방'의 불가피성을 부르짖으며 한일'합방' 조약 체결에 열을 올리고 있었다. 일본은 대신들을 매수하거나 회유·협박하여 일본의 정책에 협조하도록 하여 한일'합방' 계획을 어느 정도 진전시켜 나갔다. 이제 남은 것은 고종을 포섭하여 허락을 받는 일이었다.

이토 히로부미(伊藤博文)에 이어 제3대 통감이 된 데라우치 마사다케(寺內正毅)는 여론의 귀추를 살피면서 '합방'을 마지막까지 순조롭게 진행시키고자 하였다. 이를 위해서는 황실을 설득해야만 하였다. 데라우치는 황실에 상당한 영향력을 행사할 수 있을 것으로 판단되는 윤덕영을 그 적격자로 삼았다. 그리하여 윤덕영을 비밀리에 관저로 초대하여, '합방'의 불가피성을 주지시킨 다음 적극적인 협력을 구하였다. 즉, 데라우치는 윤덕영에게 각의를 거쳐 조약을 체결할 시기가 되었으며, 각 방면 대표자의 합의가 이미 있었다고 말하고, 조선의 이해(利害)에 대해서 자세히 설명하였다. 그러면서 고종 및 순종의 양해를 얻는 데 진력해 줄 것을 부탁하였다.

왕실의 장래를 도모한다는 미명하에 '합방' 설득

윤덕영은 이미 이완용으로부터 이러한 취지를 들은 데다가, 대세가 그렇게 흘러가는 것을 보고서 감히 거절하지 못하고 미력하나마 진력할 것을 맹세하고 물러났다. 내외 형세로는 어찌할 수 없음을 파악하고 일대 결심을 하게 된 것이다.

물론 윤덕영의 고민이 없었던 것은 아니다. 조선의 사직에 대한 생각과 이처럼 중대한 문제를 고종에게 어떻게 말할 것인가에 대한 고민이었다. 그래서 윤덕영과 궁내부대신 민병석*은 이 같은 큰 일에서 벗어나는 길은 죽음뿐이라며, 죽음으로써 위기를 모면하고자 하는 생각도 하였다.

그러나 내외의 중임을 맡고 있는 자신들이 죽는다면, 고종의 좌우를 보좌할 이가 없다는 논리를 들어 자기 합리화를 하고 일본에 적극 협력하기로 하였다. 이는 곧 황실의 장래와 안정을 도모하고 수호한다는 미명하에 자신들의 친일행위를 정당화시키는 것이었다.

윤덕영은 윤택영, 민병석과 함께 고종에게 7일 간 조석으로 문안인사를 드리면서 결단을 촉구하였다. 이들은 왕가와 종친의 신분을 보장하고, 사직과 백성의 안녕을 유지하는 길은 협약을 원만히 성립시키는 것 외에는 다른 방도가 없다는 것을 고종에게 설명하였다. 이에 고종은 이미 대세가 기울어진 것으로 판단하고 어쩔 수 없이 한일'합방' 조인에 대해 수락했다.

그리하여 1910년 8월 22일 한국의 장래를 결정하게 된 마지막 어전회의에 시종원경 윤덕영과 궁내부대신 민병석은 고종을 모시고 참석하였다. 어전회의는 극비에 부쳐진 채 진행되었다. 여기서 총리대신 이완용을 조약체결 전권위원으로 임명하고 옥새를 찍은 전권위임장을 이완용에게 주었다.

조약에 대한 국왕의 재가는 조인된 후에 받는 것이 의례였지만, 1910년의 합병조약은 조인 이전에 이미 고종의 재가를 얻은 것이다. 보통의 경우라면 먼저 전권위원이 조약을 심의한 뒤 조인을 마치고 형식적인 비준을 얻는 것이 순서였다. 그러나 '합방' 조약은 사안이 그만큼 중요했기 때문에 내정된 조약안을 내각의 대신들 이외에도 원로왕족에게까지 자문한 것이었다. 이 조약은 국왕 자신의 통치권 양여에 관한 조항을 포함하는 것이었기에 특이한 절차를 취하였던 것이다. 1910년 8월 22일에 조인된 조약은 7일 동안 비밀에 부쳐진 채 29일에 공포되었다. 이로써 조선은 공식적으로 일본의 식민지가 되었다.

고종과 순종을 협박, 왕실을 움직여 조선의 식민지화에 일조한 윤덕영은 그 대가로 자작의 작위를 받았다. 군신간의 예의나 종친간의 의리를 도외시한 채, 고종의 결의를 촉구하고 어전회의를 형식적으로 개최하는 등 한일 '합방' 막후에서 활약한 윤덕영의 공로는 매우 컸다. 윤덕영 또한 한일 '합방' 과정에서 자신이 막후의 제1인자였다는 긍지를 갖고 있었다. 그럼에도 '합방' 이후 논공 과정에서 이완용에게는 작위와 훈장이 거의 최고 수준으로 주어진 것에 비한다면, 윤덕영에게 주어진 작위는 보잘것 없었다. 이는 병합과정이 표면상 이완용에 의해서 진행된 것으로 나타났고, 윤덕영의 공로는 이완용의 그늘에 가려졌기 때문이다.

한일 '합방' 이후 내선일체론을 내세운 일본 정부로서는 해결해야 될 또 하나의 중요한 문제가 있었다. 그것은 조선의 국왕인 순종으로 하여금 일본에 가서 일본 왕실종묘에 참배하게 하는 것이었다. 조선과 일본의 왕실간에 우의를 맺는 것은 한일 '합방'에 수반되어 행해져야 할 중요한 절차였던 것이다. 그러나 '합방' 이후 한국인의 배일감정은 더욱 악화되어 갔고, 조선황실 주변의 사정도 여의치 않은 상태이기에 조심스럽게 추진되어야 했다.

이러한 상황에서 1대 총독인 데라우치는 1910년 한일 '합방' 후 6년 동안 무단통치를 행하였지만 순종의 일본행은 실현시키지 못하였다. 때문에 일본 정부는 이 문제를 후임자인 하세가와 요시미치(長谷川好道) 총독에게 취임 후 해결해야 할 가장 중대한 과제로 인식시킬 정도였고, 구니와케(國分象太郞) 차관에게 그 계획을 은밀하게 추진하도록 지시하였다.

먼저 순종의 일본행을 실행시키기 위한 사전 포석으로 함경도 함흥의 태묘(太廟)에 참배하는 의식을 행하게 하였다. 고종은 순종의 건강 문제를 들어 반대하였지만, 결국 이 참배 의식은 1917년 5월 10일에 거행되었고 순종은 무사히 함흥을 다녀왔다. 이로써 순종의 건강 문제는 이상이 없다는 것이 확인되었다. 이제 일본은 고종에게서 순종의 일본행에 대한 허락을 받아야만 했다. 그리하여 우선 고종의 마음을 돌려 놓는 일에 착수하였다.

이는 사안이 중대한 만큼 하세가와 자신이 직접 지휘하였다. 우선 이완용에게 고종을 설득하도록 하였지만, 오히려 고종의 노여움만 돋우었다. 따라서 '합방' 이후 궁중에서 가장 큰 영향력을 행사하고 있던 윤덕영의 힘을 빌릴 수밖에 없었다. 하세가와는 윤덕영을 불러 간곡하게 부탁하였다. 윤덕영은 일이 중대한 만큼 쉽게 응할 수 없어 어느 정도 주저하기는 했지만 하세가와의 부탁을 들어 주기로 하였다.

순종의 일본행 성사시킨 '공로자'

윤덕영은 고종에게 하세가와 총독의 의중을 헤아리기가 매우 어렵다고 피력하면서, '노령에 번거로움을 알지만 황실백년의 안녕을 위해 친히 일본에 가서 일본 왕실의 종묘에 참배하는 것이 당연하다'고 역설하였다. 또 '만약에 그렇게 하지 않으면 왕가에 어떤 일이 미칠지 헤아리기 어렵다'는 등 단도직입적으로 말하였다. 이는 순종의 일본행에 대한 허락을 구하기 위한 우회전술이었다.

고종이 일언지하에 거절하였지만 윤덕영은 재삼 강요하면서 완강히 자리를 떠나지 않았다. 다음날도 다시 되풀이하여 밤까지 물러나지 않았다. 그러기를 7일, 그는 집요하고 대담했으며, 분별력과 옛 신하로서의 예의도 정도 없었다. 고종이 60여 세로 40여 년 동안 조선에서 군림해 왔는데, 친히 일본 왕실의 종묘에 참배한다는 것은 아무리 강요하여도 허락을 받아내기는 당연히 불가능했다.

그래서 윤덕영은 비열하기 짝이 없는 계략을 진행시켰다. 윤덕영은 구니와케 차관과의 계획하에, 궁내의 크고 작은 여러 창고에서 고종 신변의 문고서함(文庫書函) 따위까지 엄밀히 검사하였다. 그리고 나서 일일이 봉인한 뒤 이들 물건을 보관해 온 모(某) 상궁을 관리 소홀을 이유로 파면시켜 궁 밖으로 쫓아 버렸다. 그 목적은 고종의 총애를 받고 있던 궁녀를 쫓아냄으로써 고종을 괴롭히려는 것이었다.

윤덕영은 한걸음 더 나아가 고종에게 매우 곤혹스런 사건을 들추어 내었다. 즉, 30년 전에 민비가 참변을 당한 후, 다시 비를 간택하라는 내의(內議)가 있었는데, 그 중 김씨라는 규수가 제1후보가 되어, 고종과 혼약까지 성립되었다. 그러나 왕비 간택에 대한 필요성을 느끼지 않던 고종의 고사로 일단락지어졌다. 그런데 윤덕영이 지금 새삼스럽게 그 일을 끄집어 내어 고종을 곤혹스럽게 만들었다.

윤덕영은 고종에게 혼약까지 성립된 규수를 지금까지 그대로 방치해 두는 것은 일국의 왕으로서 인륜지대사에 위반하는 행위이며, 지금이라도 그 규수를 덕수궁으로 모셔야 한다고 주장하였다. 그리고 윤덕영은 그 즉시 김씨라는 규수를 찾아내 단장시켜 덕수궁으로 데리고 왔다. 고종으로서는 그 규수와 결혼할 입장이 전혀 아니었기 때문에 감당하기가 매우 어려운 문제였다.

이처럼 윤덕영은 기괴한 문제까지 빌미로 삼아 고종의 내락을 얻으려 하였다. 그는 총독의 위세를 빙자하여 더욱 더 가혹하게 압박을 가하였다. 고종도 꽤나 궁지에 몰리게 되었던지 마침내 고종 자신은 연로하고 이미 순종에게 황제 자리를 물려 주었기 때문에 황제가 아니라는 이유를 들어 자신의 일본행을 거절하고 대신 순종의 일본 왕실 방문을 허락하게 되었다.

윤덕영은 즉시 순종에게 고종의 의향을 알렸고, 순종이 고종의 뜻을 받들어 친히 일본에 가게 되었다. 이와 같은 순종의 일본 왕실 방문은, 치욕적인 사건으로 조선 황실이 일본 왕실에 종속되는 결과를 초래하였다. 그것은 황실뿐만 아니라 일본 민족에 대한 조선 민족의 종속을 상징하는 것이기도 했기 때문이다. 이는 한일'합방'으로 조선이 식민지화된 상태에서 황실의 존엄성마저도 일본에 의하여 여지없이 짓밟은 것을 의미했다. 바로 여기서 우리는 윤덕영의 반민족적·반국가적인 행각을 엿볼 수 있다.

이처럼 한일'합방'과 그 이후 중대 안건들의 배후에서 친일행각을 하였던 윤덕영의 행위는 모든 조선인의 증오의 대상이 된 것은 당연하다 아니할 수 없다. 그럼에도 윤덕영은 자신의 친일행위에 대해 "옛 신하로서 견디기 어려운 일을 해냈고, 그런 일을 행하였기에 생각해 보면 죄는 죽어 마땅하다. 그러나 나는 단지 하세가와가 시키는 대로 하였을 뿐인데 나보고만 악인이라고 한다"(權藤四郞介, 『李王宮秘史』)라고 변명하였다.

왕실을 중심으로 한 그의 눈부신 활동에 대해 『공로자 명감』(1935)에서도 "1910년 시종원경으로 있을 당시, 병합을 맞아 상하의 안태(安泰)를 위해 평온

원만한 해결을 하려고 노력한 한 사람으로, 그 정성, 그 상식은 당시 가장 걸출한 인물로서 빛나고 있었다"(47면)라고 극찬할 정도였다.

'병합'의 공로로 일제로부터 자작과 매국공채 5만 원을 받은 그는 이왕직 장시사장(掌侍司長), 황해도 관찰사, 철도원 부총재 등을 거쳐 1925년에 중추원 고문이 되었다. 이후 만 15년이나 중임한 끝에 1940년 8월에는 중추원 부의장에 오른다.

그는 특이한 두상을 가져 '대갈대감'이란 호칭을 들으면서 친일파 탐학으로 큰 악명을 떨쳤다. 동생 윤택영이 빚에 쫓겨 북경으로 달아날 무렵에는 옥인동에 특급 호화주택 송석원을 지어 세인들로부터 빈축을 샀다. 그리고 이 집의 안방마님으로 이길선(李吉善)의 딸을 앉힌 후 그 입막음으로 5만 원(현시가 5억 원)을 준 유명한 일화가 있다. 또한 참봉 첩지를 대량으로 위조해 팔아먹는 사기극을 벌이기도 하였다.

일제가 중국을 침략한 후에는 조선총독부 시국대책조사위원을 지냈으며, 아내 김복원(金福綏)은 일제의 전쟁기금을 마련하기 위한 친일여성단체인 애국금차회 회장을 맡아 금비녀 헌납운동에 앞장을 섰다. 남편의 반민족행각에 걸맞는 내조를 한 셈이다.

이처럼 몰락해 가는 조선왕조의 친족으로서 일신의 영달과 부귀를 위해 왕실과 나라를 팔아 먹은 그는 1940년 10월 18일에 사망함으로써 그 화려한 친일의 막도 내리게 된다.

■ 오연숙(인천교대 기전문화연구소 연구조교)

주요 참고문헌

大村友之丞 編,『朝鮮貴族列傳』, 1910.
觀藤四郞介,『李王宮秘史』.
釋尾東邦,『朝鮮倂合史』.
小松錄,『朝鮮倂合之裏面』, 中外新論社, 1920.

민병석
조선인 대지주로 손꼽힌 민씨 척족의 대표

- 閔丙奭, 1858~1940
- 1906년 표훈원 총재. 시종원경 겸 내대신. 1909년 이토 조문사절 1910년 자작. 이왕직 장관. 1939년 중추원 부의장

민씨 척족의 거두

한말 민씨 척족을 대표하여 탐학을 자행하였으며, 병합시 자작을 수여받았고 1939년 중추원 부의장이 된 민병석은 여흥 민씨 가문으로 충남 회덕(懷德)에서 태어났다. 좌찬성 민영위(閔泳緯)의 손자이며 민경식(閔敬植)의 아들이다. 1879년(고종 16년) 문과에 급제하여 이듬해 예문관 검열을 시작으로 벼슬길을 달리기 시작하였는데, 특히 1882년 임오군란 때 위험을 무릅쓰고 민비를 호위한 공로로 척족세력 중에서도 핵심에 끼기 시작했다.

1884년 성균관 대사성, 승정원 도승지를 겸임하면서 갑신정변 이후에는 민응식(閔應植)과 상의하여 장은규(張殷奎)를 일본에 밀파, 망명중인 김옥균을 암살하려 하였으나 실패로 돌아갔다.

한편 당시 러시아 전권공사 웨베르가 친러세력을 궁중에 부식시키려 하자, 청국은 보정부(保定府)에 구금하고 있던 대원군을 돌려보내 러시아 진출에 대비하려 하였고, 대원군은 또 청의 지원을 받아 민씨에 대항하려 하였다.

민병석은 교묘히 그 정쟁의 와중을 피하여 약 2년 동안 칩거하다가 1888년 10월 다시 출현하여 예조참판에 임명되었고, 11월에는 규장각 직제학, 12월에

동지돈녕부사, 1889년 3월에 강화유수 겸 육영공원 관리를 거쳐 11월에는 평안감사로 임명되어 1894년까지 평양에 머물렀다.

이 때 악화인 당오전을 무수히 발행하여 조병세(趙秉世)의 탄핵을 받았으며 재직하는 수년 동안 무고한 백성을 죄 주고 재산을 약탈하여 서민들에게는 악귀처럼 공포의 대상이었다.

1894년 청일전쟁중에는 대원군의 밀서를 받아 청의 장군과 내통, 일본 세력을 축출하려 했으나 실패하였고, 1895년 초 원주에 유배되었다. 삼국간섭 이후 다시 민비 세력이 살아나면서 사면되었고, 아관파천 이후 친러세력이 정권을 잡자 이완용*이 자기와 내외종 남매간이 되는지라 군부대신, 궁내부대신, 학부대신, 철도원 총재 등 요직에 기용되었다. 대한제국기에는 탁지부대신, 표훈원 부총재, 원수부 검사국 총장, 헌병대 사령관 등의 요직 외에도 대한천일은행, 종로직조사(鍾路織造社) 등의 회사 경영에도 참여한 대표적인 관료 자본가였다.

민씨 척족들은 청일전쟁 이후 특히 을미사변으로 민비가 비명횡사한 이후로는 급격히 세력이 쇠퇴하였다. 자신의 척족이 점차 쇠퇴하여 권력을 떨치지 못하던 당시에도 민병석은 궁내부대신의 위치에 앉아서 과거 자신이 압박하던 일본당과 악수하여 러일전쟁 이후에도 능히 시류를 타게 된다. 주마등 같이 동요하는 파란중첩의 조선 정계에서 민병석은 한걸음도 위험하지 않게, 시종일관 권세간에 처한 인물로서 처세술에 비범한 재간이 있었다. 일찍이 고종이 그를 평하기를 "민병석은 짐이 부르려고 할 때는 이미 와 있고, 내치려고 할 때는 이미 떠나 있다"라고 그의 원숙한 수완을 꿰뚫어 보았다.

이토 초빙운동

민병석은 1905년 7월 일본국 시찰을 명령받고 일본에 가서 훈1등욱일대수장(旭日大綬章)을 수여받는다. 그런데 시찰은 명목일 뿐 사실은 운동비 10만 원을 가지고 가서 이토 히로부미(伊藤博文)를 조선 왕실의 최고 고문으로 초빙하려 교섭에 나섰던 것이다. 그가 이토 초빙에 나선 내막은 이러하다.

표훈원 총재 민병석, 법부대신 민영기(閔泳綺), 시종원 무관장 조동윤(趙東

潤) 등 20여 명은 장차 그들의 세력을 공고히 하는 데는 이토의 지원을 얻음이 필수적이라 생각하였다. 민병석이 황제에게 비밀리에 아뢰기를 '지금 일본 관리로서 한국에 와 있는 자들은 세력을 믿고 전횡하는 방자함이 극심하니 일본 원로 중 유명 인사인 이토를 초빙하여 경성에 있게 하면 가히 그런 일본 관리들의 사사로운 행동을 꺾을 수 있다'고 하였다. 황제가 이를 받아들여 몰래 일화 10만 원을 민병석에게 주어 운동비로 삼게 하고, 민영기, 조동윤 및 중추원 찬의 민상호(閔商鎬), 외부협판 윤치호(尹致昊)* 등과 함께 제도시찰이라는 명목으로 도쿄로 가게 했다. 민병석은 스스로 뜻을 얻었다 생각하고 일본을 향해 출발하였다.

한편, 당시 주한일본공사 하야시(林權助)는 갑자기 본국으로부터 소환을 당했다. 그러나 미리 민병석 등의 일본 방문 내력을 알고서 장차 계책을 생각한 후 도쿄로 떠났다. 하야시는 귀국하여 일본 국왕에게 청하기를 "신이 한국에 7년 간 주차하면서 그 정형을 살피니 상하가 모두 우리에게 마음으로 불복합니다. 지금 이용익(李容翊)이 프랑스 수도에 가 있으니 반드시 좋지 않은 운동이 있을 것입니다. 우선 그 외교 권한을 박탈하고 통감부하에 두어 자유롭지 않게 하는 것이 금일 우리의 정략으로 이보다 나은 것이 없을 것입니다"라고 하였다.

일본 국왕이 계책을 물으니 하야시는 "지금 만약 다른 유력한 대관을 파견하면 한국이 의심할 뿐 아니라 각국의 주의가 달라질 것입니다. 지금 한국 시찰대사 민병석이 자기 세력을 공고히 하기 위해 이토 초빙을 위한 운동중이니 바라건대 폐하가 이토를 파견한다면 신도 또한 다시 서울에 가서 하세가와(長谷川好道)와 약속하여 비밀리에 조처하겠습니다"라고 하였다.

당시 이용익은 일본을 배척하고 프랑스의 응원을 청하기 위해 몰래 인천항을 빠져나가 상해를 거쳐 프랑스 파리에 가 있었는데 하야시는 이 점을 염려하였고, 장차 이런 문제를 차단하기 위해서는 먼저 외교권 박탈이 우선해야 한다고 주청한 것이었다. 게다가 조선의 고관 민병석 등이 와서 로비 자금을 써 가면서 이토를 초빙하려 하는데, 못 이기는 척 그를 파견하면 모든 게 해결되지 않겠느냐 하는 논리였다.

마침내 일본 국왕이 그럴 듯하게 여기고 이토를 파견하였고 그에 의해 이른바 '을사보호조약'이 체결되는 것이었다.
 이 때 일본 정부 내에는 3대 당파가 서로 세력을 겨루고 있었는데, 하나는 야마가타(山縣有朋)를 중심으로 하는 360여 명이요, 또 한 당파는 이토와 이노우에(井上馨) 등 220여 명 그리고 오오쿠마(大隈重臣), 이타가키(板垣退朝)를 영수로 하는 170여 명이었다. 야마가타와 오오쿠마 등은 이토가 장차 한국에 부임한다는 것을 알고 이를 방해하고자 노력하였으나 하야시의 이와 같은 주청과 민병석 등의 운동에 힘입어 결국 이토의 내한이 결정되었다.
 민병석이 이러한 거사를 성사시키고 돌아오자 참정대신 한규설(韓圭卨) 등은 이 사실을 알고 그를 탄핵하였다. 그는 1905년 8월, 전라도 지도군 고군산도에서의 3년 유배형을 받았으나 군산항까지만 가고 유배지에는 가지도 않았다. 그리고 10월 방면되었다.
 이 때 이기(李沂), 나인영(羅寅永), 오기호(吳基鎬) 등은 도쿄에 가서 이토에게 편지를 보내 "들으니 각하가 한국에 특파대사로 임명되었다 합니다. 오호라, 우리 대한은 이 때문에 장차 망할 것입니다. 우리 대한이 불행하게도 귀국에 접근하였는데 더욱 불행한 것은 각하를 만난 것입니다. 하늘이여, 하늘이여, 우리 대한을 돌보지 않고 여기에 이르게 합니까. 생각컨대 각하는 밖으로는 유신(維新)의 명분에 가탁하고 안으로는 흡취의 계책을 품어 서서히 자멸케 하여 거두어 들이는 자로서, 그 평생의 계책이 금일에 나올 때 그 말은 좋으나 다만 음모일 뿐입니다. 우리 대한의 간신배들이 궁궐에 출입하며 성총을 가림이 적지 않으나 각하 또한 양자 사이에서 조종하였습니다. 그 위치는 우방의 후작이요, 명예는 근세의 정가(政家)로서 그 성음소모(聲音笑貌)가 족히 사람을 경사시키니 각하의 계책이 반드시 이루어질 것을 우리는 알고 있습니다"(『大韓季年史』)라고 하면서 그의 방한을 막으려 하였다.
 그러나 이러한 무수한 반대 여론에도 불구하고 11월 9일 이토는 일본국 특파대사로 입경하여 손탁 양 집에 머무르면서 고종을 알현하고 국서를 봉정하였다. 일본 국왕이 보낸 국서의 내용은 "짐은 동양의 평화유지를 위해 대사를 특파하니 대사의 지휘를 따라 조처하라", 또 "짐은 귀국의 국방 방어를 공고히 하고 황실의 안녕을 보증한다"였으나 그것은 곧 보호조약의 체결을 강요하는 것이었다. 각부대신들은 다투어 손탁(궁내부에서 시중을 들면서 서울

정동에서 손탁호텔을 경영한 독일인) 양의 집으로 이토를 방문하니 이토는 각각에게 증여금, 은 시계줄, 금 탁상시계, 금·은 그릇, 양단 등을 선물로 하사했다.

일단 보호조약이 맺어지자 민병석은 1905년 12월 육군부장에 올랐고, 1906년에는 표훈원 총재, 시종원경 겸 내대신, 제도국 총재, 제실재정회의 의원 등을 역임하였으며, 1907년 10월 일본으로부터 대훈이화대수장(大勳李花大綬章)을 수여받기에 이른다. 또 정미사변을 피해 영친왕, 이토 통감과 함께 일본에 갔다가 1908년 그 공로로 서성대수장(瑞星大綬章)을 수여받고, 1909년 2월에는 친서를 봉정키 위해 특사로 일본에 가서 욱일동화대수장(旭日桐花大綬章)을 받는다.

결국 이토를 초빙한 공로가 이 세 개의 훈장 수여로 집약되어 나타난 것이었다. 그러나 그의 훈장 수여는 이토 초빙 외에도 아직 정확히 확인되지는 않았지만 다음과 같은 공로로 인한 것일 수도 있다.

순종 납치 기도

1909년 1월 17일 이토와 친일대신들은 남방순행이라는 명목으로 순종을 부산까지 데리고 갔다. 이완용이 이토의 지시를 받고 비밀히 의논하여 고영희(高永喜), 이재곤(李載崑)을 유도대신으로 삼고 민병석으로 하여금 상주케 하여 즉시 조칙을 만들었다. 다른 대신들도 전혀 모르고 있다가 조칙이 선포되자 모두들 깜짝 놀랐다. 이에 일본인들이 장차 순종을 협박하여 일본으로 데려가려 한다는 말이 전국에 퍼졌다.

순종이 부산항에 닿자 부산에 사는 일반인들이나 상인들 수만 명은 항구에 열을 지어 늘어서서 어가를 저지하려 하였다. 순종이 부산 앞바다에서 일본 군함에 타려고 할 때 항민들은 모두 5, 6척의 배를 몰아 군함을 둘러싸고 "폐하께서 만약 일본에 건너가신다고 할 것 같으면 신 등은 일제히 물 속에 뛰어들어 죽으면 죽었지 차마 우리 황제께서 잡혀 가시는 것은 볼 수 없다" 하면서 큰소리로 부르짖었다. 이에 순종을 모시고 왔던 여러 대신들이 애써 타일러 겨우 그치게 되었고 1월 23일 순종은 다시 서울로 돌아왔다.

당시 일본인들의 음모가 정말로 순종을 납치하려 했던 것인지는 확인할 수 없지만, 명목뿐인 순종 황제라도 장차 '합방'에 장애가 될까 봐 일본에 데려다 놓으려는 계책은 충분히 생각할 수 있는 방략이다. 그리고 이 계획에 이완용과 함께 민병석이 깊숙히 개입되어 있었던 것이다.

이토 조문사절로 일본방문

민병석이 이토 초빙운동에 헌신한 대가로 출세가도를 달린 만큼, 1909년 10월 26일 만주 하얼빈 역에서 안중근 의사에 의해 이토가 저격·살해되자 가장 놀란 것도 그였으리라. 정부는 이토의 장례식 조문사절로 박제빈, 김윤식*과 함께 궁내부대신 민병석을 특파했다. 일본의 조정과 국민들은 크게 놀라고 슬퍼하며 국장으로 이토의 장례를 치렀는데, 민병석 등 조문사절 일행이 도쿄에 도착했을 때, 일본인들은 노한 것이 아직 풀리지 않아서 살기를 띤 험악한 분위기로 이들을 대했다. 한 일본인은 경찰의 엄중한 경호망을 뚫고 이들 일행에게 협박장을 보내어, '이토가 이미 암살되었는데 무슨 놈의 조문사절이냐'고 으르대었다. 이리하여 명색이 조문사절인 민병석 일행은 일본 국왕 면회도 못 하고 가지고 간 국서는 일본 궁내대신에게 맡긴 채 장례식이 끝나자마자 쫓기듯이 조선으로 돌아오고 말았다

한편, 고종은 이토가 죽었다는 소식을 듣고 크게 기뻐하며 웃었다는데, 일본 경시는 그 소문을 듣고 그 말의 근원과 진위를 조사한다고 대궐의 나인들을 심문하기에 이르렀다. 어떤 이들은 말하기를 시종 이용한(李容漢)이 고자질하여 일본인들에게 아첨하려 하였다고 전했다. 민병석은 이토의 죽음이 청천벽력 같았을 것이고, 고종으로서는 보호조약을 강요하고 자신을 양위토록 한 이토의 죽음이 너무도 통쾌하였을 것이니, 한 사람의 죽음을 두고 이렇게 다른 반응을 보였던 것이다.

1910년 '합병'이 되자 민병석은 54세의 나이에 일제로부터 자작의 작위와 은사금을 받고 이왕직(李王職) 장관과 중추원 고문을 지냈다. 일제 때에는 대표적인 조선인 대지주의 한 사람으로 꼽히었고, 자본을 투자하여 모 회사 사장이니, 고문이니 하는 직함을 가졌으나 현대 경제에 대한 지식 부족으로 누만

금의 손해를 입어, 토지문서가 자기 집 문갑 속에 있지 않고 식산 은행의 신세를 지게 되었다고 전한다.

1912년에는 메이지(明治) 일본 국왕의 장례식에도 참석하였다. 1925년부터 1939년까지 15년 간 중추원 고문을 하였으며, 1939년에는 중추원 부의장이 되었다가 이듬해 8월에 사망했다.

■ **서영희**(서울대 강사・한국사)

주요 참고문헌

黃 玹, 『梅泉野錄』.
鄭 喬, 『大韓季年史』.
大村友之丞 編, 『朝鮮貴族列傳』, 1910.
細井肇, 『現代漢城の風雲と名士』, 1910.

민영휘
가렴주구로 이룬 조선 최고의 재산가

• 閔泳徽, 1852~1935
• 1877년 문과 급제 후 주일공사, 평안감사, 독판 내무부사 등 역임

탐관오리의 대표, 조선 최고의 재산가

민영휘의 원래 이름은 민영준(閔泳駿)이다. 1852년 경성에서 태어났으며 여흥 민씨 세도가의 한 사람이었던 판돈녕부사 민두호(閔斗鎬)의 아들이다. 1877년 문과에 급제한 후 승진을 거듭하여 주일공사, 평안감사, 강화유수, 독판 내무부사 등 관력이 화려하였다. 그는 민당(閔黨)의 거두로서 으뜸가는 탐관오리였고 임오군란 때는 난군의 습격으로 가옥이 파괴되기도 하였다. 갑신정변 때는 청병을 불러들여 일본당을 쫓아내고 민영환, 민영익, 민응식, 민형식 등으로 내각을 구성하였다. 갑신정변 후 민영익이 상하이(上海)에 가서 돌아오지 않자 1880년대 후반기 그를 대신하여 위안 스카이(袁世凱)와 깊이 결탁하여 궁정에서 전권을 행사하였다.

그는 갑오농민전쟁이 일어나자 청에 토벌을 요청하였다가, 청일전쟁 발발 이후에는 삼청동 별저에서 칩거하던 중 개화파 정권에 의해 전남 영광의 추자도로 유배되었다. 그 후 민영휘는 유배지에서 탈출, 평양으로 잠행하여 청군 부대에 은신하고 있다가 중국으로 도망하였고, 이듬해 일본측의 농간으로 대원군측의 이준용과 교환조건 형식으로 대사령을 받아 귀국하였다. 이 후

정치적 야심을 버리고 한거하였으며, 대한천일은행 설립에 관계하기도 했다. 1906년에는 휘문(徽文)의숙을 세웠으며 1910년 '합병'시 자작을 수여받았다.

사실 그는 민비의 친족으로서는 촌수가 먼 편이어서 세도를 부릴 지위에 있지는 못하였다. 그럼에도 민씨 척족의 거두로서 집권하였다는 것은 그의 비범한 재간을 말해 주는 것이다. 그는 처음에 민영익을 따라다니다가 그 총명함으로 민비의 눈에 들어 결정적으로 출세가도를 달리게 되었다.

민씨 척족의 거두자리에 올라선 민영준은 외척의 권위를 남용하여 매관매직과 가렴주구에 탁월한 실력을 보였다. 당시 사람들이 말하기를 민족(閔族)에 3도둑이 있는데, 경성에는 민영주(閔泳柱)요, 관동에는 민두호(閔斗鎬), 영남에는 민형식(閔炯植)이라 했다.

민두호는 바로 민영준의 아버지로서 일명 민쇠갈구리(閔鐵鉤)라 불렸으며 민영주는 그의 종부(從父)였다. 민두호는 젊었을 때 살림이 곤란하여 수원에서 자리장사를 하였다는데, 아들 민영준이 출세한 뒤로 그 아들보다 더 심하게 돈긁기에 전념하여 쇠갈구리라는 별명을 듣기에 이른 것이다. 민영준 또한 재물에 눈이 밝아 단박에 조선 갑부가 되었다. 갑오 이전 이미 조선 갑부로 중국 신문에 이름이 오르내렸다. 물론 그 돈은 전국 부민의 재산을 박탈해서 모은 것인데, 평안감사 수년에 민영준이 금송아지를 만들어 고종에게 헌납하였다는 얘기까지 있었다.

그의 재산규모는 갑오 을미년간에 추수한 곡식이 13만 석 정도였다니까 매년 수입을 10만 석으로만 잡아도 연간 50만 원씩, 그것을 갑오 이후 2, 30년 간 계속했으니 총 1000만 원 정도에 이르는 것이었다. 여기서 자선이나 보시, 공익 사업에는 한푼도 쓰지 않았으니 고스란히 남은 돈만 해도 5, 6백만 원 내외는 될 것이고, 그 밖에 각종 부동산과 상하이 회풍(匯豊) 은행에 예치해 놓았다는 몇 백만 원의 은행저축 등을 모두 합치면 정확한 정도가 얼마인지는 몰라도 어쨌든 일제 시기에도 조선에서 제일 가는 부자로 꼽혔다. 1930년대 일시적으로 총 재산이 4000만 원을 넘었다고 하니, 당시 사람들이 일본의 재산가 스미토(住友), 미쓰비시(三菱), 미쓰이(三井)에는 못 미친다 해도 제2류는 된다고들 수군거렸다 한다.

이런 그의 재산은 도대체 어디에 쓰여졌는가. 회사에 투자한 것도, 뜻 있는 사업에 의연(義捐)한 것도 아니었다. 단지 수전노(守錢奴)처럼 끌어안고만 있다가 사후에 첩실 소생 아들간에 재산 싸움만 일으켰다.

1905년 11월 '을사보호조약'이 체결되자 조야는 그것을 반대하여 자결한 이가 여러 명이었고 유생들도 매일 소청(疏廳)에 모여 조약 반대 상소에 한창이었다. 당시 민영휘가 가장 관직이 높았기 때문에 사람들이 그를 소수(疏首)로 삼고자 이름만 빌려 달라고 하였으나, 그는 그 이름을 빌려주는 것조차 거부하였다. 마침내 민영환을 소수로 삼았고 민영환은 그날 자살을 감행함으로써 조약 반대의 뜻을 표했다.

민영휘가 갑오 이전 전권할 당시 백성의 재산을 탈취한 것이 모두 거만금이었는데, 이 때에 이르러 빼앗긴 사람들이 모두 모여들어 혹은 재판소에 고소하고 혹은 그의 집에 뛰어들어 칼을 어루만지면서 돌려 달라고 하였다. 또한 각 신문은 그의 죄상을 날마다 게재하여 퍼뜨리니, 민영휘는 이를 근심하여 변호사에게 많은 뇌물을 주고 빼앗긴 사람의 소송을 맡지 말도록 하였고, 또한 신문사에 애걸하여 그의 악행을 숨겨 달라고 하였다. 그런데 신문사에서는 숨겨 달라고 했다는 말까지 게재하니, 민영휘는 어찌할 수 없어서 가족을 데리고 모두 상하이로 피신하려고까지 하였다.

천륜 끊은 부자지간

그에게는 불행히도 정실 부인의 자손은 없고 형식(衡植)이 적손 양자였으며, 첩 소생으로 대식(大植), 천식(天植), 규식(圭植) 세 아들이 있었다. 그런데 적장자 민형식은 민가의 전통을 깨고 궁한 사람을 돕고 기의(氣義)를 숭상하는 사람이었다. 그야말로 자기 집의 많은 재산을 능히 올바르게 쓸 줄 아는 사람이었던 것이다. 그러나 민영휘가 그를 믿지 못하여 철저히 멀리하였으므로 아버지로부터 단돈 한푼도 얻어 쓰지 못했고 부자지간에 거의 천륜을 끊고 사는 정도였다.

그런데 민형식이 1907년 나인영, 오기호 등의 을사오적 암살계획에 자금을 대게 되었다. 민형식은 최익진(崔翼軫 : 호위국 향관)에게서 나인영 등의 모의를 알고 지폐 1400환을 제공하기로 했다.

그러나 민형식은 돈이 없었기 때문에 그 처로 하여금 언니에게 빌려오게 해서 익진에게 제공하였는데 그 언니는 바로 이완용*의 며느리였다. 나중에 이완용이 며느리를 꾸짖으며 "너는 시아버지를 죽이기 위해 돈을 빌려 주었느냐"라고 했다 하니 이를 들은 사람들이 모두 비웃었다고 한다.

민형식의 재판날 민영휘는 사람을 보내, 형식이 원래 부귀하게 자라 고초를 참아내지 못할 것이니 애매하게 질문하여 죄를 면하게 해달라고 일본경관에게 부탁하였다. 일본경관이 최익진에게 "너는 일찍이 형식에게 돈을 꾼 일이 있는가" 하고 물으니 익진이 '형식과 대질하게 해달라' 한 후 큰 소리로 말하기를 "민형식, 내 말을 듣거라. 대장부 마음이 당연히 청천백일 같아야 하거늘 이 일로 누구를 속이려 하는가. 우리 모두 죽으려 하는데 무엇이 막겠는가"라고 하였다. 형식이 옳다고 말하였다. 심문을 받을 때 형식은 조금도 동요하지 않고 천천히 '나라의 적신을 토벌하면 의로움이 그 안에 있다. 내가 어찌 피하겠는가' 하고 사실대로 답하니 법관이 크게 놀라고 두려워 하였다고 전한다(鄭喬, 『大韓季年史』). 그는 문과에 급제하여 벼슬이 학부협판에 이르렀고 일찍부터 문학하는 선비들을 좋아해서 이기(李沂), 정교(鄭喬) 등과 어울렸으며 최익진으로 인해 해도에 귀향간 후에도 전혀 후회하지 않았다.

민형식은 일제 시기에도 재정난에 처한 『조선일보』에 자금을 대었다가 채무를 갚지 못하고 파산선고를 당하는 고초를 겪었다. 즉, 1932년 당시 『조선일보』 사장 유진태(兪鎭泰)가 자금사정을 호소하자 형식은 자기가 중간에 나서서 1만 8000원의 약속어음을 발행, 돈을 꾸어 주었다. 그러나 그 돈을 약속한 날에 갚지 못하여 결국 법원으로부터 파산선고를 받았다. 그 아들 민병주와 며느리 이길남까지도 함께였다.

채권자들은 이들을 법원에 고소하면 백만장자 민영휘가 그깟 얼마 안 되는 돈쯤 당장 변제해 주리라 믿고 소송을 제기하였으나 민영휘는 눈도 깜짝하지 않고 그 아들, 손자, 손부를 법정에 세웠다고 한다. 그렇게 지키려 한 재산도 그 사후에는 단지 많은 첩실 소생 아들들간의 재산 분쟁의 씨가 되고 말 것을 그는 알지 못했던 것이다. 민형식은 그에 비하면 아버지 민영휘만큼 재산은 없으나 돈을 의로운 데 쓰려고 무던히 노력한 사람이었다.

친일파로 입신하는 데 쓰인 자금들

반면 민영휘의 서장자 민규식은 적장자 민형식과는 달리 허랑방탕하고 사악하였으며 날로 노는 비용이 천금에 이르렀으나 민영휘는 그것을 문책하지 않았다. 오히려 민영휘가 가장 신용하여 재산증식의 모든 실권을 그가 쥐고 있었고 민씨왕국 재산의 수호자로 자처하였다. 그는 일제 시기에는 동일은행(전 한일은행) 두취(頭取)를 지냈고, 깍쟁이, 안달뱅이 소리를 들어가며 재산관리에 철저한 독재자였으면서도 자기 집은 인사동에 아방궁을 짓고 교외에 또 별저를 지어 살며 호의호식하였다.

민대식은 1935년 민영휘 사후에 아버지의 유산 중 노른자위 재산을 모두 다 차지하고서도 아버지의 장례는 너무 초라하게 치러 세인의 지탄을 받았다. 백만장자의 집에 장례비가 모자라서인가. 물론 그럴 리는 없다. 장례비 절약분 2만 원을 경성부에 기부하여 사회사업에 보태어 쓰라고 하기 위해서였다고 한다. 하필 장례비를 절약해야만 기부금을 낼 처지도 아니었겠지만, 아무 명목 없이 일제에 돈을 바치기는 뭐하고 마침 아버지 장례비 절약을 핑계로 일제에 아부할 기회를 잡았던 것이다. 경성부(京城府) 사회사업의 내용이 무엇인지는 알 수 없으나, 바로 2년 후인 1937년 '군용기 경기도호 헌납기성회'의 집행위원으로서 박흥식*, 원덕상, 한상룡* 등과 함께 군용기 4대 헌납 계획에 참여하였던 걸 보면, 그 사회사업의 내용 또한 가히 짐작할 만하다.

둘째 아들 민천식은 일찍이 사망하였고 그 미망인과 민영휘의 장녀가 재산 상속분을 모아 법인을 조직, 영보빌딩을 경영하였다. 셋째 민규식은 중추원 참의를 지냈으며 1938년 '국민정신총동원조선연맹'에 참여하였다. 그는 일제 말기 김연수, 박흥식과 함께 조선임전보국단에 기금 20만 원을 제공한 조선인 3인 중 1인이었다. 민영휘가 그토록 지키고자 했던 재산은 결국 그 아들들이 친일파로 입신하는 자금으로 쓰였던 것이다.

■ **서영희**(서울대 강사·한국사)

주요 참고문헌
『半島時論』, 1917. 7.

『別乾坤』 1932. 5, 1933. 6.
『三千里』 1936. 8.
『批判』 1938. 10.

김종한
고리대금업으로 치부한 매판자본의 선두주자

- 金宗漢, 1844~1932
- 1903년 한성은행 부장. 1904년 궁내부 특진관
  1909년 신궁봉경회 조직. 1910년 정우회 총재, 1910년 남작

카멜레온과 같은 변신의 귀재

흔히 김종한을 근대적 은행업의 '선구자'로 일컫는다. 그것은 그가 한국 최초의 근대 은행인 조선은행과 한성은행을 발기·창립한 데서 연유한다. 그러나 그는 본래 재계 출신은 아니었다. 그는 한말 굴지의 벌족 출신으로 현직을 두루 지낸 고관대작이었다. 그러면서도 이재(理財)에 관한 한 천부적 재질을 타고 난 그는 은행업에 관여하거나 각종 기업을 경영함으로써 부를 축적해 갔던 것이다. 그리하여 그는 권력과 부를 한몸에 지니는 '천운'(?)을 누리게 된다.

그런데 그의 치부는 봉건적 지배 체제하에서 권력의 특권을 이용하여 이루어진 것이라는 데 문제가 있었고, 또 그 권력과 부는 민족과 국가의 운명을 거역한 반역의 대가로 얻어진 것이라는 점에서 엄중한 역사의 단죄를 면할 수 없는 것이었다.

김종한은 노론파의 벌족인 안동 김씨의 집안에서 태어났다. 양부 김경진(金敬鎭)은 이조판서를 지냈으며, 친일파로 널리 알려진, 순종비 윤씨의 부친 윤택영(尹澤榮), 숙부 윤덕영*과는 외사촌지간으로 친외척이 모두 한말 굴지의

가문이었다.

그는 이러한 가문의 배경 아래 1875년 사마시(司馬試)에 급제, 1876년 충량문과(忠良文科)를 통하여 벼슬길에 들어선 이래 승정원 승지, 이조참의, 홍문관 부제학, 의정부 당상 등을 역임하며 탄탄대로의 출세가도를 달렸다.

혼란한 정국의 와중에서 잠시 관계를 떠나기도 했으나 동학농민전쟁 이후 민비 세력이 물러나고 일본 공사관의 지원에 의해 갑오파가 집권하게 되자 그는 정계에 복귀하였다. 갑오개혁 당시 군국기무처의 개혁위원으로 친일적 개혁에 참여했고, 김홍집 내각에서 예조판서, 궁내부대신 등의 요직을 지내기도 하였다.

당시 김홍집 내각은 3차에 걸쳐 개혁을 추진했으나 친일적 성격과 을미사변 및 단발령의 무리한 실시로 보수 유생층과 일반 국민의 반발을 불러일으킴으로써, 결국 아관파천에 의해 붕괴되고 말았다.

그러나 김종한은 이러한 정계 개편 속에서도 살아 남는 카멜레온적 변신의 재주를 보이기도 했다. 그리하여 그는 1904년 궁내부 특진관을 거쳐 1907년에 종1품 숭록대부(崇祿大夫), 규장각 지후관(祗候官)에 오르는 등 최고의 권력을 누렸다.

일제 금융수탈의 앞잡이

그가 처음으로 은행 설립에 참여한 것은 조선은행이었다. 한국 최초의 근대 은행인 조선은행은 김종한·안경수(安駉壽) 등이 당시 탁지부대신 심상훈(沈相薰) 등 정부 요인의 협력을 얻어 1896년 6월에 창립되었다. 조선은행은 주식회사 형태로 출발하였으나 실제는 정부 관리들이 깊게 관여함으로써 권력과 깊게 유착된 관변은행이었다. 김종한, 안경수, 이완용*, 이채연, 이근배, 윤규섭, 이승엽 등이 발기인으로 참여했다는 사실이 그것을 단적으로 말해 주고 있다. 자본금 20만 원으로 출발한 조선은행은 국고출납을 주업무로 하였는데, 1899년에 한홍은행으로 명칭을 변경했다가 경영부실 등으로 1901년 10월에 폐점되고 말았다.

그러나 김종한이 정작 깊은 관심을 쏟았던 것은 한성은행의 설립이었다.

조선은행보다 반 년 가량 늦게 설립된 한성은행은 김종한의 주도로 이루어졌다. 그의 이러한 행위는 일찍부터 그가 대금업(貸金業)에 손을 대고 있던 것과 깊은 관련을 맺고 있었다. 고관 현직에 있으면서도 재계의 거물로 정평이 나 있던 그는 일찍부터 한말의 대상(大商)인 경강상인들과 깊은 관계를 유지하고 있었다. 그는 이들 경강상인들을 상대로 돈을 꿔 주거나 뒷배를 봐 주면서 치부를 하였던 것이다. 그리고 대금업을 통해 축적된 부와 권력을 바탕으로 자신의 전교환소(錢交換所)를 근대적 은행으로 탈바꿈시킨 것이 한성은행이다.

사실 근대적 은행의 발생을 보면 대체로 전장(錢莊)에서 출발하는 경우가 많았다. 물론 김종한의 경우도 마찬가지였다. 한말의 초기 은행은 비단 한성은행뿐 아니라 다른 은행도 모두 전근대적 대금업의 양상을 띠고 경영되었는데, 한성은행은 특히 두드러지게 그러한 성격을 나타내고 있었다. 한말 초기 은행들의 업무는 크게 볼 때 정부와 황실재산의 보관 및 이에 대한 금융 조달의 업무와 일반 민간인을 상대로 하는 전환 및 자금융통의 업무 등 두 가지가 주류를 이루었다. 조선은행의 경우 전자에 중점을 둔 것이라면 한성은행은 후자를 목표로 설립된 것이었다.

한성은행의 그러한 성격은 창립 직후 『독립신문』에 게재된, 일반의 이용을 호소하는 다음의 광고 내용을 통해 잘 드러난다.

　　본은행은 중서 광통방의 전교환소로 정하고 자본금은 4000주로 한하되 매주에 은화 50원으로 하였으니 제군자는 입참하시기를 바라오. 식리(殖利)하는 방법은 타인의 금액을 유변(有邊)으로 임치도 하고, 가권(家權)이나 답권(畓權) 외에 금, 은과 기타 확실한 물전을 전당하고 대금도 하며 보증인이 확실하면 전당 없이 대금도 함. 가령 상업인이 1만 원에 이르는 물건을 매매할 터인데 자본금이 2000원뿐이라면 그 물건의 정치표를 은행에 전당하면 8000원을 대여할 터이오니 원근(遠近) 인민은 일차 양실하시압.

이와 같이 한성은행은 창립 초부터 일반 민간인을 상대로 예금과 대금을 주요 목표로 하였다. 이러한 한성은행의 영업은 김종한이 전교환소(錢交換所)에서 하던 것을 그대로 답습한 것에 다름 아니었다.

'합방' 기념 메달. 앞면에는 일본왕실의 상징인 국화가 그려져 있고 뒷면에는 '한일합방'이라고 씌어 있다. 김종한은 이완용의 지원하에 '합방'을 위해 안간힘을 쏟았다.

한성은행은 1903년에 자금의 부족과 경영 부실 등의 이유로 공립 한성은행으로 개편되기에 이른다. 은행장에는 왕족인 이재완(李載完)이 취임하고, 김종한은 부장(副長)을 맡았다. 이재완이 은행장에 취임한 것은 왕족에 대한 예우였고, 개편 뒤에도 한성은행의 실질적 책임자는 김종한이었다.

그런데 여기에서 주목할 것은 한성은행의 개편에 일제가 깊게 관련되어 있었다는 점이다. 당시 일제는 경의선 부설권을 놓고 러시아와 치열한 각축을 벌이고 있었다. 그런 상황에서 일제는 경의선 부설권이 러시아로 넘어가기 직전 이재완 등을 매수하여 경의선 부설권을 차지할 수 있었다. 그리고 일제는 그 대가로 이재완에게 한성은행의 경영권 및 5만 엔의 뇌물과 한성은행의 자본금을 차관해 주었던 것이다.

당시 한성은행의 자본금 차관은 일본 제일은행에서 흘러 들어온 것이었다. 따라서 한성은행은 자연 일본 제일은행의 간섭을 받게 되었다. 차관 조건으로 일본 제일은행은 일본인 한 명을 한성은행의 심사원으로 파견하여 업무 일체를 감독케 하였는데, 이로써 한성은행은 일제 금융자본에 예속되는 결과를 초래했던 것이다.

 권력을 이용한 고리대금업으로 치부한 김종한이었지만, 그가 근대적 경영법을 익혀 은행업을 시작한 것은 아니었다. 때문에 근대화된 일본 금융자본의 침투에 맥없이 굴복하지 않을 수 없었고, 자연스럽게 일본의 금융자본과 유착되어 금융수탈의 앞잡이가 되었던 것이다.

 김종한은 은행업 외에도 특권을 이용하여 근대적 기업 투자에도 적지 않은 관심을 갖고 있었다. 그리하여 그는 을사오적의 하나인 박제순*과 함께 광무 3년(1899)에 철도회사를 설립한 일이 있으며, 또한 1912년에는 박영효*, 박기양, 조민희 등과 합자하여 권업주식회사(勸業株式會社)를 창립한 일도 있었다. 그리고 강화도에 250만 평 규모의 한우목장을 차린 일본인 모로와 함께 조선축산장려회를 창립하여 회장에 취임하는 등 일본 침략자본과 결탁함으로써 매판자본의 선두 주자가 되었던 것이다.

나라 팔아먹기 경쟁

 위에서 보듯 김종한은 갑오개혁 당시 개혁위원으로 정부 주도의 개혁에 참여한 바 있는 개화적 인물이었다. 그리고 1896년에는 독립협회에도 참여하는 등 개화운동 대열에 모습을 보이기도 했다. 그러나 그는 주체를 상실한 '근대화'의 추종자로 일찍부터 일제의 금융자본과 유착되어 매판자본화에 앞장 섰고, 1907년 정계를 은퇴한 뒤로는 1909년 친일단체인 신궁봉교회(神宮奉敎會)를 조직하면서 매국 망동을 일삼았다. 신궁봉교회란 일본의 신도(神道)를 추종하는 집단으로 여기에는 윤택영, 민영소(閔泳韶), 민영휘(閔泳徽)* 등이 가담했던 대표적 친일단체였다.

 그런가 하면 그는 이완용의 지원을 받아 1909년 12월 국민연설회(國民演說會)란 친일단체를 조직하여 송병준*, 이용구* 등의 일진회와 나라 팔아먹는 일에 경쟁하는 등 추악한 작태를 보이기도 했다. 국민연설회가 일진회의 합방청원을 공박하였다 하여 독립운동의 조직으로 오해하는 경우가 있으나, 국민연설회의 일진회 공박은 나라 팔아먹는 일에서 일진회에 선수를 빼앗긴 이완용 일파의 정략적 공격에 불과한 것이었다.

그런데 국민연설회가 시들해지면서 이완용 일파의 고희준(高羲駿), 민원식(閔元植)*, 정응설(鄭應卨) 등이 1910년 3월 새로운 망국 단체를 결성했는데 그것이 정우회(政友會)였다. 그러니 정우회는 국민연설회의 후신이 되는 셈이다. 김종한은 이러한 정우회에서 총재의 자리를 맡았다.

정우회는 왕조권력에 매달린 봉건관료와 왕실 주변에서 친일 여론을 불러 일으키고 '합방'을 밀어붙이기 위한 결사였다. 정우회는 기관지 『시사신문』(時事新聞)을 발행하며 '합방' 직전까지 망국의 망발을 토하는 등 매국의 공로(?)를 높이기에 안간힘을 쏟았다. 물론 이 단체의 배후는 이완용이었다. 현직 내각총리대신인 이완용은 전면에 나서서 여론을 조성하기보다는 이러한 친일 단체를 활용하여 매국의 음모를 추진시켜 갔던 것이다.

그런 점에서 나라 팔아먹는 일에 일진회가 야당이었다면, 이완용의 내각은 여당이었고, 김종한은 여당 지원 세력의 총수였던 셈이다. 김종한의 이러한 공로(?)가 인정되어 1910년 대한제국의 멸망과 함께 그는 일제로부터 남작의 작위를 받게 된다.

그는 명도 길어 89세의 장수를 누리고 1932년에 사망하였는데, 그의 작위는 양자 김규동(金奎東)이 1914년에 사망했기 때문에 장손(?)인 김세원(金世元)이 1932년 12월 15일에 습작한다.

그의 친일행각은 말년에까지 면면히 이어진다. 80여 세를 바라보는 나이에 3·1 운동을 맞이한 그는 "조선은 청국의 속국으로 독립이나 공화의 말도 몰랐는데, 일본이 청국과 싸워서 독립국으로 만들어 준 이후 비로소 독립이란 두 글자를 알게 되었다. 그런데 은혜를 모르고 소요를 일으킨 것"이라고 망령을 부림으로써 민족의 양심에서 영원히 벗어나 있었던 것이다. 결국 그는 사대주의에 젖은 독립불능론자였고, 민족과 국가 의식이 상실된 인물에 지나지 않았다.

■ 장석흥(독립기념관 한국독립운동사연구소 연구원)

주요 참고문헌

『독립신문』
『京城府史』
『朝興銀行九十年史』, 1987.

정치 – 관료

박중양
유성준
유만겸
유억겸
장헌식
고원훈
박상준
석진형
김대우

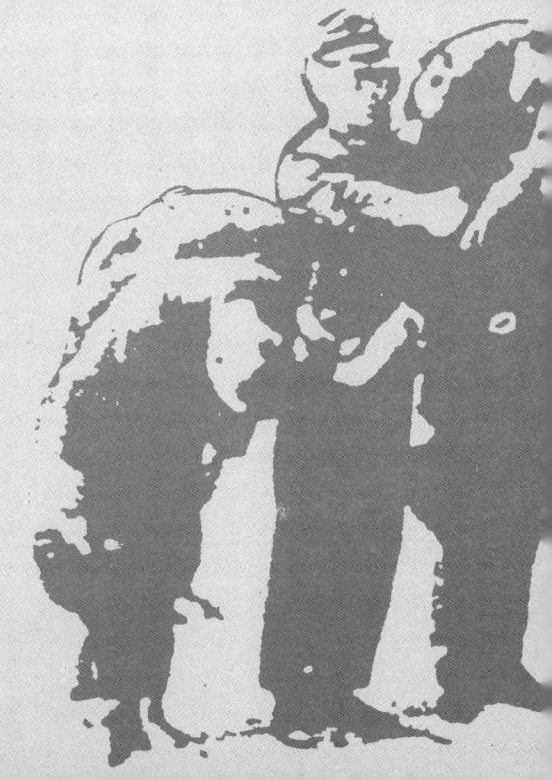

박중양
3·1 운동 진압 직접 지휘한 대표적 친일파

- 朴重陽, 창씨명 朴忠重陽, 1874~1955 ?
- 1908년 경북 관찰사. 1910년 충청남도 장관. 1915년 중추원 참의
  1921년 황해도 지사. 1923년 충북 지사

탁월한 일어 실력으로 출세길

일제가 조선 식민통치 25주년을 기념하여 편찬한 『조선공훈자명감』(朝鮮功勳者名鑑)에는 이런 기록이 있다. "이토 이하 총독부의 대관으로부터 역량·수완이 탁월하다고 인식되고 비상한 때에 진실로 믿을 수 있는 사람은 지사(知事)급에서는 박중양이다." 이렇듯 박중양은 일본인에 의해 능력을 인정받았을 뿐만 아니라 신뢰도 받았던 대표적인 친일파였다.

박중양이 친일파로 출세할 수 있었던 것은 탁월한 일본어 실력 때문이었다. 경기도 양주 출신(경북 달성 출생이라는 기록도 많으나, 그가 대구에서 생활하고 있었던 관계로 착오가 있었던 것 같다)이었던 그는 청일전쟁을 전후하여 서울에 있던 일본인과 긴밀하게 교제하였고, 그들의 권유와 "일본인과의 교제 이래 국가 관념이 생기고 정치 방면으로 참여하고자 하는 욕망"이 일어나, 1897년 일본으로 유학의 길을 떠났다.

박중양은 일본에서 약 7년 간 생활하였다. 기독교 목사였던 혼다(本多庸一)의 식객으로 생활하다가, 그가 경영하던 아오야마(靑山英和) 학원 중학부에서 수학하였다. 1900년 이 학교를 졸업하고는 도쿄 경시청에서 경찰제도 연구생

으로 경찰제도와 감옥제도를 연구 실습하였다. 이어 1903년에는 도쿄부기학교에서 은행업무를 익혔다. 이 때 그는 야마모토(山本信)라는 일본 이름을 사용하였다.

일본 생활을 통해 그는 많은 일본인 관료들과도 사귀었다. 특히 도야마(富山) 현의 지사였다가 '병합' 후에 경기도장관이 되는 히카키(檜垣直右), 히카키의 서기관이었다가 충북도장관이 되는 스즈키(鈴木隆) 등과도 교류하였는데, 같은 시기에 충남도장관이 되었던 박중양은 이를 "이웃 도에서 근무하게 된 것은 신(神)의 작희(作戱)라 할까, 꿈 밖의 꿈"이라고 감탄하였다.

박중양은 러일전쟁 때 귀국하여 고등통역관 대우로 참전하였는데, 인천, 진남포, 용암포, 안동현 등지에 종군하게 된다. 종군 생활을 마친 그는 농상공부 주사가 되었으나, 대구에서 거처하기로 하였다. 왜냐하면 대구는 그에게 낯선 지방이었지만 경성 정계의 동향을 관망하는 데 편리하고, 만일의 경우 도쿄로 가기도 용이하기 때문이었다. 당시 일본인들이 의병의 공격을 피하고 일본으로 도망가기 쉬운 철도 연변에 모여 살았던 것과 같은 발상이었다. 박중양은 대구에서 1년을 지냈다.

일본인과의 교제, 일본 생활, 종군 생활을 통하여 그는 일본인을 철저하게 신뢰하게 되었다. 즉, 그는 일본인의 신의와 우수성을 높게 샀으며, 그들의 친절에 감탄하였고, 일본인 기녀에 대해 좋은 추억도 갖게 되었다. 그리고 조선의 국정 개선을 위해 생명을 돌보지 않고 자원하는 일본인의 의협심을 가슴에 담게 되었다. 일본을 이렇도록 흠모한 박중양은 이와 반대로 조선인들은 야만스럽고, 도벽이 있고, 또한 파괴성이 있다고 생각하였다.

한말의 탐학한 관찰사

당시 대구에서는 경부선 개통 이후 이 곳에 몰려든 일본인과 경북 관찰사 사이에 빈번한 대립과 충돌이 있었다. 일본인들은 관찰사의 일을 방해했고, 배척운동을 전개하였다. 이런 연유로 박중양이 대구에 있던 1년 사이에도 장승원, 이용익, 이근호, 신태휴 등으로 관찰사가 빈번하게 바뀌었다. 이 때 박중양은 이 충돌을 조정하는 역할을 하였다. 때로는 일본인의 편에서, 또 때로는

박중양

중간적인 입장에서 활동하면서 그는 일본인들로부터 신뢰할 만한 사람이라는 평가를 받게 되었다. 이런 소식이 서울에 전해지게 되어 그는 군부 기사가 되기에 이르는데, 의친왕이 일본에 갈 때 수행원(통역)으로 참가하게 되었다.

귀국 후 그는 이토의 힘으로 대구군수 겸 경북 관찰사 서리가 되었다. 수행원으로 갔을 때 이토에게 잘 보였던 것과 일본인 거류민단의 소개가 큰 도움이 되었다. 이토는 박중양을 철두철미하게 신용하고 옹호하였으며 또한 애지중지하였다. 이런 탓인지 이토의 양자가 되었다는 이야기도 있다.

대구군수로서의 박중양은 역시 대구에 있던 일본인들의 기대를 저버리지 않았다. 당시 일본인들이 가장 원하고 있었던 것은 대구성벽을 없애는 문제였다. 훗날 일본인의 회고에서도 이 문제를 "대구 분요(紛擾 : 분란)의 병원(病源)"이라고 표현할 정도로 중요한 것이었다. 당시의 대구는 성을 경계로 하여 상권(商圈)이 나누어져 있었는데, 성내의 상권은 조선인 상인들이 장악하고 있었다. 상권을 장악하려고 노심초사하던 일본인 상인들은 당연히 성벽을 허물어 상권의 구역을 없애려고 하였던 것이다. 박중양은 일본인의 요구를 충실히 좇아 일진회 회원을 동원하여 성벽을 허물고, 그 자리는 도로로 만들었다. 오늘날 대구의 동성로, 남성로, 북성로, 서성로가 바로 그 길이다. 일본인 상인이 상권을 장악하게 된 것은 당연한 결과였다.

이런 박중양을 일본 거류민들은 극구 칭찬하였다. 일본인들은 그를 '야마모토 군수'라고 불렸으며, 그 이전의 관찰사들이 대개 '한국식 대관에 지나지 않았지만 오직 한 사람, 일본 유학생으로부터 일어난 활동적인 걸물아'라고 칭찬하였다.(대구부 편,『대구민단사』, 78~81면)

 박중양의 이런 처단은 내부대신의 허가를 받지 않고 단독으로 처리한 것이었다. 그래서 내부에서는 박중양을 징계하려고 하였다. 그러나 이것도 박중양의 배후였던 이토의 구원으로 이루어지지 않았고, 박중양은 오히려 평남 관찰사로 영전하였다(1907). 그리고 다시 1908년에는 경북 관찰사가 되어 대구로 돌아왔다.

 그는 이 때에도 일본인의 편에서 행정을 실시하였다. 1908년 12월에 '일한민간친회'(日韓民懇親會)가 열렸을 때 "소생이 일신을 바쳐 이 땅을 위해 진력하고자 함에는 일본인 제군의 지도편달에 달려 있습니다. 이 땅의 한국인들이 희망하는 바는 귀국인이 스승으로서 책임을 느껴야 한다는 것입니다"라고 하여 일본인의 지도·계발을 요구하기도 하였다.(河井朝雄,『大邱物語』, 314~315면)

 이 때의 이런 탐학과 친일활동을 당시의 신문에서는 다음과 같이 비난하였다.

> 군수 노릇 할 때에는 성첩(城堞) 헐어 매식(賣食)하고, 관찰사로 있는 후에는 객사(客舍)까지 훼철(毁撤)터니, 황상폐하 남순(南巡)시에 일기불현(日旗不懸)하였다고 수창(壽昌)학교 폐지코자 학대(學大)에게 보고하니, 탐학하고 돈 잘 먹기 박중양이 날개로다.(『대한매일신보』 1909. 2. 12, 春不春)

> 중양가절(重陽佳節) 말 말아라. 통곡(痛哭)일세 통곡일세. 누백년(屢百年)을 존숭(尊崇)하던 대구객사(大邱客舍) 어데 갔노. 애구(哀邱) 대구(大邱) 흥……. 중양가절(重陽賈節) 말 말아라. 전무후무(前無後無) 비기수단(肥己手段) 대구성곽(大邱城郭) 구공해(舊公廨)를 일시간(壹時間)에 팔아먹네. 애구(哀邱) 대구(大邱) 흥…….(『대한매일신보』 1909. 1. 16,「重陽打令」大邱童謠)

 또한 평안남도 관찰사 이진호*(그도 유명한 친일파였다)가 탐학을 행하자 그를 '제2의 박중양'이라고 비난하면서, 남쪽 대구의 박중양의 흑독한 수완에 놀라워하며, 무고한 백성들이 도탄에 빠진 것을 슬퍼하였는데, 평남의 이진호는 심술과 수완이 모두 박중양과 동일하다는 것이었다. 박중양의 횡포로 인민의 고통은 말도 못할 지경인데, 박중양이 둘이나 되니 인민이 어떻게 살아갈지 민정(民情)을 슬퍼한다는 것이었다.(『대한매일신보』, 1909. 1. 31, 논설「第二朴重陽」)

3·1 운동 진압 직접 지휘

'병합'이 되자 그의 친일행각은 날로 빛을 발하였다. 물론 그는 당시에 "폭풍과 홍수를 방어할 지력이 없고, 대세를 저항할 실력이 없다.……요로에 있으면서 민족을 위해 노력하는 것이 취할 길"이라는 근사한 이유를 내세우면서 계속하여 총독부의 고급 관료 자리를 옮겨 다녔다. 1910년 충남도장관을 거쳐, 1915년 중추원 참의, 1921년 황해도 지사, 1923년 충북 지사, 1927년 퇴관하여 다시 중추원 칙임참의가 되었다.

그는 여러 총독 가운데서도 특히 데라우치 마사다케(寺內正毅) 총독을 좋아했다. 데라우치가 조선인을 본위로 정치를 행하여 조선 말기의 암흑시대를 명랑하게 만들었고, 특히 관개사업을 추진하여 농업을 발달시켰다고 평가하였다. 이런 총독 아래에서 도장관, 참의를 지냈던 것을 그는 아마도 영광으로 생각하였을 것이다.

이런 입장에서 그는 1919년 3·1 운동이 일어나자 이를 막기 위해 온 힘을 기울였다. 당시 이완용*을 비롯한 친일파들이 3·1 운동의 무모성을 지적하고 있었던 것과 마찬가지로, 그는 "국민이 독립생활의 능력이 없으면 국가가 부강할 도리가 없다. 독립만세를 천번 만번 외친다고 해도 만세만 가지고 되는 것이 아니다"라고 하면서 오직 실력을 양성해야 한다고 주창하였다.

그리고 3·1 운동에 대한 직접적인 진압을 지휘하였다. 다름 아니라 자제단(自制團)을 통해서였다. 4월 6일 대구에서 '자제단 발기인회'가 조직될 때 그는 단장이 되었다. 자제단은 "경거망동으로 인하여 국민의 품위를 손상케 하는 일이 없도록 상호 자제케 함"을 목적으로 한다면서, "소요(3·1 운동)를 진압하고 불령한 무리를 배제"하는 것을 주요 활동으로 하였다. 이를 위해 불온한 행위를 하는 사람을 발견하면 곧바로 경찰관헌에 보고한다는 서약까지도 했다. 이후 경북도 참여관 신석린이 주동이 되어 안동, 성주, 군위, 김천 등지에 자제단이 조직되었다.

중국 침략을 감행한 일제는 그 침략적 야심을 착착 진행시켜 나가면서 마침내 태평양전쟁으로까지 치달았다. 이 때 조선총독부에서는 장기전에 대처할 대내외 중요 정책을 입안·심의하기 위해 전시 최고 심의기관을 설치한다는 구상을 하였다. 그리하여 1938년 8월 27일 칙령 관제로 시국대책조사위원회를 설치한다는 발표가 나왔다. "조선총독의 감독에 속하고 그 자문에 응하여 조선에 있어서의 시국대책에 관한 중요 사항을 조사·심의"한다는 기구였다. 여기에서 논의되고 결의된 것은 조선총독에게 건의되었다. 제2의 중추원과 같은 것이었다. 그러나 그 구성을 보더라도 정무총감이 회장이 되고 총독부의 현직 고등관들이 대거 참여하였던 점에서 중추원보다도 오히려 더 막강한 기구였다. 97명의 위원 가운데 조선인은 고작 11명뿐이었다. 박중양을 비롯하여 김연수*, 박영철*, 박흥식*, 윤덕영*, 최린*, 현준호*, 한상룡* 등 이들은 일제말의 대표적인 친일파들이었다.

이 위원회는 총독의 자문사항 18항목을 심의하기 위하여 편의상 3개 분과회로 나누어졌는데, 박중양은 문화·사회관계 및 일반사항을 다루는 제1분과에 소속되어, ①내선일체의 강화·철저, ②조선·만주·북지(北支)간의 사회적 연계 촉진, ③재지(在支) 조선인의 보호·지도, ④반도 민중의 체위 향상과 생활 쇄신, ⑤농·산·어촌 진흥운동의 확충·강화, ⑥사회시설의 확충, ⑦노무의 조정 및 실업의 방지·구제 등의 문제를 다루었다. 이 때 박중양은 특히 내선일체와 농촌진흥 문제에 관심을 보여 발언하기도 하였다.

이런 활동과 더불어 1941년 중추원 고문이 되었고, 1943년에는 중추원 부의장이 되었다. 이런 지위에 있으면서 박중양은 당시의 각종 친일조직에 참여하였다. 1941년 10월에 결성된 임전보국단의 고문, 1943년 1월 국민조선총력연맹(1940년 10월 설립)의 '참여'를 맡았으며, 학병을 권유하는 연설대에 참여하여 경남지방을 담당하기도 하였다. 심지어 일본이 싱가포르를 점령하자 '노구'(老軀)를 이끌고 일본군을 위문하기 위해 싱가포르까지 가기도 하였다.(이 때의 모든 경비는 김갑순*이 부담하였다)

이런 친일 활동의 결과, 그는 1945년 귀족원 칙임의원이 되었다. 최상급의 친일파 7명에 끼게 된 것이다.

"이완용은 매국노가 아니다"라는 망언

해방 이후 그는 반민특위에 의해 반민 피의자로 검거되어 서대문 형무소에 수감되었다. 1949년 1월이었다. 그런데 수감된 지 8~9일 만에 폐렴이 발생하여 서울대학병원에서 몇 개월 간 치료를 받았다. 물론 다른 반민족행위자와 마찬가지로 흐지부지 처리되었을 것이다.

그러나 그 이후에도 그에게서 친일행위에 대한 반성을 찾아볼 수는 없었다. 반민법에 의해 잡혔던 것도 "시대 변혁의 희생이라, 역사는 윤환(輪環)하고 인사는 변천한다. 고금왕래(古今往來)로 크게 본다면 일소(一笑)에 불과한 희비극(喜悲劇)이다"라고만 생각하였다. 그는 "한말의 암흑시대가 일제시대에 들어 현대 조선으로 개신(改新)되었고, 정치의 목표가 인생의 복리를 더하는 것에 있었고, 관공리의 업무도 위민정치를 집행하는 외의 것이 아니었다"라고까지 했으며, "일정시대에 조선인의 고혈을 빨았다고 이야기하는 것은 정치의 연혁을 모르고 일본인을 적대시하는 편견"이라고 하여, 한말보다 일제시대가 훨씬 좋았다는 생각을 굽히지 않았다. 따라서 그는 이완용은 매국노가 아니라고 생각하였다.

이완용을 매국노라 매도하여 말하지만, 사람을 비판하는 것은 용이하되 국가가 위급존망한 때를 당면한 지도자가 선처하는 것은 매우 어려운 일이다. 폭풍노도와 같은 대세를 항거할 수 없다. 국난을 당하여 자살하는 자는 있을지라도 사상계의 이전(利戰)은 될지언정 나라를 부지하고 백성을 구할 방도는 아니다. 누구라도 이완용과 동일한 경우의 처지가 된다면 이완용 이상의 선처할 도리가 없을 것이다.⋯⋯이완용 등은 매국노가 아니다.(박중양, 『술회』)

최근 대구매일신문사에서 발행하는 『매일정보』라는 신문에 박중양에 관한 이야기가 3회나 실렸다(「김용진의 대구이야기」, 1991. 9. 27, 10. 4, 10. 11). 그 기사에서는 '뛰어난 일본어 실력', '총독부에서도 아깝게 본 인격과 식견' 등으로 박중양을 묘사하면서, 조선학생들을 구금한 일본인 헌병대장을 혼내고 학생들을 석방시킨 이야기, 실업청년들을 일본인에게 부탁하여 취직시킨 이야기 등을 소개하였다. 그러자 독립유공자협회, 독립유공자유족회, 광복회 등에 소속된 몇 명의 회원들이 공동으로 이를 반박하는 글을 발표하기도 하였다. 일제시대에 활동하였던 거물을 바라보는 우리 사회의 두 단면을 그대로 반영하는 일화이다.

■ 김도형(계명대 교수·한국사)

주요 참고문헌

박중양, 『述懷』.
대구부 편, 『대구민단사』, 1915.
河井朝雄, 『大邱物語』, 1931.
「대구상의 70년 이면사」, 『대구상의 뉴스』.

유성준·유만겸·유억겸
유길준의 양면성 '극복'한 유씨 일가의 친일상

- 兪星濬, 1860~1935. 1916년 경기도 참여관. 1929년 중추원 참의
- 兪萬兼, 1889~1944. 1940년 경학원 부제학. 1942년 중추원 참의
- 兪億兼, 1896~1947. 1939년 시국대응전선사상보국연구회 경성 3분회장

민족과 친일적 문명화 사이의 양줄타기——유길준

한말·일제시대의 근대화 과정을 언급할 때 빼놓을 수 없는 사람들이 기계(杞溪) 유씨들이다. 그 가운데 가장 대표적인 사람이 유길준(兪吉濬 : 1856~1914)이었다. 국한문 혼용체라는 문체로 서양의 문명을 체계적으로 정리하고 개혁의 구상을 제시하였던 『서유견문』(西遊見聞)을 지었으며, 또한 갑오개혁의 가장 핵심적인 주체세력이었다.

그런데 이 유길준에 대한 평가는 개화파에 대한 평가와 마찬가지로, 우리나라 근대사를 바라보는 입장에 따라 차이를 보이고 있다. 그 가운데서도 민족사학자 홍이섭(洪以燮)의 다음과 같은 지적은 매우 흥미있는 것이라 생각된다.

그런데 유길준이 개화는 투철하게 했는데 한국사람으로서 가져야 할 태도를 취한 것은 없지요……개화도 좋지만 자기를 망치는 개화는 사실 곤란하지요. 그 『서유견문』 같은 데 나타난 정신을 보면 참 훌륭한데, 한국사회로 볼 땐 좋은 것은 아니라고 봅니다.(『중앙일보』, 「인물로 본 한국사」 좌담)

유길준은 한국사람의 입장, 곧 민족의 문제를 등한시한 서구식의 외세의존적·친일적 개화(문명화)를 추진하였다는 것이다. 그러면서도 문명화의 목표가 '부국강병'이었던 만큼 언제나 민족문제와 친일적인 문명화라는 서로 모순되는 양면성이 잠재해 있을 수밖에 없었다. 이는 유길준을 비롯한 개화파들이 가지고 있었던 내면적·논리적 갈등의 내용이었다. 이 양면을 어떻게 결합 혹은 분리하느냐에 따라 민족주의자가 되기도 하고, 혹은 친일파가 되기도 하였다. 갑신정변과 갑오개혁에 참여하였던 많은 개화파 인사들이 후에 친일파가 되었던 것은 바로 이런 구조에서 연유하는 것이었다. 유길준의 경우에는 그래도 문명화를 추구하는 입장에서 민족문제를 포기하지는 않았다. 이른바 평행의 양줄에 한 발씩 올려 놓고 있었던 셈이었다.

유길준은 초기 개화파에 의해 일찍 일본과 미국에 유학하여 서구문명의 우수성을 경험하면서 서구적인 문명화를 이루어야 한다는 문명개화를 주장하였다. 후쿠자와 유기치(福澤諭吉)를 통한 일본의 문명개화론과 서구식의 문명화론이 그에게는 혼재되어 있었던 것이다. 문명화에 대한 소신은 그로 하여금 갑오개혁에서 실질적인 이론가이자 책임자가 되도록 하였다. 따라서 그는 외세의 힘에 의해 갑오개혁이 추진된다는 점에 대해서는 별로 신경을 쓰지 않았다. 즉, 근대화를 우선적으로 추구하면서 민족문제를 다음의 과제로 고려하였던 것인데, 이는 또한 그의 선배 김옥균이 갑신정변을 추구하였던 자세와 다르지 않았음을 보여 준다.

유길준은 아관파천으로 갑오개혁이 중단된 후 일본으로 망명하였다가, 1907년 8월 일제가 헤이그 밀사사건을 이유로 고종을 몰아내고 내정을 거의 독점하던 때에 귀국하였다. 그는 이후 "정치와는 일체 발을 끊고 사회 속에서 국민을 계몽하는 사업", 즉 교육운동과 식산흥업에만 종사하여, 1907년 11월 "지식을 계발하고 도덕을 수양"하여 사회를 진화시키고 국가 부강의 실익을 이루기 위해 흥사단(興士團 : 안창호의 흥사단과는 다른 것임)을 만들고, 1908년 11월 인민의 자치를 위해 한성부민회를 만들었으며, 제국실업회와 국민경제회를 조직하였던 것이다.

그러나 이러한 원칙과 활동은 일제의 통감정치라는 현실의 거대한 벽을 허물기에는 역부족이었다. 국권을 회복해야 한다는 문제와 사회를 근대화·문명화시켜야 한다는 문제를 그의 입장에서는 동시에 달성할 수 없었던 것이다. 이런 양면의 갈등이 이미 그의 활동 과정에서 여지없이 나타났다. 그가 조직한 흥사단에는 김윤식*을 비롯하여 훗날 총독부 관료가 되는 김상연(金祥演 : 총무), 염중모(廉仲摸), 한석진(韓錫鎭) 등의 일진회 회원 그리고 한성부윤 장헌식* 등의 친일파가 동참하고 있었으며, 뒤에 살펴보게 될 동생 유성준이 학무부장을 맡고 있었다. 또한 한성부민회 회장의 자격으로 그는 이토 히로부미(伊藤博文)의 장례식에 참여하였고, 이토의 추모회도 주최하였다. 유길준의 의도는 그러하지 않았는데 어찌할 수 없었다고 백보 양보하더라도, 이러한 점들이 이미 민족을 도외시한 '친일'의 분위기를 조성하는 데 이용되었고, 그는 이런 구조에서 빠져 나올 수 없게 되어 버린 것은 명백한 사실이다.

그가 할 수 있었던 유일한 일은 바로 '조선귀족령'에 의해 부여된 남작 작위를 거절하는 것이었다. 그러나 이는 그 자신과 함께 문명화를 추구하던 많은 동료들이 모두 작위를 받고, 중추원에 자리를 차지하고 있었던 것에 대한 마지막의 '균형잡기'였던 것이다.

그러나 그는 일제의 식민통치가 자신이 구상하고 추진하고자 했던 근대화·문명화를 이루는 것이라는 생각도 가지고 있었다. 가령 1914년에 총독부의 지방제도 개정을 보고 종래의 지방제도가 불리하였지만 "조선총독의 시정이 급속하게 진행하여 지방 인민의 복리를 증진할 단서를 이루는 것이 금일에 지방행정상 근본적 정리로 그 단행함을 보게 된 것"이라 하여(『매일신보』, 1914. 1. 7), 총독의 새로운 정치를 지방인민의 권리가 증진되는 표시로 이해하였던 것이다.

그가 민족문제와 문명화 사이에서 동요하던 양면적인 모습은 그의 동생 유성준, 큰아들 유만겸, 둘째 아들 유억겸에서도 불균등하고 또한 차별적으로 나타나게 되었다(유길준에게는 일본인 소실 소생인 조겸[兆兼]과 경겸[京兼]이 있었으나 이들의 활동에 대해서는 알 수 없다).

조선총독부 도지사와 중추원 참의를 지냈던 유성준

유길준은 보빙사의 일원으로 미국으로 떠나기 전에 김옥균에게 아우 유성준의 일본 유학을 부탁하였다. 이 덕으로 유성준은 그 해 10월 게이오의숙(慶應義塾)에 입학하였다. 그러나 수학중에 갑신정변이 일어났고, 정변 직후 일본에 온 수신사 일행의 권유를 받고 1885년 1월에 귀국하였다. 유길준이 유폐되어 있는 동안에도 그는 정부의 근대화사업에 참여하게 되었다. 통리교섭통상사무아문 주사, 내무부의 부주사 등을 역임하면서, 유성준은 선박수리, 세관업무 등을 배우기 위해 세 번 일본을 다녀 오기도 했다. 그리하여 그는 당시에 재정 및 조세 사무의 1인자로 평가받을 정도가 되었다. 그리고는 유길준이 주도하던 갑오개혁 때에는 농상공부 회계국장으로서 차관 도입 사무를 담당하는 등, 유길준의 개혁논리에 기초하여 일을 추진하던 실무형 관료 역할을 하게 된다.

아관파천으로 갑오개혁이 중단되자 그도 역시 일본으로 망명하였다. 그곳에서 다시 도쿄 메이지(明治) 법률학교에서 공부하였다(훗날 그는 1905년 한국 최초의 『법학통론』을 저술하였다). 실무형이면서 일본통이라는 점에서 그는 다른 갑오개혁 관련자보다도 일찍 1902년에 귀국할 수 있었다. 그러나 그 해 6월에 이른바 유길준의 '쿠데타 음모사건'(일본육사 출신의 청년장교들의 일심회(一心會) 사건)에 연루되어 구금되었다(이 때 유길준은 일본 정부에 의해 섬으로 유배되었다).

종로 감옥에서 유성준은 사상적으로 중요한 경험을 하게 되었다. 이 감옥에는 이상재, 이원긍, 이준, 신흥우, 홍재기, 이승만 등이 있었다. 이승만과는 같은 감방을 쓴 '단짝'이었다. 이들은 감옥에서 기독교 서적을 읽었고, 기독교를 신앙하게 되었다. 유성준은 1904년 2월 황해도 황주로 3년 간 유배되었는데, 이 기간중에 황주교회에서 입교하였고, 1905년 5월 특전으로 석방된 후 서울에 돌아와 6월 연동교회에서 세례를 받았다. 철저한 일본식의 문명개화를 주장하던 일본통이면서, 이상재, 윤치호* 등과도 상통하던 기독교인이라는 점에서 그 이후의 또 다른 '양줄타기'가 진행되었다.

이후 그는 관료로서 성장에 성장을 거듭하게 되는데, 통진군수, 내부 경무지방 치도국장, 내부 차관 등이 그가 맡았던 직책이었다. 그러면서도 1907년 귀국하였던 유길준을 도와 운영난에 빠진 여러 학교를 통합하여 중앙학교로 발족시켜 자신이 초대 교장이 되었으며, 보성전문학교 교장을 역임하기도 하였고, 또한 계몽운동에 참여하여 기호흥학회의 부회장과 이 학회에서 운영하는 기호학교의 교장을 지냈다(1909).

'합방' 이후에는 죽을 때까지 계속 충북 참여관(1910), 경기도 참여관(1916), 중추원 참의(1921), 충청남도 지사(1926), 강원도 지사(1927), 중추원 참의(1929) 등의 총독부 관료를 지냈다. 이러한 관직을 통해서 볼 때 그는 의심할 필요 없는 친일파였다.

그러면서도 그는 교육활동 및 기독교와 관련해서는 1920년 이래의 부르주아 민족운동에도 동참하였다. 조선물산장려회 초대 및 제2대 이사장이었고, 또한 민립대학 기성회 상무위원이었다. 또한 YMCA 농촌부 위원으로 1925년 3월 흥업구락부(興業俱樂部) 결성에도 그의 조카 유억겸과 같이 참여하였다. 부르주아 민족운동에 유성준 같은 친일파들이 동참하고 있었던 것은 그 운동의 개량적인 성격이 엿보이는 것이었고, 또한 유성준이 친일적인 입장에 있으면서도 민족적인 문제에 관심을 갖는 양면성이 있었음을 보여 주는 것이었다.

'합방' 이후 양성된 친일관료의 대표격——유만겸

유만겸은 시종 총독부의 관료로 출세하였다. 배재학당, 흥화학교, 청년학원 등에서 공부하였는데, 특히 영어공부에 열심이었다. 그 후 일본에 유학하여 1917년 도쿄제국대학 경제학과를 졸업한 후, 1920년부터 죽을 때까지 총독부의 관료로 지냈다. '합방' 이후 양성된 친일 한국인 고급 관료의 대표격인 셈이다. 문경군수(1920), 경남 서무과장(1921), 경북 내무부 사회과장(1924), 학무국 사무관(1926), 평남도 참여관(1928), 경북도 참여관(1930), 학무국 사회과장(1932), 평남도 참여관(1934), 충청북도 지사(1939), 경학원 부제학(1940), 중추원 참의(1942) 등 그의 이력은 화려하기 이를 데 없다.

그가 친일파로 기울어가는 모습은 이미 유학시절부터 나타났다. 일본의 대륙침략 이데올로기였던 아시아주의에 찬동하였고, 일본의 식민지배를 문명화로 생각하고 있었던 것이다(「九年星霜」, 『學之光』 13). 특히 교육과 식산흥업을 강조하였는데, 이런 점은 그가 총독부의 지방관이 되어서도 계속되었다. 가령 경북 산업부장 시절에는 면작장려, 사방공사계획 등을 행하였고, 사회과장 때는 조선 의례를 중추원의 자문에 의해 실시하기도 하였다. 일제의 식민지배 정책에 철저하게 순종하였던 그의 모습이 드러나는 대목인 것이다.

유만겸의 친일행각은 일제 말기에는 더욱 노골적으로 드러났다. 관료로서의 입장에서는 당연한 일이었다. 1940년 10월에 '내선일체의 철저, 황국신민화, 신도의 실천, 지역봉공에 의한 고도 국방 국가체제의 확립'을 목표로 한 국민총력조선연맹의 평의원이 되었고, 또한 1941년 8월 흥아보국단 준비위원회(윤치호, 고원훈*, 박흥식*, 김연수* 등 50여 명이 발기)에도 경기도 대표로 참여하였으며, 임전보국단의 평의원이 되었다.

특히 경학원 부제학의 자격으로 1941년 12월 17일에 '유림의 전승기원제(戰勝祈願祭)'를 거행하였다. 경학원 대제학이었던 박상준*이 회장, 고문 한상룡*, 상무이사 고원훈 등으로, 유만겸은 부회장이었다. 그들은 "우리 반도 2백만 유림은 대동단결, 대미·대영 선전포고에 관한 칙소의 어성지(御聖旨)를 봉대(奉戴)하고 결사보국 모든 힘을 국가에 바치어 총후국민(銃後國民)의 책무를 완수하기를 기함"이라는 선서문을 결의하였다.

이 때 유만겸이 창씨개명을 하였는지는 명확하지 않다. 1942년도 경성일보사 『조선인명록』에는 창씨하여 '兪萬兼'으로 되어 있는데, 그 다음 연도판에는 표기되어 있지 않다. 유동준의 『유길준전』에는 창씨를 거부하여 1940년에 관리에서 면직되었다고 하는데, 이 또한 정확하지 않은 것 같다.

부르주아 민족주의자에서 친일파로——유억겸

연희전문학교 부교장 겸 학감이었던 유억겸은 그의 형 유만겸과는 달리 처음에는 부르주아 민족운동에 참여하였다. 유길준에게서 분리되어 존재하였던 양면 가운데 한 면이었다.

1922년 도쿄제국대학 법학부를 졸업한 그는 곧바로 연희전문 교수가 되었다. 그 후 계속하여 그 학교의 부학감, 부교장이 되었으며, 해방 후에 교장이 되었다.

그러면서 그는 기독교 신앙을 바탕으로, 주로 YMCA를 중심으로 많은 사

유억겸

회활동을 하였다. 그리고 이상재 등과 연관을 맺으면서 그는 1920년대의 부르주아 민족운동의 내부 분화 이후 대체로 비타협적 민족주의자들과 같이 활동하였다. 1925년에 안재홍, 김준연, 최두선, 홍명희, 백남운 등과 조선사정연구회를 조직할 정도였다.

특히 그는 1925년 흥업구락부의 조직에 주도적으로 참여하였다. 흥업구락부는 미국에 조직되어 있던 이승만의 동지회와 일정한 연관을 맺으면서, 이상재, 윤치호, 신흥우, 이갑성, 구자옥 등과 같이 대체로 기호지방의 기독교세력(주로는 감리교와 YMCA의 활동자들)을 중심으로 결성된 것이었다. 유억겸은 이 조직에 연희전문 교수 조정환, 이춘호, 최현배, 홍승국 등을 참여시킬 정도로 열성적이었다. 이들은 YMCA와 신흥우가 중심이 되어 농촌문제를 거론하였는데, 즉 정신의 소생, 생활의 조직, 농사개량 등을 통하여 농촌을 계몽하려 했던 것이다. 그리고 『동아일보』중심의 자치운동에 반대하면서 민족연합전선의 결성에도 참여하였다. 1926년 3월 안재홍, 유억겸은 조선공산당과의 연합전선 결성을 모색하는 한편, 연정회(硏政會) 부활계획을 저지하였다. 그리하여 이상재, 안재홍, 김준연, 유억겸 등의 흥업구락부 참가자들은 신간회에 참여하였다.

이렇듯 민족주의적 활동에 열심이던 유억겸은 1938년 '흥업구락부 사건' 이후부터 친일의 길로 들어서게 된다.

그 해 2월 연희전문의 경제연구회 사건 조사중, 유억겸의 집에서 이승만의 동지회 관련 문서가 발견되면서, 이승만의 측근으로 있다가 당시 귀국한 윤치영이 검거되고 흥업구락부 조직이 발각되었다. 사실 이 때에는 흥업구락부 자체는 거의 활동이 중지된 상태였지만, 대륙침략이 본격화되고 일제의 통제가 심해지고 있었던 때였으므로, 일제 당국은 기독교에 대한 견제, 해외 독립운동조직과의 연계 등을 우려하여 안창호 계열의 동우회(同友會)와 함께 대대적인 검거를 단행하였던 것이다. 윤치호, 신흥우, 안재홍, 최두선 등과 더불어 유억겸도 구속되었다.

이 사건 관련자 54명은 1938년 9월 사상전향서를 발표하고 기소유예처분으로 석방되었다. "다수 유식인사를 사회적으로 매장해 버리지 말고 자발적 협력을 하게 하여 충량한 제국 인민으로서 갱생시키는 것이 일반의 정세로 보아 가장 적절·타당한 것"이라는 것이었다. 이 때 동우회원 41명도 무죄로 석방되었다. 이후 두 단체의 대표적인 인물이었던 윤치호, 이광수*, 주요한*, 신흥우, 정춘수* 등의 친일활동이 본격화되었으며, 유억겸도 이 대열에 서게 되었다.

이 때의 친일행위에 대해서『친일파군상』에서는 '자진적으로 나서서 성심으로 활동한 자'와 '피동적으로 끌려서 활동하는 체한 자'로 나누고, 윤치호와 이광수가 전자라면 유억겸은 후자의 경우라고 지적하고 있다. 특히 그 가운데서도 김성수와 마찬가지로 '경찰의 박해를 면하고 신병의 안전 또는 지위, 사업 등의 유지를 위하여 부득이 끌려다닌 자'로 분류하였다. 그러나 적극적이든 소극적이든 이후의 친일활동에 유억겸의 이름은 빈번하게 등장하였다.

먼저 기독교 조직의 친일화에 참여하였다. 1938년 10월 14일 조선기독청년회를 만국기독청년회의 산하에서 이탈하게 하여 일본기독청년회에 가맹시켰던 것이다. 이를 추진하였던 사람들이 바로 앞의 사건에서 '은전'으로 석방된 윤치호, 오긍선, 유억겸 등이었다.

그리고는 적극적인 친일단체에서 활동하였다. 1939년 7월에 시국대응전선사상보국연맹(1938년 7월 조직)의 경성분회 제3분회장(제1분회장 박영희*, 제2분회장 박득현, 제4분회장 장덕수*)이었고, 1941년 8월의 흥아보국단 준비위원회에는 그의 형 유만겸과 같이 참여하였다. 또한 같은 달에 임전대책협의회에도 참여하였다. 그들은 "최후의 승리는 우리 일본제국에 있으므로 반도의 동포는 국책에 순응하여 영광의 적자로 천황폐하에게 몸을 바쳐야 한다"고 외쳤으며, 이를 실천하기 위하여 1941년 9월 7일에 70여 명의 회원을 총동원하여 '채권가두유격대'에 나서 "총후봉공(銃後奉公)은 채권(債券)으로부터"를 외쳤다. 이 때 그는 이성근, 박상준, 양주삼 등과 '광화문대'에 편성되어 활동하였다.

일제말기 친일단체를 망라하여 대표하였던 단체가 임전보국단이었다. 1941년 12월 부민관에서 윤치호, 최린* 등이 중심이 되어 결성한 이 단체는, 조선민중을 바로 전쟁 후방에서 해야 될 근로보국, 물자의 공출, 의용 방위 등으로 몰아세우기 위한 것이었다. 유억겸은 이 단체의 이사였고, 유만겸은 평의원이었다. 그리고 그는 태평양전쟁이 확대되어 가면서 직접적인 전쟁 고무 및 동원에도 참여하였다. 1943년 11월에는 학도병 종로익찬회에도 관여하였고, 또한 1945년 6월에는 언론보국회(회장 최린)의 명예회원이기도 하였다. 연희전문의 부교장으로서 자신의 학생을 전장으로 몰아 넣었던 것이다.

특히 1942년 2월에는 『조광』(朝光)에 「전필승 공필취」(戰必勝 攻必取 : 싸워서 반드시 이기고, 공격하여 반드시 탈취하라)라는 글을 통해 선전대열에 참여하였다. 그는 '대동아전쟁'(大東亞戰爭)을 '대동아공영권 내의 10여 억 민중의 공존공영을 위한 대동아 해방의 성전(聖戰)'이라고 규정하고, 후방의 국민이 평시와 같은 편안한 생활을 할 수 있는 것은 바로 '전필승 공필취'의 신념에 불타는 충용무쌍(忠勇無雙)한 육해공군 장병의 신고(辛苦) 덕분이라고 생각하였다. 그리하여 후방의 국민들은 성전을 관철하고 일본제국의 영광을 위해 보국(報國)할 것을 강조하였다.

> 총후 국민은 항상 군관의 시조(施措)를 절대 신뢰하고 일치 단결하여 신도(臣道) 실천, 직역봉공(職域奉公), 출정 장병을 고무·격려하여야 할 것이다.……
> 총후 국민은……항상 긴장한 가운데서 상의상조(相倚相助)하여 내(內)로는 '황태(荒怠)'를 상계(相戒)하고 외(外)로는 '사악한 사상의 침투를 방지'하여 '필승불패'의 신념을 견지하고 '헌신보국'(獻身報國)에 항념(恒念)하고 '성전목적'(聖戰目的)을 관철할 결의를 구현하여 '동아 영원의 평화를 확립하여서 제국의 영광을

보전할 일'을 촌시(寸時)라도 망각하여서는 아니된다고 절규하노라.

해방 후 그는 미군정청 교육부장이 되었다. 새로운 민족교육이 바로 이런 친일행위자에 의해서 수립되었던 것이다. 바로 이런 점들이 해방 후 친일파의 청산 문제가 어떻게 처리되었는가를 단적으로 보여 주는 것이다.

■ 김도형(계명대 교수·한국사)

주요 참고문헌

兪吉濬,「府郡廢合에 對하야」,『매일신보』, 1914. 1. 7.
兪東濬,『兪吉濬傳』, 일조각, 1987.
兪萬兼,「九年星霜」,『學之光』 13.
兪億兼,「戰必勝 攻必取」,『朝光』, 1942. 2.

장헌식
중추원 칙임참의를 20년 간 역임한 일제의 충견

- 張憲植, 창씨명 張間憲植, 1869~?
- 1910년 평안남도 참여관. 1917년 충청북도 장관
  1921년 총독부 민정시찰 사무관. 1926~45년 중추원 칙임참의

이토 히로부미 추도회 주도

장헌식은 1869년 9월 장성급(張成汲)의 장남으로 서울에서 태어났다. 그는 1894년 갑오개혁으로 성립한 친일내각의 관비(官費) 유학생으로 선발되어 1895년 일본에 유학, 게이오의숙(慶應義塾) 보통과 및 고등과를 졸업하고 일본 사법성 재판소 검사부를 견습하였다. 그 뒤 다시 1902년 도쿄제국대학 법과 선과(選科)를 졸업하고 일본 대장성을 견습했다. 1903년 귀국 후 대한제국 학부 참서관을 거쳐 1905년에는 관립외국어학교 교장이 되고 이듬해에는 학부 편집국장 사무임시대리(주임관 1등)가 되었다.

그는 한때 보성전문학교 법률과목담당 강사를 하였고 1907년 11월 말 의무교육 실시 등을 목적으로 결성된 홍사단(興士團)의 평의원으로 선출되기도 했는데, 이 때 유길준(俞吉濬)과 함께 발기인 가운데 한 사람이 되었다. 1907년 고종이 강제로 퇴위하고 순종이 즉위한 뒤 그 과정에서 일제측에 협력한 공로가 인정되어 특별히 훈3등이 서훈되고 팔괘장(八卦章)이 수여되었다.

장헌식은 1907년 10월 우리나라에 오는 일본 왕자(훗날의 다이쇼大正 일본국왕)를 맞이하기 위해 예종석(芮宗錫) 등 부일배들이 결성한 한성부민회의

발기인이 되고 초대 회장을 맡았다. 그 후 그는 서울시민에게서 기부금을 거둔 후 한성부민회의 이름으로 남대문역에 일본 왕자의 방한을 환영하는 아치를 설치하였다. 그리고 특히 그는 1909년 10월 26일 안중근이 이토 히로부미(伊藤博文)를 처단하자 안의사를 돌보기는커녕, 반역 매족 무리들의 집합체인 한성부민회에서 의거가 있은 지 한 달 뒤에 주최한 이토 추도회를 한성부윤(지금의 서울시장) 자격으로 주도하는 반민족적 행위를 자행하였다.

그는 이미 일제가 한국을 병합하기 전 궁내부실 제도정리국 비서가 되어 내각 총리대신 이완용*의 주요 보좌관으로 활동했다. 그리하여 일제 통감부의 침략정책에 앞장 섰다. 장헌식은 한성부윤을 거쳐 1910년 경술국치 직후 조선총독부 평남 초대 참여관을 역임하였다. 참여관은 말하자면 도지사 내지 부지사의 자문기관이라 할 수 있는데, 각 도의 정원 1명을 한국인으로만 충당했기 때문에 웬만한 친일파가 아니면 될 수 없는 직책이었다. 훗날 이들은 원칙적으로 도사무관이 맡는 각 도의 부장(部長) 직책을 겸임했으며 필요에 의해 생기는 총독부 산하의 각종 위원회——예를 들면 1930년대 말에서 1940년대 초에 생긴 방공위원회, 물가위원회, 정보위원회, 지원병전형추천위원회 등——의 도지부 위원을 겸직하여 일제의 수탈정책과 밀접한 관련을 맺었다.

장헌식은 1917년에 충청북도 장관(도지사)이 되고, 1921년에는 요직이라는 총독부 민정시찰 사무관을 맡았다. 이 직책은 3·1 운동 후 한국인들을 감시하고 민심의 동향을 정탐하기 위해 총독 사이토 마고로(齋藤實)가 특설한 직책으로 일종의 특무요원이라 할 수 있었다. 더욱이 민정시찰 사무관은 당시 조선인 가운데 가장 친일적이고 견실하다고 인정되던 5명으로 임명되었으니, 그들이 바로 장헌식 외에 남궁영(南宮營), 이범익(李範益 : 뒷날 間島省長), 이종국(李鍾國), 홍승균(洪承均) 등이었다.

이 때 능력(?)을 인정받은 장헌식과 이범익 등은 줄기차게 일제의 주구가 되어 식민지 통치권력하의 주요 관직을 거치며 승진에 승진을 거듭하게 된다. 그리하여 장헌식은 1924년 전라남도 지사로 취임하였는데, 1926년 그 직책에서 물러날 때까지 총독부의 식민지통치에 적극 기여한 공로로 종3위 훈2등 표창을 받았다. 그의 열성적 친일행각은 일제로부터 거듭 인정받게 되어 다시 '총독정치의 최고 자문부'로 불리던 조선총독부 중추원의 칙임대우 참의에 임명되었고 식민지 통치의 자문 역할을 계속 맡게 되었다. 그 밖에도 그는 적십자사 특별사원으로 적십자 유공장을 받았고 총독부 사회사업협회 평의원, 조선교육회 부회장을 맡는 등 일제의 주구로서 활동하였다.

1931년 일제의 만주침략 이후 장헌식은 열성적으로 일본군 후원활동을 전개했던 점을 인정받아 1937년 일본 육군대신의 표창을 받았다. 중일전쟁 직후인 1937년 7월 15일 조선총독 미나미 지로(南次郎)는 임시지사 회의를 소집하고 3개의 원칙을 천명하였다. 즉, 시국의 중요성을 인식할 것과 동아 안정세력으로서의 일본의 지도적 위치를 확인할 것 그리고 교전상대국인 중국을 과소평가하지 말고 정당하게 인식할 것 등이 바로 그것이었다. 이러한 취지를 조선인들에게 전달하고 또 대중의 '각성'(?)을 촉구한다는 명분으로 총독부 학무국은 두 차례에 걸친 전선순회 시국강연반을 결성하였다. 이 때 장헌식은 8월 6일부터 약 1주일 간 계속된 제1차 시국강연반과 9월 6일부터 약 10일 예정으로 13도 각처를 순회강연한 제2차 강연반(강원도 담당)에 강사로 참가하여 일제의 중국침략을 적극 지지하고 찬양하는 강연을 하며 돌아다녔다.

그의 처 임정재도 황민화 전시정책에 앞장 서

또 그의 처 임정재(任貞宰)도 총독부 조선중앙정보위원회의 종용에 의해 귀족의 처와 사회각계 중견 여류 인사가 망라된 애국금차회(愛國金釵會)에 가담하였다. 애국금차회라는 단체는 부녀자들의 금비녀나 금반지 등을 뽑아서 국방비로 헌납하기 위한 조직이었는데, 황군의 환·송영, 총후 가정의 위문·격려, 총후 가정의 조문, 기타 일반 조선 부인에 대한 황군 원호의 강화 및 국방비 헌납 등을 주요 사업으로 한다고 규정되어 있었다. 이리하여 임정재는 1937년 8월 20일 경성여고보 강당에서 발회식을 거행한 애국금차회에 금비녀 1개를 시범으로 상납하여 일제의 수탈정책을 지원하였다.

한편, 장헌식은 1938년 6월 22일 있었던 '국민정신총동원조선연맹'의 발기대회에 개인 자격 발기인으로 스스로 참석하였다. 이 조직은 1938년 6월 중순경 민간 사회교화단체의 대표자들이 총독부의 지시에 따라 몇 차례의 회합을 열어 이른바 자발적인 총봉사활동을 협의한 데서 시작되어, 중국 침략 1주년이 되는 1938년 7월 7일 결성되었는데, 아래와 같은 선언문을 채택하여 일제를 적극 지원하였다.

　　동양 평화를 확보하여 팔굉일우(八紘一宇)의 대정신을 세계에 앙양함은 제국(帝國) 부동의 국시(國是)이다. 우리는 이에 일치단결, 국민정신을 총동원하여 내선일체 전능력을 발양하며 국책의 수행에 협력하여 써 성전(聖戰) 궁극의 목적을 관철하기를 기한다.

　장헌식은 1943년 11월 6일 중추원 참의 자격으로 '학도지원병 독려강연반'에도 참여하였다. 그리고 같은 달 10일 이후 친일파 한규복(韓圭復)과 함께 함경북도 등 각 지방을 돌며 학생들에게 학병 지원을 강요하여 그들을 일제 침략전쟁의 희생물로 내몰았다. 이 밖에도 그는 1941년 6월 국민총력조선연맹 평의원, 임전보국단 평의원 등의 직책을 맡으며 파쇼화하는 일제의 충견으로 활동하였다.
　이와 같은 극렬 부일행적은 일제에 의해서도 충분히 인정되어 그는 일제의 관리에 의해 '총독정치를 익찬(翼贊)하고 있는 조선 통치의 공로자'로 표현될 정도였다. 그 결과 장헌식은 1926년부터 1945년까지 중추원 칙임참의를 20년간 7회나 중임하였던 것이다. 그는 관직을 물러난 뒤에는 중추원 참의로 2선에 물러나 있었으나, 일제 말기에 부일행적이 또다시 주목되어 종래 주로 조선 귀족 출신만으로 임명하던 이왕직(李王職) 장관(칙임관 대우)에 취임해 있다가 패전을 맞이하였다.
　그는 해방 후인 1949년 2월 18일 반민특위에 의해 검거되어 민족의 심판을 받았다.

　　　　　　　　　　　　　　　　■ 장세윤(독립기념관 한국독립운동사연구소 연구원)

주요 참고문헌
朝鮮紳士錄 刊行會, 『朝鮮紳士錄』, 1931.
『朝鮮功勞者銘鑑』, 民衆時論社, 1935.
중앙교우회, 『중앙60년사』, 1969.

고원훈
'일본의 수호신이 되어라'고 부르짖은 친일관료

- 高元勳, 창씨명 高元 勳, 1881~?
- 1926년 경상북도 참여관. 1932년 전라북도 지사
  1940년 국민총력조선연맹 이사. 1940년 중추원 참의

한 일도 가지가지 —— 경찰, 보성전문학교 교장, 조선체육회장

사람이 태어나 한 시대를 살아가면서 이런 일 저런 일을 다양하게 해보고 산다는 것이 그 자체로 욕이 되지는 않는다. 팔자가 기구해서 그런 사람도 있을 테고, 어떤 이는 능력과 재주가 뛰어나서 많은 일을 하는 경우도 있다. 그러나 재주도 재주 나름이고 다양한 삶도 삶 나름이다. 재주가 뛰어나되 그것이 빼앗긴 나라에서 제국주의 지배자들에 대한 앞잡이 노릇 잘하는 재주라면 그 사람의 다양한 삶은 변절에 능숙한 자의 뛰어난 처세술일 수도 있다.

『조선공로자명감』(朝鮮功勞者銘鑑)이라는 인명사전이 1935년에 나온 적이 있다. 일제가 조선을 식민지로 지배하는 데 공을 많이 세운 자들의 공적을 조사해 놓은 사전이다. 이 사전은 우리가 살펴보려 하는 고원훈의 사진까지 싣고 공적을 찬양하면서 "관해(官海) 생활자에도 가지가지가 있지만, 지금 전북지사 고원훈 씨 경우는 가장 모양이 다른 행방을 하고 있다"고 소개한다.

일본의 이름 난 대학을 졸업하고 잠시 전문학교 강사를 하다가 일제의 경찰 노릇도 좀 하고 다시 교육자로, 조선체육회 회장에다가 중추원 참의, 일제의 도지사, 각종 친일단체의 간부, 기업인……. 그럴 정도로 고원훈의 경력은

고원훈

참으로 다양했다.

고원훈은 1881년 3월에 경상북도 문경군 산양면 신전리에서 태어났다. 소학교와 중학교를 졸업하고 일본으로 건너가 1910년 7월 일본의 메이지(明治)대학 법과를 졸업하고 경성으로 돌아와 잠시 보성법률상업학교 강사를 하였다. 1911년 8월에 강사 생활을 집어치우고 조선총독부의 경부(警部)로 채용되어 일제의 경찰노릇을 하였다. 경부는 경찰관리로는 조선인에게 허락된 최고 직급인 경시 다음 자리였으며 그 밑으로 경부보, 순사부장, 순사가 있었다. 1913년 5월에 경찰노릇을 그만두고 교육계에 몸을 담아 보성법률상업학교에서 학생을 가르치다가 1920년에 이 학교 교장이 되었다. 보성법률상업학교는 각 도의 유지들이 돈을 모아 전문학교로 설립을 신청하여 1921년 12월 28일 인가를 받았다. 이 보성전문학교는 조선인들이 세운 최초의 전문학교였다. 고원훈은 보성전문학교의 교장이 되어 교육자로 순조롭게 승진의 길을 걸었다.

이즈음 『동아일보』에서는 1922년 새해를 맞이하여 '남자가 여자로, 여자가 남자로 된다면'이라는 제목으로 명사들의 글을 싣고 있었다. 여기에 쓴 고원훈의 글을 통해 그의 생각의 일면을 살펴본다(1922년 1월 4일자). 그는 지금 조선의 여자들은 모두 '남자의 기쁨을 빨아 먹는 기생충'이라고 하였다. 새 여자들도 '해방'이니 '남녀평등'이니 외치지만 혼인할 때 보면 첫째로 재산을 보는데 이는 뼈 없는 지렁이 같은 존재라면서 자기가 여자가 된다면 먼저 먹고, 입고 쓰는 것을 남자에게 의존하지 않겠다고 했다. 또한 새 여자들이 '망둥이' 뛰듯이 남의 나라 문명을 마구잡이로 받아들이는데, 자기 같으면 그러지 않고 조선의 사회상태와 윤리도덕, 인정풍속을 이해한 뒤 시대에 순응하여 건전하고 착실하게 조선사회를 위하여 힘을 쏟겠다고 하였다. 이러한 '모범생'다운 고원훈의 여성관은 그가 뒤에 식민지 지배체제에 순응하는 '모범적'인 생활로 이어진다. 고원훈은 1923년 11월 보성전문학교장을 사임하고 이사로 있다가 1924년 8월에 이사진 내부의 분규로 이사직을 그만두었다.

한편 보성법률상업학교 교장으로 있던 고원훈은 1920년 6월 조선체육회 창립에 힘을 기울이며 발기인으로 참가하였고, 7월 13일 조선체육회 창립총회에서 8명의 초대 이사진 가운데 한 사람으로, 14일 이사장으로 선출되었다. 1921년 7월 23일 제2회 정기총회에서 고원훈은 제2대 회장으로 뽑혀 1923년 11월 체육회 주최 전조선축구대회의 부정선수 문제로 체육회 간부가 모두 자리를 내놓을 때까지 2년 4개월 동안 회장직을 맡았다.

그 뒤 고원훈은 조선체육회와 관계없이 총독부 관료의 길을 걸어갔다. 그러나 이 때 체육회장 자리에 있었던 인연으로 고원훈은 훗날 다시 체육계와 관계를 맺게 된다. 1938년 7월 일제 총독부가 조선체육회를 해체하여 총독부 감독 아래 있던 반관반민의 조선체육협회로 흡수통합할 때 고원훈은 합작진행위원으로 참가하여 일제의 의도를 밀어붙이는 역할을 맡았던 것이다. 일제가 1937년 7월 7일 중국을 침략한 뒤 1938년 2월 지원병제를 공포하고, 4월에 황국신민화 교육정책을 강화하고, 5월에 국가총동원법을 이 땅에 실시하였으며, 7월 7일 중일전쟁 1주년을 맞아 '국민정신총력조선연맹'을 만들 즈음의 일이었다. 일제가 조선체육회를 해체하고 조선체육협회로 흡수한 데는 '국민정신총력'을 위하여 체육기관을 일원화하고 통제를 강화하겠다는 의도가 강하게 깔려 있었다. 조선체육협회가 주최하던 모든 전조선종합경기대회는 1938년부터 중지되고 있을 때 축구경기만은 일제의 허용 아래 조선축구협회가 전조선종합축구선수권대회를 열었다. 고원훈은 1938년 8월 초 자리가 비어 있던 이 조선축구협회 회장일을 맡아 해방될 때까지 회장노릇을 하기도 했다. 체육마저도 '내선일체', '황국신민화'할 때 초대 조선체육회장을 맡았던 고원훈이 앞장 서 한몫을 할 수 있었던 것은 그가 살아온 삶의 길과 떨어질 수 없는 관계가 있었다.

총독부 관료의 길로

1923년 11월에 보성전문학교 교장과 조선체육회 회장 자리를 물러난 뒤 고원훈은 1924년 4월에 중추원 참의가 되었다. 중추원 참의는 일제 식민지 지배자들에게 아부하며 살아가던 조선인들에게 최고 영예직이라 할 수 있는 자리였다. 그런데 총독부의 자문기관으로 설치된 중추원 참의는 친일귀족·친일유지들을 식민정책의 동반자로 끌어들이려는 목적으로 만들어진 명예직이었다. 그 자문도 막연하고 형식에 지나지 않는 것이었으며 실권도 없었다. 일찍이 일제의 경부로 식민지 권력의 맛을 보았고 교육자로 전문학교 교장까지 오른 고원훈으로서는 그러한 명예직으로 만족할 수만은 없었다. 그래서 이왕 일제와 타협하고 변절의 길로 들어선 바에야 좀더 실질적인 식민지 관료의 길을 걷기로 작정한 듯하다.

고원훈은 1924년 12월에 중추원 참의를 그만두고 전라남도 참여관이 된 뒤 1926년에 경상북도 참여관, 1929년에 평안남도 참여관을 거쳐 경기도 참여관, 1930년 4월에 평안북도 참여관을 지냈다. 참여관은 도지사의 자문기관이었으나 자문만 담당하는 것에 그치질 않았다. 각 도에는 조선인 참여관을 1명씩 두었는데 이들은 도의 사무관이 맡는 각 도의 부장을 겸임하거나 총독부 아래 각종 위원회 지방위원을 같이 맡았다. 일제시대 도의 행정기구는 도지사 아래 지사관방, 내무부, 경찰부, 산업부가 있었다. 전라남도 참여관으로 있을 때 고원훈은 고광준, 현준호*, 김시중, 이원용과 함께 전남육영회를 만들기도 했다.

1932년 9월 26일에 고원훈은 드디어 전라북도 도지사가 되었다. 도지사는 일제의 깊은 신망을 얻어야만 오를 수 있는 자리였다. 일제시대 조선인으로 도지사까지 오른 사람이 모두 합쳐야 42명에 지나지 않았다는 점에서도 그 지위가 어떠했는지 짐작할 수 있을 것이다. 고원훈이 그러한 도지사가 될 수 있었던 것은 보성전문학교 교장에서 마흔셋에 다시 참여관으로 관료의 길을 걷기 시작하여 7~8년 동안 일제에 충성을 다 바친 결과였다. 『조선공로자명감』에서도 이야기하듯이 교육계에서 전신한 뒤 역량이나 인격에서 조선인 행정관 가운데 뛰어난 빛을 보여 일제의 눈에 들었기 때문이다. 1936년 5월 22일 고원훈은 전라북도 도지사를 휴직하였다.

"일본의 수호신이 되어라"

1930년대 후반에 들어서면서부터는 고원훈도 다른 친일파들과 마찬가지로 더욱 적극적으로 반민족 행위를 벌여 나갔다. 그는 1937년 7월 20일 경성여고보에서 조선총독부가 후원하고 조선교화단체연합회가 주최한 시국강연회에 참여하여 강연을 하였으며, 8월과 9월에는 선만척식 이사로서 제1차 및 제2차 전선순회 시국강연반에 김재환(金在煥), 신현구(申鉉求)와 같이 경북반 강사로 참여하였다. 1937년 일제는 중국침략을 감행한 뒤 시국의 중요성을 강조하고, 일본이 동아시아의 안정세력으로서 지도적 위치를 차지해야 하며, 교전 상대국인 중국을 섣불리 보거나 너무 거대하게 보아서도 안 된다는 점을 인식시킨다는 명목으로 친일 인사들을 강연에 앞장 세우기 시작하였다. 이 강연에서 고원훈은 내선일체와 황도실천을 주장하는 강연을 하면서 일제의 계속적인 조선지배와 중국침략을 정당화하는 데 앞장 섰다. 1938년 7월 경성여자고등보통학교에서는 조선총독부가 후원하고 조선교화단체연합회가 주최하는 시국대책강연회가 열렸는데, 이 자리에서 고원훈은 윤치호*, 차재정(車載貞)과 함께 '일본의 수호신이 되어라'는 내용의 강연을 하였다.

1939년 8월에는 국민정신총동원조선연맹이 주최한 국민정신선양 각 도 강연 행사에 참가하여 한규복(韓奎復), 김사연(金思演), 양주삼(梁注三), 이각종*, 이승우* 들과 함께 전력(戰力)을 증산하는 데 앞장 설 것과 지원병에 응모하라는 강연을 하고 돌아다녔다.

고원훈은 강연회에 강사로 참여하여 일본 '천황'의 충성스런 신민이 돼라고 소리 높여 강연했음은 물론이고 나아가 여러 친일 단체에도 적극 참여하였다. 1938년 6월 22일 부민관에서 열린 국민정신총동원조선연맹 발기인 총회에 발기인으로 참여하였으며, 1940년 10월 16일 이 연맹을 해산하고 만든 국민총력조선연맹에서 이사와 연성부 연성위원, 후생부 후생위원 따위의 직책을 맡았다. 국민총력조선연맹은 중일전쟁이 길어지고 미일관계마저 틈이 벌어지자 전쟁체제를 강화하려고 만든 친일 어용단체였다. 이 단체의 목적은 '국체의 본의에 기(基)하여 내선일체의 실을 거(擧)하고, 각 그 직역(職域)에서 멸사봉공의 성(誠)을 봉(奉)하며, 협심육력(協心戮力)하여 국방·국가 체제를 완성하고, 동아 신질서 건설에 매진할 것을 기한다'는 것이었다.

1941년 8월 24일 조선호텔에서 황국정신의 앙양, 강력한 실천력의 발휘, 시국인식의 철저와 대책 결의, 근로보국 강행을 강령으로 하는 단체를 만들 목적으로 흥아보국단 준비위원회가 결성될 때 고원훈은 그 경과를 보고하고 '출전 장병의 노고에 감사한다'는 강연을 하였다. 흥아보국단에서 그는 상무위원과 경기도 도위원이라는 직책을 맡았다. 흥아보국단은 이보다 앞서 최린*·김동환* 계열이 만든 임전대책협의회에 대응하는 윤치호 계열에서 만든 친일 단체였다. 그 해 9월에 임전대책협의회에서 채권유격대를 거리에 진출시킨 적이 있다. 즉, '총후봉공은 채권으로부터'라는 구호를 내걸고 거리에서 전쟁비를 조달할 목적으로 일제가 내놓았던 1원짜리 꼬마 채권을 팔아 전쟁을 지원하려 했던 것이다. 이에 고원훈은 자신이 비록 임전대책협의회 계열은 아니었지만 황금정대(일본생명 앞)의 일원으로 이 대열에 참여하여 채권을 팔기도 하였다.

흥아보국단이나 임전대책협의회에 묶인 사람들은 계열은 좀 다르지만 황국신민으로 황도정신을 선양하고, 전시체제에서 국민생활을 쇄신하며, 전시하 사상통일에 앞장 서겠다는 친일 인사들로 이루어진 점에서는 크게 다를 바가 없었다. 일제로서도 비슷한 두 단체가 나뉘어 있을 필요가 없다고 판단하였다. 국민정신총력연맹 사무국총장 가와기시(川岸文三郎)가 주선하여 두 단체는 통합을 추진하였다. 그 추진위원장은 윤치호, 부위원장은 최린이었으며, 고원훈은 김동환, 김사연, 김연수*, 민규식, 박흥식*, 신흥우 등과 함께 상무위원으로 통합작업에 참여하였다. 이 과정에서 고원훈은 10월 13일 평양에서는 박흥식과, 10월 18일 춘천에서는 이성환(李晟煥)과 함께 결성 예정에 있던 임전보국단의 사명을 해설하는 강연을 하였다.

1941년 10월 22일 흥아보국단과 임전대책협의회 두 단체가 통합하고 이름을 절충한 조선임전보국단이 결성되었다. 친일 인사 600여 명이 부민관 대강당에 모여 결성대회를 치를 때 고원훈은 좌장으로 뽑혀 사회를 보았으며, 박중양*, 윤치호, 이진호*, 한상룡*이 고문이고 최린이 단장이었던 조선임전보국단에서 고원훈은 부단장을 맡았다. 조선임전보국단의 강령은 황국신민으로서 황도정신을 선양하고 사상통일을 이루며, 전시체제에 부응하여 국민생활의 쇄신을 도모하며, 근로보국의 정신으로 국민 개로(皆勞)의 열매를 맺을 것을 꾀하며, 국가 우선의 정신에 따라 국채를 소화하고, 저축에 힘쓰며, 물자 공출에 앞장서고, 생산의 확충에 힘쓰며, 국방사상을 보급하는 동시에 큰 일이 있을 때 의용 방위에 앞장 선다는 것이었다. 조선임전보국단은 결성 다음날 조선신궁에 참배하여 "우리들은 임전체제 아래서 모든 사심을 떠나 과거에 구애되지 않고 하나하나의 입장에 사로잡힘이 없이, 2400만 민중은 충성을 다하여 국가에 봉사할 것을 이에 선서함"이라는 선서문을 낭독하였다.

해방 직전에 중추원 참의 재임명

고원훈은 이즈음에 창씨개명을 권유하는 강연을 하고 돌아다니면서 자신도 성을 고우모토(高元), 이름을 이세오(勳)로 고쳤다. 뿐만 아니라 1942년 5월 16일에 '징병제 실시와 우리의 장래'라는 징병제 실시 기념 강연을 하며 조선의 청년들을 전쟁터로 내몰기 시작한 이래 학병 모집에도 앞장 섰다. 1943년 1월 7일 조선호텔에서는 학병에 참여할 것을 권유하려고 일본 권세대(勸說隊) 파견절차를 협의하는 모임이 있었는데, 이 자리에도 그는 김연수, 송진우, 이광수*, 최남선* 들과 함께 참여하였으며, 8일 부민관에서 총력조선·경기도·경성부 3연맹 주최로 열린 출진학도장행의 밤 행사에도 참여하여 김성수, 손정규와 더불어 격려사를 하였다. 1943년 11월 6일 중추원에서 중추원 고문과 참의들이 모여서 학도병 독려 강연반을 결성할 때 고원훈은 참의로서 함남반에 끼었다.

고원훈은 동광제사(東光製絲) 사장으로 있으면서 거액의 이윤을 얻은 거부로도 유명했다. 1944년 8월에 고원훈은 그 이윤의 일부를 떼어 김연수 등과 함께 자본금 1000만 원으로 일제의 침략전쟁에 사용할 비행기를 생산하는 조선항공공업회사를 세우고 이사가 되었다.

1945년 2월에는 대화동맹의 심의원이 되었다. 대화동맹은 필승체제를 확립하고 내선일체를 촉진할 것을 목표로 황도공민의 자질을 기르고, 징병·근로·모략방지에 중점을 둔 결전체제를 강화하며, 내선동포의 정신적 단결을 촉진하며, 증산·공출의 책임을 완수하는 역할을 담당하겠다고 설립한 친일 단체였다. 또 그는 그 해 6월 24일 부민관에서 대화동맹의 자매당으로 설립된 대의당의 위원이 되었다. 대의당의 취지서 요지는 '전국은 바야흐로 황국이 흥하느냐 망하느냐를 결정할 위기에 직면하였으니 이 위기를 새로운 계기로 돌리는 데는 국민의 결사적인 결의와 분투가 필요하다. 따라서 우리들 반도 2600만 동포는 황국을 지키는 한 사람으로 몸과 가정에 사로잡힘이 없이 작은 의리를 던져 버리고 오직 충군애국이라는 대의에 살아야 할 것이다'라는 것이었다. 1949년에 나온 『민족정기의 심판』에서는 대의당이 겉으로는 비교적 평화롭게 사회정책 부분의 일을 맡았으나 뒤로는 일제에 항거하고 전쟁을 반대하는 조선 민중 30만 명을 학살하려고 직접적 행동을 취한 폭력 살인단체였다고 규정하고 있다.

1940년에 중추원 참의가 된 고원훈은 해방을 두 달 남겨 둔 6월 6일에 참의로 재임명되었다. 이 때 조선총독부는 임기가 만료된 중추원 참의 33명을 바꾸고 일부 빠진 인원을 채워넣었으며 고문 2명을 발령하였다. 고원훈은 일찍이 1924년 중추원 참의가 되었다가 실질적인 관료의 길을 걸으면서 그 자리를 그만둔 적이 있다. 이제 여러 친일 단체에서 중요한 역할을 맡아 하며 친일에 앞장 섰던 고원훈은 환갑 나이에 다시 일제 식민지시대 조선인으로서는 최고의 영예직이라고 하는 중추원 참의가 되었고 그 영예(?)를 안은 채 해방을 맞았던 것이다. 고원훈은 6·25 때 납북되어 죽은 것으로 알려져 있다.

■ 박준성(구로역사연구소 연구원, 성균관대 강사·한국사)

주요 참고문헌
阿部薫 編,『朝鮮功勞者銘鑑』, 민중시론사, 1935.
대한체육협회,『대한체육회사』, 1965.

박상준
'불가능한 독립' 대신 '행복한 식민지' 택한 확신범

- 朴相駿, 창씨명 朴澤相駿, 1876~?
- 1919년 순천군수. 1939년 중추원 참의, 경학원 대제학
  1943년 조선유도인연합회 회장. 1945년 칙선 귀족원 의원

일제시대 친일파 가운데 많은 사람은 한말 관료(주로는 군수)→총독부 군수→도 참여관→도지사→중추원 참의의 순서로 출세하였으며, 또한 이들은 대체로 일본에 유학한 경험을 가졌으며 한말의 계몽운동과도 직·간접의 연관을 맺고 있었다. 박상준도 이런 부류 가운데 대표적인 사람이었다. 그는 일본 유학생(특히 관서지방 유학생)들이 조직하였던 태극학회(太極學會)의 지회를 조직하여 계몽운동에도 참여하였고, 귀국한 후 군수를 지내다가 위와 같은 전형적인 출세 경로를 따라, 중추원 참의, 경학원 대제학이 되었다. 그리고 일제 말기에는 민족을 전장으로 몰아넣는 한편, 민족을 말살하려던 일제의 식민정책에 스스로 앞장 서는 친일행각을 벌여, 1945년 4월에 일본제국의 칙선 귀족원 의원으로 임명되었던 대표적인 친일파였다.

지방민의 계몽에 앞장 서던 한말의 군수

박상준은 평남 성천 출신이었다. 어릴 때 한학을 공부하다가 1898년에 안주 전보사 견습생으로 출발하여 한말에 한성전보학당에서 수학하고, 금성전보사 주사, 은산전보사 가설위원 등 전보사업업무를 보았다. 1903년 일단 이러한 관

직에서 물러나게 되는데, 그 후 어떤 경로를 통한 것인지는 확실하지 않지만, 1907년에 고향 성천군에 설립된 사립 동명학교의 교감 겸 교사가 되었다.

'국권회복운동'의 일환으로 전개되었던 문화계몽운동은, 국권회복을 위해서는 급격한 정치적인 변혁보다는 교육과 식산흥업을 통한 실력양성을 추진해야 한다는 것이었다. 이 운동은 이 때 전국의 지방으로 확산되면서 각 계몽운동단체들의 지회가 조직되었고, 또한 각지에 근대적인 학교들이 세워지고 있었다. 특히 평안도, 황해도의 관서지방은 그 중심지였다.

박상준은 교육운동에 종사하면서, 한편으로는 1908년 4월에 태극학회의 성천지회를 설치하고 회장이 되었다. 그러나 당시 국내 계몽운동단체를 대표하는 대한협회나 혹은 서북지방 인사들이 만들었던 서북학회의 지회를 마다하고 굳이 일본 유학생들이 조직한 태극학회의 지회를 설치했는지는 확실하지 않다(태극학회의 국내 지회는 전국적으로 성천, 영유, 의주, 동래, 순천, 영흥 등 여섯 군데 정도였다).

박상준 등은 태극학회를 '해외만리에서 독립의 정신으로 4000년 국혼(國魂)을 보지하고 문명한 학술의 연구를 주의로 한 단체'로 인정하고, 학회의 힘의 반사력이 국내에까지 미치어 '봄잠을 곤히 자고 있는 동포들을 깨우고 감동'시키고 있으므로 지회를 설치한다고 하였다. 그러면서 그는 『태극학보』에 글을 기고하기도 하였다. 「우리 산림학자 동포들에게 고한다」(告我山林學者同胞)에서는 유교개혁의 필요성을, 「선각자의 삼소주의(三小注意)」에서는 나라의 진보와 민력의 성장을 위한 선각자의 자존·자중을 강조하였다.

그리고는 1908년 말에 평남 강동군수를 거쳐 1910년에는 평남 순천군수가 되었다. 군수라는 직위는, 당시 많은 군수들이 대한제국의 근대화 사업에 앞장 서서 교육을 장려하고 식산흥업을 발달시키고자 하였던 사정에서도 잘 드러나듯이 계몽운동을 행하기에는 더 없이 좋은 자리였다. 훗날 총독부의 군수가 되었던 박승봉(朴勝鳳), 주우(朱瑀)와 같은 사람도 이 당시에는 계몽운동에 앞장 서고 있어 주위로부터 칭송을 받고 있었을 정도였다.

조선의 독립 불가능 역설

'합방' 이후에도 박상준은 순천군수를 그대로 하였다. 일제가 조선인을 상대로 한 식민통치의 직접적 담당자로 조선사람을 대거 군수로 내세워 이들을 이용하고 있었던 정책의 산물이었던 것이다. 그는 다시 1917년에 평남 평원군수로 자리를 옮겼다가 1919년 11월에 순천군수가 되었다.

그가 다시 순천군수로 되었을 당시는 3·1 운동으로 민심이 흉흉하던 때였다. 그는 이 때 아주 과감하게 3·1 운동은 무모한 짓이며 조선의 독립은 불가능하다고 역설하였다(「민심의 綏撫善導에 관하여」, 『齊藤實文書』). 당시 친일파를 대표하고 있었던 이완용*, 민원식* 등이 주장하고 있었던 논지와 동일한 것이었다.

그의 논지는 조선은 독립할 수 있는 정신이나 실력이 없다는 것이었다. "무릇 동서 고금에 각기 종족의 번영과 국가의 독립을 바라는 것은 인류의 공통된 욕망이다. 그러나 일국의 독립은 반드시 독립의 요소가 되는 상당한 영토, 인구, 국민의 정신, 실력이 완비된 후에 될 것인데, 영토, 인구는 있으나 국민의 정신과 실력이 따르지 못한 공리공상만으로 이 욕망을 달성하기는 불가능함은 역사가 증명하는 바"라고 하면서, 이를 다음과 같은 세 가지 측면에서 거론하였다.

첫째, 역사적으로 보더라도 조선은 중국에 사대하여 조선의 정신과 실력은 문약(文弱)함의 폐해로 흘러 거의 마비되어 있다고 주장했다. 청일전쟁 이후 일본의 힘으로 시모노세키(下關)조약을 통하여 비로소 독립을 획득하였으나, 조선인은 소수의 지식계급을 제외하고는 독립이 무엇인지 느끼는 자가 없었고, 방관자의 태도처럼 냉담했다는 것이다. 혹시 타력으로 독립을 얻을 수 있다고 생각할 수도 있으나, 이는 '자력으로 일어서는 것이 불가능한 강보의 어린아이를 어른의 양손으로 두 다리를 붙들어 세우게 하였으나 어른이 손을 놓으면 어린아이는 쓰러져 코나 입을 다쳐 비명을 지르는 것'과 같다고 하였다. 3·1 운동을 통해 자력으로든지 혹은 외국의 힘에 의해서 만일 독립이 된다 할지라도 이를 유지할 수 있는 실력이 없다는 것이다.

둘째, 민족자결주의란 패전국이 된 동맹측에 한하여 적용되는 것이지 전승국인 연합국에까지 적용할 이유가 없다고 하였다. 일본의 문제를 국제열강이 거론하는 것은 내정간섭으로, 식민지를 가지고 있는 미국이나 영국이 그렇게 할 리 없다는 것이었다. 오히려 당시 우려해야 할 것은 세계열강이 가진 인종적 편견이라고 하였다. 이 문제는 국가문제보다 심각한 것으로, 백인이 이색인종을 정복 또는 구축하고자 하는 야욕에서 나온 은폐(실은 노골적)에 대하여 우리 동양인은 서로 경계하고 일치단결하여 전속력으로 대항책을 연구해야 한다고 주장하였다. 그는 '이미 서세동점의 가공함을 통찰하고 대동단결을 주장'하였던 '대동합방론'(大東合邦論)을 거론할 정도였다.

셋째, '합방' 이후 조선이 문명화되었다고 하였다. 그는 일본의 침략을 '동양대국의 평화를 확보하며 우리의 생명과 재산을 안전케 하려 하시는 성의에 의하여 단행된 것'으로 이해하고, 총독 정치 이래 '10년 조선 개발을 위하여 역대 당국이 기울였던 고심은 실로 참담'할 정도였다고 하면서, 교육, 교통, 산업, 위생 등 개량·발달된 점을 강조하였으며, 특히 연좌법이 폐지되고, 평양시내에 수백 채의 이층집이 들어서고, 농민들에 대한 가렴주구가 제거되지 않았느냐고 주창하였다.

나아가 그는 당시 총독 사이토(齊藤實)의 이른바 문화정치에서 주장되던 '민의창달'을 강조하고, '지방민이 취할 유일한 길은 깊이 당국을 신뢰하고 각자 안정되게 직업에 정진함이 옳을 것이고, 혹 불평이 있다면 온건한 방법으로 나를 소개하여 거리낌없이 개진할 것'을 권고하였다. 이것은 '태산을 메워 바다를 건너는 것보다 더 어려운 용고기(龍肉)를 바라다가 시간을 낭비하는 가공적 몽상보다는 몇 십 전의 적은 돈으로 쉽게 돼지고기를 구입하여 당장에 배불리 먹을 수 있는 실제의 이익을 취해야 한다'는 주장이었다. 다시 말해 식민지배를 인정하고 순응하는 '배부른 돼지'가 되어야 한다는 것이었다. 그는 이 말을 '동포를 사랑하는 충심·성의로서 말한 것'이라고 할 정도의 사람이었다.

이와 같은 '조선 독립 불가능'에 대한 확신과 '식민지배가 더 행복하다'는 명확한 친일의 논리 덕분인지 박상준은 그 후 총독부 관료로 날로 출세가도를 달렸다. 평남 참여관(1921), 강원도 지사(1926), 함경북도 지사(1927), 황해도 지사(1928)를 거쳐 드디어 1939년에는 조선총독부 중추원 참의, 경학원 대제학이 되었다.

경학원 대제학으로 유림의 친일화 주도

일본의 침략전쟁이 진행되면서, 그는 자신의 '사회적 지위'에 어울리는 친일행각을 벌였다. 그의 친일행각은 누구에 의해서 강요되었다기보다는 그 전의 행적으로 보아 자진해서 열성적으로 행한 것이었다.

1937년 8월 시국강연반이 조직되면서 9월에 '조선 명사 59명'의 일원으로 제2회 각 도 파견 시국강연에서 경남지역을 담당하였고, 또한 1939년 8월 국민정신총동원조선연맹에서 전국적으로 국민정신선양에 관한 순회강연을 열자, 장덕수*, 이숙종, 한규복 등과 함께 참여하여, 시국 진전에 대한 인식과 결심 총동원운동, 백억저축 생활쇄신에 관한 문제 등을 선전하였다.

그리고 1940년 10월에는 '내선일체의 철저, 황국신민화(이른바 신도의 실천), 지역봉공에 의한 고도 국방국가 체제의 확립'을 주창한 국민총력조선연맹의 평의원 및 이사를 지냈으며, 1941년 8월에는 윤치호*, 고원훈*, 박흥식*, 김연수* 등 50여 명이 발기한 흥아보국단 준비위원회에 경기도 대표(윤치호, 한상룡*, 김성수, 유억겸*, 유만겸* 등과 함께)로 참여하였다. 그리고 그 해 9월에는 임전대책협의회에서 주관한 '총후봉공은 채권으로부터'라는 구호를 실천하기 위해 채권판매대원이 되었다. 1942년 5월에는 징병제 실시기념 대강연회에 한상룡, 고원훈 등과 함께 참여하여 '징병제 실시와 그 준비'라는 강연을 통하여 많은 젊은이들을 전장으로 몰아냈으며, 조선임전보국단에도 참여하여 감사로 활동하였다.

또한 경학원 대제학의 자격으로 유림의 친일화를 주도하였다. 1941년 12월 17일 유림의 전승기원제(戰勝祈願祭)의 회장이 되어, "우리 반도 200만 유림은 대동단결하여, 대미영(對美英) 선전포고에 관한 칙소의 어성지(御聖旨)를 봉대(奉戴)하고, 결사보국 모든 힘을 국가에 바치어 총후(銃後) 국민의 책무를 완수하기를 기함"이라는 선서문을 결의하였다. 1943년에는 조선유도인연합회 회장으로도 활약하면서 친일행각을 했다.

이런 명확한 친일의 공로로 그는 1945년 4월 3일 칙선 귀족원 의원으로 선임되었다. 1944년 12월의 '외지동포에 대한 처우 개선'이라는 일왕의 조칙에 의한 것이었는데, 이것이 신문에 발표된 후 박상준은 '처우개선과 우리의 각오'를 맹세하였고, 총궐기 전선대회를 개최하여 '성은'에 감사하는 자신의 결의도 표명하였으며, 윤치호, 이성근, 김명준 등이 감사사절단으로 파견되기도 하였다. 그리고 1945년 3월 25일에 귀족원·중의원의 법령이 일부 개정되면서 조선인은 7명의 칙선 귀족원 의원과 23명의 중의원 의원이 일본 국회에 갈 수 있게 되었고, 드디어 박상준은 윤치호, 김명준, 박중양*, 송종헌, 이기용, 한상룡 등과 더불어 귀족원 의원으로 선임되었던 것이다.

■ **김도형**(계명대 교수·한국사)

주요 참고문헌

朴相駿, 「告我山林學者同胞」, 『太極學報』 15, 1907.
_____, 「先學者의 三小主義」, 『太極學報』 26, 1908.
『齊藤實文書』.

석진형

- 石鎭衡, 1877~1946
- 1921년 전라남도 참여관. 1926년 전라남도 지사
  1929년 동양척식주식회사 감사역

일제의 식민지 입법조사에 협력

본관이 충주이며 호를 반아(槃阿)라 한 석진형은 경기도 광주 출신이다.
 독학하다가 1899년 22세에 일본 유학을 떠나 고학으로 도쿄의 화불(和佛)법률학교(지금의 법정대학 전신)에 입학하여 3년 간 수업하고 1902년 7월에 졸업하였다.
 그 뒤 귀국하여 1904년 12월에 군부 군법국 주사로 기용되어 관직에 나가기 시작했다. 또한 석진형은 1905년 4월에 개교한 보성전문학교의 법과 강사로 임명되어 법률학을 강의하기도 하였으며, 그 해 7월 25일에는 법부 법률기초위원으로 임명되었다(1906년 사임). 그리고 당시 이토 히로부미(伊藤博文)의 법률고문으로 식민지 입법조사사업을 진두 지휘하던 도쿄대학 민법교수 우메 게지로(梅謙次郎)의 통역을 맡았다.
 조선 정부는 갑오개혁을 계기로 1895년 3월에 중인 자제들을 관비로 일본에 보내 법률학 공부를 하도록 하였으며 1895년 4월에는 조선 최초의 법학전문 교육기관인 법관양성소를 개설(1909년 사법권 위탁에 관한 을유각서가 성립되어 법부가 폐지되면서 법학교로 개칭)한 바 있는데, 석진형은 1905년 12

경복궁 안에 새청사를 짓기 전까지 사용한 남산 조선총독부 청사. 석진형은 조선총독부의 눈에 띄어 관료로서 유능한(?) 능력을 발휘하였다.

월 13일에 법관양성소 교관으로 임명되어 채권법과 평시(平時)국제공법 과목을 담당하였다. 그리고 정부에서 주도한 개정 『형법대전』 편찬사업에 참여하였다. 1905년 12월 변호사시험위원으로, 1906년 6월 내부 참사관으로 임명되었으며 이어 7월에 의정부 부동산법조사위원회 위원으로 피선되었다(1906년 10월 해임).

한편 석진형은 1907년 11월에 김윤식*과 유길준(兪吉濬)이 제휴하여 의무교육제도 실행을 목적으로 흥사단(興士團)이라는 계몽단체를 조직하였을 때 평의원으로 참가하였다.

1912년 12월까지 보성전문학교 강사로 재임하다가 1913년에는 방향을 전환하여 공칭자본 30만 원으로 충청남도 예산에 설립된 호서은행의 취체역이 되었다. 이 은행은 예산지방의 대지주 자본에 의하여 설립된 지방은행이었다. 그 뒤 1920년에는 공칭자본 100만 원으로 설립된 조선제사주식회사와 대동상회에 주주 및 취체역으로 참여하였다. 그리고 경성상업회의소 특별위원으로 재직하면서 주로 조선인 기업체 설립에 관여하였다.

그의 이러한 활약이 총독부의 눈에 띄게 되어 관리로 뽑혀 1921년 전라남도청 참여관으로 부임하였다.

참여관으로 재직할 당시 석진형은 그곳의 민간인을 상대로 공립보통학교에서 일본의 기술과 문화를 선전하는 강연을 열었으며, 활동사진 영사기까지 동원하여 총독부 정책과 일본의 발전을 선전하는 등 조선인의 항일의식을 무마시키고 일제 통치를 인정하도록 유도하는 지방교화활동에 힘썼다.

3·1 운동 이후 사회 각계각층에서는 일제의 식민지교육 행정을 맹렬하게 비난하면서 교육제도에 대한 근본적인 개혁을 요구하는 한편, 민족 스스로 교육을 주도해 나가고자 각종 단체를 조직하여 자발적인 교육활동을 전개해 나가고 있었다. 그러자 당시 총독부는 민중의 불만을 무마하려는 술책으로, 여론을 수렴하여 이를 기초로 교육개혁을 추진할 것이라는 선전을 시작하였다. 그러면서 총독부는 1921년 초에 임시교육조사위원회를 구성하고 5월에 위원회를 개최하여 교육문제를 토론하였다. 당시 총독부 발표에 따르면 교육조사위원회는 일본과 조선에서 교육에 경험이 있는 비교적 다수의 명사들을 촉탁으로 위촉하여 구성했다고 하였는데, 총 30명의 위원 중 일본인은 어용학자 및 총독부 관헌이었으며 조선인 위원으로는 친일파 후작 이완용*과 보성법률상업학교 교장 고원훈*, 그리고 당시 전라남도 참여관 석진형 등 3명이 선정되었다. 이들이 위원으로 선정될 수 있었던 이유는 총독부 안(案)에 절대적으로 맹종할 수 있는 자들이라는 총독부의 신임 때문인 것으로 보인다.

당시 고원훈은 조선인들의 가장 큰 요구였던, 교수용어로 일어를 사용하는 것을 폐지하고 조선어를 사용하도록 하자는 안을 위원회에 제출하였다고 한다. 위원회 의사규칙에 의하면 발의자가 있다 하더라도 1인 이상의 찬성자가 있어야만 그 발의가 의안으로 성립되며, 만일 의안이 성립되지 않으면 토론에 들어갈 수도 없도록 규정되어 있었다. 고원훈의 발의에 대하여 이완용은 즉각 반대 의사를 분명히 하였다. 그리고 석진형은 침묵으로 일관함으로써 당대 조선인들의 중요 관심사였던 문제는 결국 의안으로도 성립되지 못하였다.

일왕 히로히토의 대관식 참여

1924년에는 충청남도 지사로 임명되었다가 1926년에 전라남도 지사로 전임하여 그 해 있었던 일왕 히로히토(裕仁)의 쇼와(昭和) 대관식에 참석하였다.

1929년 그는 관료생활을 청산하고 사표를 낸 후 동양척식주식회사로 들어가 감사역을 역임하였다.

『조선시정15년사』(朝鮮施政十五年史)에서는 석진형을 "웅변에 능하고 활동적인 정력가이며 술 담배도 않고 신지식과 신사조에 관심을 두는 인물"이라고 평해 놓고 있다. 대체로 그는 일제의 식민통치를 방관하면서 총독부의 행정관료로서 유능한(?) 능력을 발휘한 인물로 보인다.

그는 1936년에 설립된 요식업체인 천향원(天香園)의 취체역을, 또한 1937년에 설립된 양조업 회사인 북선주조주식회사 사장을 역임하였다.

석진형은 법률을 전공하고 교수한 자이므로 법에 관한 지식은 그 누구에게도 뒤지지 않았을 것이다. 따라서 식민통치하에서도 기업을 설립하고 운영할 수 있었다고 보인다. 즉, 그는 민족문제와 정치문제에는 침묵으로 일관하고 총독통치체제를 잘 이용하면서 자신의 안일과 이익을 추구한 인물이었다고 평가할 수 있겠다. 일제가 중일전쟁 당시 조선의 자원과 인력을 동원하고자 친일파를 긁어모아 반민족행위를 강요하였을 때 그가 적극적으로 부일행위를 하였다는 기록은 찾기 힘들다. 석진형이 적어도 자신의 양심이 파렴치한 반민족 행위에 동원되는 것만은 용납하지 않았던 것인지, 아니면 식민지 통치하에서 그의 사회적 역량이 다하여 일제가 그를 활용할 가치가 떨어져 버린 것인지는 분명치 않다.

해방되자 그는 강원도 가곡에 있는 농장에서 지내다 이듬해 사망하였다.

■ 이명화(독립기념관 한국독립운동사연구소 연구원)

주요 참고문헌

石鎭衡, 「埃及國의 混合裁判制度」, 『少年韓半島』 4호(2-2), 1907. 2.
_____, 「國際公法에 對한 世人의 誤解及研究의 必要」, 『少年韓半島』 6호(2-4), 1907. 4.
_____, 「講和後의 朝鮮經濟問題」, 『半島試論』 22호(3-1), 1919. 1.

김대우
「황국신민의 서사」 입안자

- 金大羽, 1900~?
- 1928년 평북 박천군수. 1936년 총독부 사회교육과장 1940년 경남 참여관 겸 산업부장. 1945년 경북 지사

총독부 학무국 사회교육과장으로 있으면서 수많은 인사들을 이른바 시국강연에 동원하였고 일제 말기에는 「황국신민의 서사」 제정을 입안·계획한 것으로 알려지고 있는 일제의 충신 김대우! 그는 일제 당국으로부터 능력을 인정받은 충성스러운 친일관료였다.

3·1 운동 참여 후 친일관료로 변신

사실 일제의 식민지 관료사회에서 조선인이 인정받기는 여간 쉽지 않은 일이었다. 당시에는 중앙이나 지방 할 것 없이 기관의 장이나 중요 요직은 일본인이 독점하였으므로, 조선인이 일제의 관료로 승진·출세하는 일은 낙타가 바늘구멍으로 들어가는 것만큼이나 어려운 일이었다. 일제시대 관료로 출세하기가 얼마나 어려운가는 일제 식민지 전기간 동안 조선인 국장이 단 두 명밖에 없었다는 사실에서도 알 수 있다. 당시 같은 관료라 하더라도 조선인 관료들은 박봉에 시달렸고, 일본인에 비해 보직·승진·보수 면에서 심한 차별대우를 받았다.

그러나 김대우는 이처럼 출세하기 어려운 일제의 관료사회 속에서도 남다

른 재주와 일제에 대한 충성심을 유감없이 발휘하여 높은 자리까지 올라간 손꼽히는 친일관료 가운데 한 사람이었다.

친일관료들은 일제의 식민정치, 총독정치를 실제로 계획하고 실행하기 위하여 일제의 의도대로 조선 민중을 무마·회유·탄압하는 데 앞장 섰다. 친일관료는 일본 국왕의 관료로서 같은 민족을 직접 상대하면서 지배하고 통치하였다. 따라서 친일관료야말로 일제 식민지배의 주구이자 선봉이었다.

친일관료는 시기와 내용에 따라 여러 부류로 나눌 수 있는데, 김대우의 경우는 대학 또는 전문학교를 마치고 일제의 하급관료로 출발하여 출세한 친일관료들의 부류에 속한다. 대학을 나와 친일관료로 나아간 김대우는 학력 위주의 일제시대에 비교적 빠른 속도로 승진했고 마침내 일제의 눈에 들어 도지사까지 올라갔다.

김대우는 평안남도 강동군 출신으로 경성고등보통학교를 나와 경성공업전문학교(훗날 경성공업고등학교로 바뀜. 서울대 공과대학의 전신) 광산학과에 들어갔다. 전문학교 2학년 때인 1919년 3·1 운동이 일어나자 김대우는 같은 학교 학생인 주종의, 유만종, 박창배, 박동진 등과 함께 3월 1일 오후 2시, 파고다 공원에서 학생들이 주최한 독립선언식에 참여하여 시위를 벌였다. 그러나 일제 경찰에 체포되어 1919년 11월 6일 경성지법에서 7개월의 징역형을 언도받고 옥살이를 했다.

그런데 감옥에서 나온 그는 일제의 회유와 협박에 넘어가기도 했겠지만, 스스로 일제와 타협하여 출세를 도모하고자 친일의 길을 걸었다. 규슈(九州) 제대 공학부에 입학하였다가 1925년 졸업과 함께 변신하여 친일관료가 된 것이었다.

「황국신민의 서사」 제정 입안

김대우는 대학 출신이면서도 말단에서부터 관료생활을 시작했다. 즉, 대학 졸업 뒤 바로 총독부 임야조사위원회 서기 겸 총독부속(屬)으로 임명되었다. 그러나 일제로부터 능력을 인정받아 관료생활이 얼마 되지 않은 1928년에 평안북도 박천군수, 1930년에 도 이사관(평안북도 내무부 산업과장) 등으로 승

'황국신민 서사탑'. 김대우는 일왕에게 충성을 맹세한다는 내용의 '황국신민의 서사(誓詞)'를 만들어, 각 직장과 학교, 단체에서 매일 아침 봉창하도록 하였다.

진을 거듭하기 시작했다. 이러한 승승장구는 곧 고시 출신들을 앞지르는 데 까지 이르러, 그는 총독부 사무관으로 승진, 1936년 10월에 요직이라 할 수 있는 학무국 사회교육과장으로 발탁되어 3년 간 재임했다. 이 때는 중일전쟁이 일어난 뒤여서 일제의 황국신민화 정책이 노골화되고 있을 때였다. 이러한 정황 속에서 총독부 학무국은 이른바 교학쇄신과 국민정신 함양을 명목으로 황국신민화 교육을 집행·시행하는 최고 부서로서의 역할을 유감없이 발휘하고 있었다. 김대우는 바로 이 당시 총독부 학무국 사회교육과장으로 있으면서 온갖 수완을 부려 친일 능력을 과시한 것이다. 더욱이 1937년 10월경 그는 일제가 온 국민으로 하여금 외우고 부르도록 한 「황국신민의 서사」를 제정하는 계획을 입안한 것으로 알려지고 있다.

일제의 눈에 든 김대우는 1939년 봄, 경찰관료 출신으로 두각을 나타내고 있던 이원보(李源甫)와 자리를 바꿔 전남도 참여관 겸 내무부장으로 승진하게 되는데, 금융조합연합회 전라남도 감리관, 전라남도 방공위원회 위원 등도 겸임하였다. 1940년 9월에는 경남도 참여관 겸 산업부장으로 자리를 옮겼으며,

1943년 8월 전북지사로 승진하였다. 조선인 가운데 처음으로 1923년 고등문관 시험에 합격하여 출세를 거듭한 이창근(李昌根)이 도지사로 승진한 것이 1942년 10월이었으니, 김대우가 얼마나 일제 당국의 총애를 받고 있었는지는 충분히 짐작할 만하다.

이어 일제가 항복하기 직전인 1945년 6월에는 이창근의 후임으로 경북지사로 자리를 옮기게 되는데, 당시 학무국장으로 뽑힐 것이라는 얘기가 나돌았다고도 한다.

이 밖에도 그는 1939년 5월부터 1940년 9월까지 광주사상보호관찰심사회 예비위원을 지냈고 전북도지사로 있던 1944년 9월부터는 조선근로동원원호회 지부장을 맡아 노무동원을 감독·지도하였다. 이와 함께 총독부 중앙정보위원회 간사로 활동하기도 했다.

김대우가 이처럼 친일관료로 출세할 수 있었던 것은 철저히 일제의 눈에 들었기 때문이었다. 김대우는 허우대도 크고 풍채도 당당했으며 언변도 뛰어났다. 또 도지사급의 관료들 가운데서는 드물게 영어 회화도 꽤나 잘해서 여러 모로 주목을 받았다. 총독부의 신임도 워낙 두터워 창씨개명을 하지 않고도 도지사로서 큰소리를 칠 수 있을 정도였다.

식민지 말기의 총독부 사정을 잘 알고 있던 모리타(森田芳夫)도 1964년에 펴낸 자신의 저서 『조선 종전의 기록』(朝鮮終戰の記錄)에서 김대우가 해방 당시 조선인 도지사 가운데 가장 실천력이 있는 인물로 평가받았다고 지적했다. 김대우의 대학 후배이며 모교인 경성공업고등학교 교수를 지냈던 안동혁(安東赫) 씨는 그를 '대단히 의지가 강하면서도 세파(世波)에 연달(練達)한 사람'이라고 평가했다.

그러나 김대우가 일제로부터 실천력 있는 인물로 평가받았다는 사실이 단순히 행정 추진력이 뛰어나다는 것을 의미하지는 않는다. 조선인 관료를 평가하는 가장 큰 기준은 일제에 대한 충성도에 달려 있었다. 일제 총독부의 입장에서는 자신들의 명령을 철저히 수행하고 일제를 위해서라면 무엇이든지 할 수 있는 관료가 가장 능력있는 관료로 간주되었을 것이다.

또한 김대우가 파격적으로 출세한 배경에는 일제가 조선인 관료들에게 서로 경쟁심을 유발시켜 자신들의 식민지 정책을 효과적으로 수행하려는 의도가 숨어 있었던 것으로 보인다. 일본을 비롯한 제국주의 국가들은 어느 경우에나 식민지 국가 내부의 분열을 이용하여 식민지를 통치하는 법인데, 조선에서는 그 정도가 더욱 심했다. 친일관료들은 일제에 대한 자신의 충성을 내보이기 위하여 민중들을 탄압하고 다루는 능력을 과시해야만 했던 것이다.

일본의 항복선언에 하염없이 눈물 흘려

일제 식민지 지배 아래서 출세를 계속해 온 김대우는 1945년 8월 15일 조선이 해방되자, 그야말로 어찌할 바를 몰라 당황해 하였다. 일제의 지배가 영원할 걸로 믿고 있었던 그는 충성스러운 친일관료답게 평소 주위 사람들에게 2차 세계대전에서 일본이 반드시 이긴다고 장담하곤 했다. 일제가 패망한 후 누군가가 그 장담이 어떻게 된 거냐고 묻자, "그 말은 인간 김대우가 한 말이 아니고 도지사 김대우가 한 소리"라고 얼버무렸다는 웃지 못할 이야기도 전해진다.

아무튼 해방은 조선인 관리로는 최고 지위에 올라 있던 김대우에게 새로운 고난을 예고해 주고 있었다. 일제하에서 총독부 관료를 지낸 자들 가운데 90퍼센트가 해방 직후 직장을 이탈하고 있는 상황이었다.

이러한 상황에서 1945년 9월 8일 남한에 들어온 미군은 맥아더 사령부의 포고문 제1호에 근거하여 일제 총독부의 기능을 그대로 인수하면서 일본인 관리와 친일 조선인 관리를 그대로 눌러 앉혔다. 이에 따라 김대우는 해방된 뒤에도 그대로 경북도지사로서의 임무를 수행하였다.

친일파들이 대부분 그러했겠지만, 해방을 맞이한 김대우는 정말 일본 '천황'의 충성스러운 신민으로서의 자세를 조금도 흩트리지 않으면서, 일제도 알아주는 친일관료의 의연한(?) 모습을 유감없이 발휘하였다.

김대우는 1945년 8월 14일 한밤중에 내무부장 구라시마(倉島至)로부터 일제의 패망에 관한 정보를 들었다. 구라시마는 이 정보를 『대구일일신문』 사장 가와이(河井戸四雄)로부터 입수했다. 구라시마의 얘기를 들은 김대우는 짐작하고 있었는지 겉으로는 크게 놀라지 않았다. 그는 구라시마에게 다음날인 15일 이른 아침 이른바 '월요 연성일'에 도청의 모든 직원들을 집합시키도록 지시하였다. 이 자리에서 김대우는 내무부장과 함께 일제의 패망 소식을 공식적으로 발표하고 직원들과 함께 신사참배를 엄숙히 행했다. 그리고 정식 발표가 있을 때까지 종전 이후의 대책을 세우지 않기로 했다.

김대우는 곧 정오 라디오 방송을 통해 일본 국왕의 항복선언을 정식으로 듣게 되었다. 이 때 그는 일왕의 항복 소식을 엄숙한 자세로 들으면서 하염없이 눈물을 흘렸다. 일제의 식민지 지배가 영원할 줄 알았던 김대우에게 일본의 패망 소식은 가슴을 무척이나 아프게 했던 것이다. 김대우는 곧이어 모든 도청 직원들을 모아 놓고 마지막 훈시를 했는데 여전히 '천황'의 관료로서의 자세를 흩트리지 않았다. 그는 훈시에서 "조선의 참된 독립은 매우 어렵다. 오늘 이후 일본과 조선은 손을 맞잡고 동양은 단결하여 나가지 않으면 안 된다"고 하였다. 그는 친일관료답게 일제의 패망을 알리는 '천황'의 항복방송이 흘러나오는 이날까지도 일제가 조선을 식민지화한 논리, 곧 대동아공영론을 주장했던 것이다. 이 때 김대우의 훈시를 들은 어떤 친일 조선인 군수는 "일본의 패전을 억울하게 생각한다. 군수를 그만두고 시골로 내려가고 싶다"고 말하기도 했다.

8·15 직후 총독부의 협상사절로 막후 교섭

그런데 1945년 8월 15일 오후 김대우는 총독 아베(阿部信行)로부터 당장 서울로 올라오라는 명령을 전화로 받았다. 다음날 비행기로 서울에 도착한 그는 정무총감 엔도(遠藤隆作)로부터 조선인 지도자들에게 행정권을 넘겨 주는 막후 교섭을 벌일 것을 명령 받았다. 이에 관한 자세한 내용은 아직 밝혀지지 않았지만, 김대우는 여운형, 송진우, 안재홍 세 사람의 합작을 바탕으로 나머지 명망가 몇 사람을 끌어모으려는 생각을 갖고 있었다고 한다. 당시 총독부는 여운형과는 타협이 되었으나 송진우와는 협상이 뜻대로 되지 않자 김대우를 협상사절로 동원했던 것이다. 여기에서도 일제 총독부가 그를 얼마나 신뢰하고 있었는지를 알 수 있다.

김대우는 엔도 총감으로부터 앞뒤 사정을 듣고 송진우와의 협상에 나섰으나, 끝내 실패하고 말았다. 또 김대우가 협상의 성사를 위해 열심히 뛰어다니는 사이에 일제 당국은 이전의 태도를 바꾸어 미군 점령 때까지 계속 행정권을 장악하겠다는 방침을 정했다. 이를 알게 된 그는 영주·영덕 군청이 분노한 민중들의 습격을 받는 등 경북 도내의 치안 상황이 점점 어려워진다는 이유로 22일 대구로 내려왔다.

당시 경북 도내의 상황은 숨가쁘게 전개되고 있었다. 미군정의 명령에 따라 10월 13일에는 모든 일본인 관리를 사퇴시키고 조선인으로 그 자리를 메우는 대대적인 인사이동이 단행되었다. 주로 경상북도의 부장 및 과장과 군수를 조선인으로 교체시킨 이 인사이동은 그 때까지 여전히 경북지사로 있던 김대우가 주도했다. 그는 이 때 일본인 대신 일제하에서 친일을 했던 조선인 관리를 등용하는 방식으로 인사이동을 단행했다. 이에 많은 사람들이 분개했음은 두말 할 필요도 없겠다. 신문에서도 양심적이고 때묻지 않은 민간인들의 등용을 촉구하고 나섰다. 그러나 김대우는 많은 민간인을 임용하려 하였으나 여러 가지 사정 때문에 발표하지 못해 유감이지만 비어 있는 자리가 아직도 많으니 신망 있는 인물이 발견되는 대로 등용하겠다는 변명을 늘어 놓았을 뿐이다.

이 때까지도 경북지사로 그대로 있던 김대우는 10월 18일 미군정으로부터 경북도지사에서 정식으로 파면한다는 사령장을 받고 해임되었다. 10월 들어 미군이 남한 전역을 장악하고 점령정책을 본격적으로 실시하면서, 미군정은 10월 19일자로 크로넬 E. A. 헨 대령을 경북도지사에 임명하였다. 김대우는 도지사에서 물러나고 미국인 도지사의 고문으로 임명되었다. 그러나 얼마 되지 않아 도쿄의 맥아더 사령부로부터 일제시기에 도지사 또는 중추원 참의를 지낸 친일파들은 공직으로부터 추방하라는 명령이 정식으로 떨어지자, 김대우는 관직에서 물러나 완전히 '보통사람'이 되었다.

'해방이 낳은 문제아'

김대우는 일제시기 관료생활에 대한 미련을 떨쳐 버릴 수가 없었다. 해방 당시 45세였던 그는 영어회화도 수준급이어서 미군정에서 다시 등용될 가능성이 있다고 생각하고 있었던 것 같다. 미군 도지사가 취임한 다음날 아침 갑자기 도청에 출근하여, 나는 파면된 것이 아니고 아직 도지사라고 주장하여 큰 소동을 일으켰다. 그는 "모든 조선인 관리는 현업에 충실하라"고 한 아놀드 군정장관의 메시지를 증거로 내세웠다. 즉, 지난 10월 18일 서울에서 아놀드 장관과 회견하여 아무쪼록 도정에 적극 노력하라는 말을 듣고 왔는데, 내가 서울에 있는 동안에 갑작스레 헨 대령이 취임한 것이라고 주장했다. 또한 그는 그날 아침에 헨 대령과 만나 서로 힘을 도와서 일하자고 말했다고 덧붙이기도 했다.

김대우의 이러한 뻔뻔스러운 행동은 많은 경북도민들의 냉소를 자아냈다. 도민들은 죽은 사람이 다시 살아온다면 얼마나 반가울까만은 파면된 지사가 옛날 의자로 다시 찾아왔으니 이게 대체 무슨 일이냐며 비아냥거렸다. 갑자기 경북지사가 두 명이 된 상황에서 당시 대구의 『영남일보』는 「누가 진실인가 알지 못할 지사 1명」이라는 제목으로 김대우 소동을 일종의 넌센스 사건으로 다루었다.

김대우는 이제 '해방이 낳은 문제아'로 신문에 이름 석 자를 올려 놓게 되었다. 사태는 여기서 끝나지 않았다. 대구 공소원(控訴院) 검사국에서는 김대우를 공금횡령 혐의로 입건하고 호출령을 내렸다. 1946년 1월 31일, 신문에 처음 보도된 사건의 내용은 김대우가 경북도지사라는 자리를 이용하여 해방 후 거액의 공금을 불법적으로 써 버렸다는 것이었다. 조사 결과 그는 공금 20만 원을 국제회관 주인 주경진(朱鏡鎭)에게 준 것을 비롯하여 약 50만 원이라는 거액을 자기 마음대로 사용했던 것으로 드러났다. 김대우의 공금횡령사건은 그 규모 때문에 더욱 비화되었다. 1월 25일 서울의 특별검찰청 직원이 대구에 내려와 사건 내용을 조사하고 관계서류를 모두 특별검찰청으로 발송하였다.

사건이 점차 확대되자, 김대우는 서울에 올라가 몰래 숨어 지내면서 검찰의 호출 요구에 응하지 않았다. 대신 당시 마포경찰서장으로 있던 자신의 동생 김호우(金虎羽)를 검찰청에 출두시켰으나 검찰은 본인이 아니라는 이유로 돌려보냈다. 김호우는 1938년 평양 선교경찰서 위생과장을 거친 친일 경찰 출신으로 훗날 치안국 수사지도과장, 동대문경찰서장을 지냈다.

당시 김대우가 계속 숨어 다니면서 모습을 나타내지 않자 갖가지 소문이 나돌았다. 서울 검찰당국에서 수감하였다는 얘기서부터 일본으로 도망갔다는 등 여러 가지 소문이 항간에 떠돌았다. 그러다가 신문에서는 김대우가 사건을 모면하기 위해 38선을 넘어 북쪽으로 도망갔다는 얘기를 보도하였다. 그러나 그는 고향인 이북으로 넘어가지 않고 대구에서 숨어살다가 1949년 가을, 반민특위에 친일파로 체포되어 재판에 회부되었다. 그러나 그는 공판에서 '공민권 3년 정지'라는 가벼운 구형을 받았고, 그 해 9월 15일 결심공판에서도 증거 불충분으로 판명되어 무죄로 풀려났다.

김대우는 그 뒤에도 출세를 거듭했던 친일관료 시절의 향수를 여전히 잊지 못하여, 환갑의 나이를 맞은 1960년 제5대 총선 때 경남 양산에서 출마하여 다시 재기를 노렸지만 정계 진출을 위한 그의 마지막 노력은 실패로 끝났다. 김대우는 8명의 후보 가운데 3위(4111표)에 그치고 말았다. 이것을 마지막으로 김대우는 이제 사람들의 관심 밖으로 묻혀져 갔다.

■ 김무용(구로역사연구소 연구원)

주요 참고문헌

『朝鮮總督府官報』.
森田芳夫, 『朝鮮終戰の記錄』, 巖南堂書店, 1979.
『영남일보』.
정영진, 『폭풍의 10월』, 한길사, 1990.